縱覽歐亞作

卜一著

萬里迢迢　橫跨西伯利亞

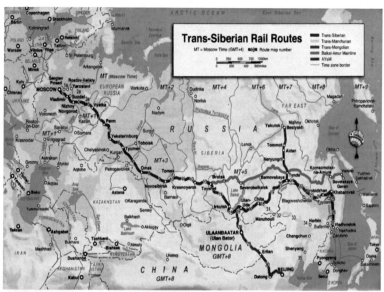

1：西伯利亞大鐵道路線圖
2：頭等艙

1	2
3	4
5	6

1：有20多節車廂的電動火車
2：到站停車時大家都走到月臺上「放風」
3：烏蘇里江
4：鐵路兩旁盡是白樺、松林及粉紅色的Ivan Tea花
5：這九千多公里的車程都是在森林區内，沿途見到許多木材廠及運送木材的火車
6：烏拉爾山分歐亞，沿途溪水、村落、森林、花草美麗怡人

繁華、美麗、現代化的海參崴

```
 1
───
 2 │ 3
```

1：海參崴金角海灣（Golden Horn）
2：Tokarevskiy燈塔
3：俄羅斯島上太平洋艦隊的潛水艇與軍艦

1	2
3	4

1：色香味俱全、不同凡響的帝王蟹
2：昔日輝煌的中國城如今為娼妓、販毒所在的半廢墟
3：海參崴西伯利亞大鐵道東端起點
4：中心廣場

故國山河──伯力

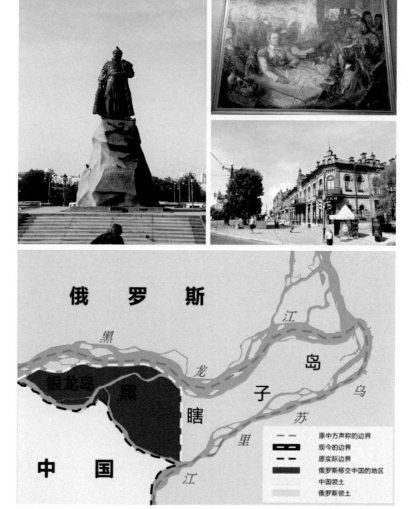

1
—
2
—
3

1：臨城西高坡眺望兩江匯合，不禁有「故國
　山河依舊在，只是朱顏改」之悲
2：二戰烈士紀念廣場
3：Cathedral of the Dormition of the Virgin

貝加爾湖的奇特風光

1
2 | 3

1：貝加爾湖面一平如鏡，遠山晨霧瀰漫，景色不俗
2：湖的四周被山巒與丘陵環繞，有336條河流注入
3：唯一從貝加爾湖流出的安加拉河

1
---
2 | 3

1：我們的旅館在湖西南岸的一個小鎮
2：伊爾庫茨克開發早期的東正教教堂
3：下午、夜晚旅客擁擠的一條步行街

蘇武有沒有去貝加爾湖牧羊？

1	2
3	4

1：俄國自然地理區劃分
2：公元前2世紀，漢、匈奴和丁零的版圖
3：貝加爾湖
4：安加拉河

歐亞之交的葉卡捷琳堡

1 | 2
  | 3

1：葉卡捷琳堡市内的Iset河及公園
2：沙皇尼古拉二世遇難紀念教堂
3：1960年擊落美國U2間諜機的俄製F74飛彈

1	2
3	4

1：蔣經國與妻子芬娜在葉卡捷琳堡
2：葉卡捷琳堡的主要大眾公車還是電車
3：17世紀開發西伯利亞時的Koptelevo村落
4：秋明油田的輸油火車

▎舉世矚目的莫斯科

1	2
3	4

1：紅場
2：克寧姆林宮與莫斯科河
3：聖巴希爾大教堂
4：拿破崙戰敗逃脫時乘坐的雪拖車

1	2
3	4
5	

1：殺人無數的KGB大樓
2：Bolshoi劇場
3：2018世界盃足球的主要賽場——盧日尼基體育場
4：二戰勝利紀念廣場
5：二戰中納粹的先頭部隊攻到距克寧姆林宮僅14英里的西姆基

▌俄國舊都──聖彼得堡

1	
---	3
2	

1：夏宮
2：冬宮
3：滴血大教堂與運河

1	2
3	

1：列寧格勒圍城死難者紀念碑
2：彼得與保羅城堡
3：火炮博物館

▌百看不厭的英格蘭

1	2
3	4

1：倫敦之眼（London Eye）
2：聖保羅大教堂（St. Paul's Cathedral）
3：Tower of London
4：Tower Bridge

1	2
3	4

1：The Palace of Westminster（House of Parliament）
2：Westminster Abby
3：Buckingham Palace
4：Windsor Castle

▌英格蘭的瑰寶——巨石陣

1	2
	3
	4

1：Stonehenge Cursus
2：巨石陣俯瞰
3：巨石陣正對大道的前景、可見地上的深溝、墓穴、屠宰石
4：夏至清晨太陽從東北升起，穿過外圈中間的Trilothon縫隙，而柱腳石的影子就會指向縫隙

1 | 2

3

1：柱腳石
2：Woodhenge
3：模擬推測的搬運巨石的方法

英格蘭文化之旅

1	2
3	4

1：雷德克里夫廣場的牛津大學圖書館
2：廣闊的草地與擁擠的建築群相映圖片
3：莎士比亞故居
4：幾條主街擠滿了遊客，看來這裡的人肯定是靠莎士比亞吃飯

1	2
3	4

1：哈佛故居（Harvard House）室内
2：哈佛校園（Harvard Yard）內的約翰·哈佛銅像
3：莎士比亞安眠於Holy Trinity教堂內的聖台前
4：邱吉爾的墓園在Bladon的St.Martin教堂的院子裡，連個墓碑都沒有

▌訪披頭士故里──利物浦

```
1 | 2
─────
3 |
```

1：利物浦博物館和Mann Island Building 2
2：Quarry Bank中學
3：Penny Lane旁的St. Peter教堂

1	2
3	4

1：1956年草創時的The Quarrymen合唱團
2：霓光燈閃閃耀眼的Cavern Club
3：演唱中的披頭士
4：電視巨頭Ed Sullivan與披頭士

坎坷而自得的愛爾蘭

1	2
3	4

1：都柏林的St.Patrick大教堂
2：Dingle半島海邊懸崖的Dunbeg古堡廢墟
3：Cork附近的Blarney古堡
4：荊豆花將綠野大地鑲滿金光

1	2
3	4

1：拍攝Moby Dick影片的Youghal小漁村
2：拍攝Ryan's Daughter的Dingle半島美景
3：都柏林橫跨Liffey河的O'Connell橋
4：Glendalough湖水如鏡、幽邃謐靜

醇酒之鄉蘇格蘭

1	2
3	4

1：結婚容易的Gretna Green小鎮
2：Hadrian's Wall
3：草原、綠野、荊豆花，風景無限好
4：岩石山崗上的愛登堡城堡

1	2
3	4

1：愛登堡城堡的旅客絡繹不絕
2：蘇格蘭威士忌博物館
3：Royal Mile街旁有商店、教堂、圖
　　書館、住家，均為中古時期的建築
4：英皇家遊艇

西班牙之都——馬德里

1	2
3	4

1：位於Old Madrid的皇宮（Palacio Real）
2：現存索菲亞王后藝術中心的畢卡索舉世名作——「Guernica」
　　（格爾尼卡）
3：華麗雕塑的拱門——Puerta de Alcala，以前是城市的進口
4：Plaza Mayor

1	2
3	4

1：唐・吉訶德騎馬和潘沙騎驢的塑像
2：紀念哥倫布的高塔塑像──Plaza de Colon
3：鬥牛場──Plaza de Toros de Las Ventas
4：西班牙火腿

▋多彩多姿的巴塞羅納

1	2
3	4

1：Hop-on Hop-off遊覽車
2：由Gaudi設計的大樓——La Pedrera
3：Sagrada Familia大教堂
4：W Barcelona旅館

1	2
3	4

1：老的大教堂——Cathedral
2：畢卡索十多歲時的畫作——《第一次聖餐》（The First Communion）
3：步行街——La Rambla
4：Park Guell

風調雨順、人謀不臧的羅馬尼亞

1

2 | 3

1：宏偉、壯麗的Hunedoara城堡
2：名揚全球的吸血鬼Dracul
3：規模宏大的Peles城堡、皇宮

1 | 2

3

1：獨裁者Nicolae Ceausescu和夫人Elena
2：1989年Ceausescu鎮壓群眾示威，導致革命推翻獨裁者政權
3：Bucharest大而無當的議會宮

▌飽經滄桑的保加利亞

1：Narodno Sabranie廣場
2：Aleksansur Nevski紀念大教堂
3：俄國教堂

1	2
3	4

1：第二世紀羅馬時代留下的一些廢墟
2：Nezavisimost廣場與前共產黨黨政大
　　樓（Party House）
3：Holy Rila修道院
4：房頂煙囪的鳥巢，大鳥每年秋季就飛
　　往非洲過冬，次年春天返回，找回原
　　來的那家煙囪築巢。

▌歐洲火藥庫——塞爾維亞

1	2
3	

1：Nisava河畔的Niš堡壘
2：Niš的納粹紅十字集中營（The Crveni Krst、Red Cross）
3：貝爾格萊德的MOCKBA大旅館

1	2
3	

1：位於多瑙（Danube）和Sava兩河交匯之處山坡上的Kalemegden
　　堡壘
2：St.Sava大教堂
3：南斯拉夫歷史博物館與狄托（Tito）之墓

▌劫後餘生的貧困小國——阿爾巴尼亞

1 3	1：毛主席與鐵桿哥兒們霍查
2	2：殘留的八十萬個碉堡之一
	3：斯坎德培廣場的斯坎德培雕像

1	2
3	4

1：本城唯一保留下來的清真寺
2：Kruje古堡
3：Kruje城遊覽勝地
4：聖女德瑞莎（Mother Teresa）

█ 黑山森林深谷美麗奪人

1 2
――
3

1：Biogradsko Gora National Park中的Lake Biograd
2：Žabljak小鎮附近的Black Lake
3：Durdevica Tara村高聳的大橋跨過深谷

1	2
3	4

1：Moraca寺院
2：中國一帶一路工程
3：建於1701年的Cetinje修道院
4：科托（Kotor）古城堡

風景、人文迷人的克羅地亞

1	2
3	4

1：從海岸的懸崖高峰俯瞰整個Dubrovnik
2：Dubrovnik城牆莊嚴雄偉
3：羅馬皇帝戴克里先（Diocletian）在Split建造的皇宮
4：Trogir島上14世紀末建造的古堡──Kamerlengo Castle

1	2
3	4
5	

1：Plitvice Lakes國家公園懸崖邊俯瞰深谷的瀑布

2：山澗溪水急湍不息

3：Kozjak湖面一平如鏡，水色碧綠瀲灩

4：青山環繞、奇岩迭起、山色空濛、碧湖幽媚、溪水滾滾、草木多姿，徜徉其間，有如畫中行

5：克羅地亞——塞爾維亞戰爭留痕

▎湖光明媚的斯洛維尼亞

1	2
3	4

1：Postojna岩洞
2：坐落在峭壁上的布萊德古堡
3：布萊德湖與布萊德島
4：黎明鐘聲到客船

<table>
<tr><td>1</td><td>2</td></tr>
<tr><td colspan="2" align="center">3</td></tr>
</table>

1：Bohinj湖
2：Ljubljana Marshes出土的世界上最早的車輪
3：Savica河溪水潺潺，色彩迷人

天堂的原版──毛里求斯

```
  1
2   3
    4
    5
```

1：毛里求斯是八百萬年前火
　山爆發造成的島嶼
2：山巒都是神工鬼斧、奇特
　秀麗，近看成嶺側成峰
3：中國建造的高速公路兩旁
　盡是蔗田，遍地青蔥
4：路易斯港（Port Louis）
5：炮臺山頂古堡

1	2
3	4
5	

1：多彩灘──Chamarel Coloured Earth
2：毛里求斯的招牌景點──Le Morne Brabant方塊山
3：號稱「天涯海角」的Gris Gris
4：天然橋（Natural Bridge）
5：美麗的Ile aux Cerfs小島

▌世外桃源──羅德里格斯島

1	2
3	4
5	

1：愛德華先生的豪宅
2：寬闊的山谷、碧綠的大海，景色壯麗
3：處處鮮花盛開，可謂芳草鮮美、落英繽紛
4：旭日隨新月從海中脫穎而出，海天一為染紅
5：海灣、沙灘、火山岩、松林，優柔諧和，有如仙境

1	2
3	4

1：岩洞——Grande Caverne
2：可與加拉巴哥群島（Galapagos）大烏龜園比美的公園
3：壯觀的懸掛吊橋
4：與世無爭、怡然自樂的島上居民

▎永遠不變的伊洛瓦底江流水

1	2
3	4
5	

1：Shwedagon Pagoda
2：廟裡童男列隊拜佛
3：蒲甘古蹟區（Bagan Archeological Zone）內遍地皆是佛塔（Stupas）
4：Taung Kalat步行山
5：原在曼達勒皇城內的Shwenandaw修道院遷移到城外，得以倖免
　　於日本人的戰火摧殘

1	2
3	4
5	

1：航行於伊洛瓦底江上
2：未完工的Pahtodawgyi佛塔
3：U Bein橋
4：Inle湖上捕魚的漁夫
5：Inle湖區「五日一會」的「趕集」市場

欣欣向榮的星馬泰

1 2
—
3 4

1：新加坡中國城——牛車水
2：濱海灣金沙酒店（Marina Bay Sands）
3：吉隆坡黑風洞
4：吉隆坡雙峰塔

1	2
3	4

1：檳榔嶼極樂寺
2：蘭卡威（Langkawi）由104個小島組成
3：布吉島Chalong佛教寺廟
4：James Bond島

風調雨順的沙撈越

<table>
<tr><td>1</td><td>2</td></tr>
<tr><td>3</td><td>4</td></tr>
</table>

1：古晉沙撈越河
2：紅毛猩猩（Orangutan）
3：長屋（Longhouses）大廳外的陽臺
4：長屋內部

1	2
3	4

1：胡椒沿木樁爬藤生長
2：胡椒收成後放在陽光下曬兩周
3：Batang Ai湖
4：Aiman Batang Ai度假村（Resort & Retreat）

沙巴州的熱帶雨林

```
1 2
─────
3 4
```
1：亞庇的「榴槤街」
2：神山──Mt.Kinabalu
3：熱帶林植物園
4：吃蟲的灌木包

1：Bilit Rainforest Lodge──度假村
2：Kinabatangan河
3：婆羅洲獨有（Endemic）的長鼻猴（proboscis monkey）
4：園丁在飼養木臺上分送水果給紅毛猩猩

蕞爾富國——汶萊

```
 1
———
2 | 3
```

1：Kampong Ayer水上人家
2：世界現存最大的皇宮——The Istana Nurul Iman Palace
3：汶萊的首都斯里巴加灣市

1	
2	3

1：上世紀末耗資一億美金建造的清真寺
2：水上人家房舍寬敞、整齊，四通八達
3：殼牌公司加油站──石油天然氣帶給汶萊幸福與歡樂

▍巍峨綺麗、多彩多姿的亞丁稻城

1 | 2
3

1：稻城市區
2：人在畫中行
3：夏諾多吉雪峰儼然在望

1：金秋古刹沖古寺
2：卓瑪拉措美不勝收
3：央邁勇雪山、落絨牛場的草原風光
4：牛奶海

青藏高原風貌、文物不凡

1：四姑娘山連綿四座雪峰儼然在望
2：群峰高聳、湖面如鏡、層林盡染、秋色宜人
3：有「蜀山之王」的貢嘎山，雪山皚皚、壯麗無比
4：紅軍長征中，一、四方面軍會師故道──達維
5：雅拉雪山及草原，景色幽雅

1	2
3	4
5	6

1：八美鎮喇嘛廟——惠遠寺
2：草原上布滿猶如黑珍珠似的犛牛，牧野風情令人陶醉
3：十幾公里布滿巨石塊的山坡、原野
4：理塘茶馬古道及紅六軍團長征北上故道
5：桑堆小鎮秋日紅草，豔麗奪人
6：稻城縣城金珠鎮喇嘛佛塔

自序

　　這本書是繼《走不遍的天下》、《行遠無涯》、《山海探穹》的第四本書描敘我與老妻到世界各處探訪的經歷,特別著重於過去兩三年裡在歐、亞、非三洲的見聞與心得。

　　首篇為《俄羅斯》,敘述我們從海參崴搭乘火車,走了九二八八公里,萬里迢迢地橫跨西伯利亞,最後抵達莫斯科。旅途中分別在海參崴、伯力、伊爾庫茨克、貝加爾湖、葉卡捷琳堡及莫斯科停留、遊覽;並加上多年前的聖彼得堡之旅。在這些漫長的旅途中令我學習、瞭解到:西伯利亞森林滿布、生態繁盛、資源豐富、冬寒夏炎、風景多姿、人煙稀少,是人類現有最大的一片淨土;俄國人搶了中國及其他許多國家大片土地,名謂開發,實則擱置廢棄,也可謂「暴殄天物」,是人類的一大損失、遺憾。俄國軍工發展驚人,但民生工業落後,日用品缺乏。一般百姓守紀律、講禮節,但主見、蠻橫,有幾分霸道。

　　次篇──《英倫三島》是訪問英國、愛爾蘭及蘇格蘭的旅次,記載我們尋訪英國,遊其山水、觀其文物、尋其古蹟、探其民風。深感英國歷史輝煌、文化豐盛;其雄霸世界數百載,由來有自也!

　　第三篇──《西班牙》講述我們到馬德里和巴塞羅納暢遊的見聞。馬德里居西班牙中部,在此可以見到遠古至今人類變遷,重大歷史演變的留痕;文化、藝術、古蹟豐盛、卓越,人

民樂天知命，社會安定，是一個值得留戀的都城。而巴塞羅納是一個美麗多姿、氣派恢宏、文化深厚、藝術超凡、民俗灑脫的城市，令人百看不厭、流連忘返。

第四篇——《巴爾幹半島》回憶我們到羅馬尼亞、保加利亞、塞爾維亞、阿爾巴尼亞、黑山、克羅地亞和斯洛維尼亞七個位於巴爾幹半島國家的愉快遊覽。這些國家地處歐亞十字路口的巴爾幹半島，歷史上亞洲遊牧民族入侵歐洲多次經此，帶來戰亂、血緣與文化。近世紀以來，一戰、二戰及淪為蘇聯附庸，人民飽受蹂躪，可謂歷經滄桑。現逐漸進步，邁向穩定發展。吾觀其山岩崢嶸、草木郁蔥、秀水層疊、碧湖瀲灩、瀑布煙霞、岩洞奇特、變化萬千、海岸蒼翠、海天一色，風景如畫；古城屢屢、建築雄偉、文物豐富；還有那淳樸的民俗，令我腦海縈迴難忘！

第五篇——《東非島嶼》描繪走訪毛里求斯與羅德里格斯島這兩個印度洋上的小島。毛里求斯具有神工鬼斧、奇特秀麗的山巒、美麗的潟湖與潔白的沙灘、懸崖峭壁和海濤裂岸、蒼茫大海及隱約浮現的離島，無怪乎馬克吐溫說：「上帝先創造了毛里求斯，然後再照樣創造了天堂。」羅德里格斯島山明水秀、鳥語花香；房舍儼然、雞犬相聞；朝暉夕陰、風起雲湧；碧海蒼天、星辰燦然；月起日出、海天染紅；童叟和睦、淳樸道實、與世無爭、怡然自樂。是我一生所見比陶淵明的《桃花源記》所述更為真切的「世外桃源」！

第六篇——《東南亞》涵蓋了遊歷緬甸、星馬泰、沙撈越、沙巴、汶萊的見聞與心得。緬甸佛教塔、寺金碧輝煌、文化燦爛；湖光山色、水上人家、人間難覓；民俗淳樸、安貧樂

道、悠然自得；星馬泰地處太平洋與印度洋之交，為世界最主要的航道之一，港口繁榮、商務發達，華人眾多，宗教多元。近年經濟復甦，各處顯得欣欣向榮。沙撈越與沙巴民風淳樸；海岸、湖泊多姿，山巒、雨林秀麗。特有紅毛猩猩舉世聞名，是旅遊的好地方。汶萊蕞爾小國，卻是富足有餘、人民生活無憂無慮。

第七篇——《中國》是我們於前年（2017年）金秋時際暢遊川西青藏高原的寫實。路途馳騁數日，見風景奇特壯麗，少數民族風情多姿，猶見紅軍長征故道，乾隆平大小金川舊址，體驗到青藏景色、風貌、文物不凡。臨亞丁稻城觀巍峨峻嶺、雪山皚皚、金秋夕照、層林盡染、草原萋萋、溪水潺潺、明湖如碧；始知青藏高原風光崢嶸綺麗、多彩多姿，景色舉世無雙。

在旅遊中，我觀人世千百年興替、探山海億萬年變遷、望星辰宇宙無極，體驗到天、地、人之和諧，也領略到人生之可貴、生活之多姿。謹獻給讀者分享，並敬請指正！

在撰寫、編輯本書中，老妻精心地對其中的資料及文字校對、更正，高珊爵先生為本書封面題字，許倬雲、張注洪二位教授提供許多有關各國的歷史資料、林自森先生對文辭做了許多建議，巢舒婷女士參與文字校對，洪聖翔先生負責編輯，楊家齊先生圖文排版，特此致謝！

卜一

2019年2月12日於美國休士頓

CONTENTS

第一篇

俄羅斯

這次橫跨西伯利亞之行令我學習、瞭解到：西伯利亞森林滿布、生態繁盛、資源豐富、冬寒夏炎、風景多姿、人煙稀少，是人類現有最大的一片淨土；俄國人搶了中國及其他許多國家大片土地，名謂開發，實則擱置廢棄，也可謂「暴殄天物」，是人類的一大損失、遺憾。俄國軍工發展驚人，但民生工業落後，日用品缺乏。另外俄國人的烤肉十分可口。一般百姓守紀律、講禮節，但主見、蠻橫，有幾分霸道。

萬里迢迢　橫跨西伯利亞

　　我與老妻久想去西伯利亞看看，特別是想搭乘火車橫跨那九二八八公里的西伯利亞大鐵道。以前曾在中國境內的漠河隔黑龍江眺望，只覺寧靜遼闊、鬱鬱蔥蔥。經多方籌畫、安排，我們終於在仲夏之際啟程前往，以了宿願。

旅行安排

　　這次旅行是由在北京及香港的一個旅行社（見附註）代辦，團員只有老妻和我兩人。旅行社遵照我們的計畫特別安排：全程分段的火車票、我們要求停留城市的旅館、每個城市會說英語的導遊，以及市裡半天和其他的重點旅遊。這比我們知道的許多西伯利亞大鐵道的旅行團經濟、實惠，而且更符合我們臆想的旅遊方式與行程。我們分四段乘坐火車，旅途中在海參崴（Vladivostok）、伯力（Khabarovsk）、伊爾庫茨克（Irkutsk）／貝加爾湖（Lake Baikal）、葉卡捷琳堡（Ekaterinburg）及莫斯科（Moscow）各停留三天；在火車上總共六個半晝夜（158小時），全程花了21天。在各個城市除了導遊帶我們做指導性的半天旅遊外，餘下的兩天半時間我們把整個城的精華所在都流覽了一番。

飛往海參崴

　　由休士頓出發，於清晨飛抵北京。夜間由北京起飛，黎明

之際進入海參崴周邊上空，只見山巒起伏，滿野青蔥，沒料到海參崴的大地是如此的美麗。

西伯利亞大鐵道

我們在海參崴逗留兩三日後，就去火車站。這裡是西伯利亞大鐵道東端起點。月臺上停放了一輛巨大的老式蒸汽機火車頭，紀念此鐵道的輝煌歷史。其前立了一個「9288」紀念碑，這是從海參崴到莫斯科的總里程數（公里）。

西伯利亞大鐵道始建於1890年，最初的遠東一段於1903年完工，是穿越中國的滿洲里、哈爾濱、綏芬河而到達海參崴。此乃李鴻章去莫斯科受賄而簽的賣國密約所成，以後帶給中國東北日俄戰爭、九一八事變、二戰末蘇聯侵佔及朝鮮戰爭等災難。俄國境內由赤塔到伯力這一段到1916年才通車。

遠程火車分四等

這種遠程火車長短不一，最長的有20多節車廂，其中分為頭等（SV）、二等（Kupe）、三等（Platzkart）及四等（Obshchiy）四種車廂。頭等艙每間兩人，二等艙每間四人。三等和四等艙乃不分間的大通艙，但三等艙有固定床位，四等艙雖和三等艙在一起，但沒有預定的床位，也可能只能坐著。每24小時的車費為歐元190-235、95-130、45-70、25-35不等。換句話說，三等艙的票價是四等艙的兩倍，二等艙的票價是三等艙的兩倍，而頭等艙的票價又是二等艙的兩倍。我們坐的是頭等艙，一間艙裡只有我們夫妻兩人，清靜而沒人打擾，舒適而作息方便、節省體力。其中有一段只有四人的二等艙，只好

買四張票包下整個艙。這樣從海參崴到莫斯科的火車票每人總共約1,300歐元。

每個車廂都有不停供給熱開水的裝置，車上服務員態度都很好。兩頭各有一個廁所及清洗台，只是亞洲這一部分的廁所較老舊，而從葉卡捷琳堡到莫斯科這歐洲的一段，車廂新式、廁所乾淨。

事實上另外還有幾種豪華客車，譬如金鷹（Golden Eagle）快車，價錢約為頭等艙的三、四倍，全程加少許旅館、遊覽等其他費用，每人至少一萬二千美金。但這種豪華客車注重車上的享受，對一般愛旅遊的人也許不太合算。

三四等艙擁擠熱鬧

我們全程有三段是一等艙，有一段是二等艙，裡面旅客不太多，有許多空艙。但是我走到三四等艙，發現一個約五六十人的大通艙裡人擠得滿滿的。裡面很嘈雜，談笑聲、音樂聲不斷。擺龍門陣的人特別多，長途旅行也令人交上朋友。我們遇到幾個由廣東來的青年學生也在三四等艙，我好幾次去那裡找他們聊天。

餐車

火車上有一節餐車，上班時間很短，可點的東西不多，費用也比較貴。但他們的烤肉做得不錯。

停車放風、買食物、廁所關閉

亞洲部分的火車站進出大多要爬過四五層樓高、沒遮風避

雨的天橋，比較落後；過了伊爾庫茨克後幾段漸好，有天橋也有地下道進出月臺。

沿途每一公里有一個里程碑，上面寫著距離莫斯科的公里數。因為鐵道是一百多年前修建的，有的段落地基較差，車行時搖晃得很兇；西部的歐洲一段較平穩，可能以後重新整修、加固。

大、小站非常多，但停車的站很少。到站停車時間少的只有兩分鐘；最長的有69分鐘，大家都走到月臺上「放風」。月臺上有小賣部，可買些麵包、飲料、水果等。

停站前後，在車上的廁所都關閉。要爬過天橋到車站的廁所又遠又累，令旅客極為不便。

車站時刻、月臺顯示表令人驚魂

我們每次到車站都很緊張，因為那裡許多設施還是上世紀初的規格。沒地方坐也就罷了，最緊張的就是要看在大廳內的電動時刻、月臺顯示表。上面述明車的班次、去的終點站、乘車月臺、車進站、出站時間等等。因為全是俄文，我們只好靠阿拉伯數字及顯著的俄文地名來辨認。最糟的乃是往往車子快到了，顯示表上還沒有月臺號。要知道這些車站都有八九個月臺，需爬上、爬下五層樓高的天橋或下到地道而行，費時費力。特別是在葉卡捷琳堡，直到車子要進站前十多分鐘，顯示表上還沒有亮出月臺號，最後只見大家洶湧向前，原來廣播告訴大家去哪個月臺。我們不懂俄語，驚險萬分。所幸已離去多時的導遊知道情況不妙，及時趕來，帶著我們過地下道到指定月臺，緊急登車而去。

海參崴到伯力

我們於黃昏時分離開海參崴，沿著海邊，不久見到烏蘇里江由南向北而流，火車沿烏蘇里江北行。一路盡是白樺、松樹，人煙稀少，偶過蔑爾小鎮，次晨抵達伯力。

伯力到伊爾庫茨克

暢遊伯力兩三日後，我們又上路去伊爾庫茨克和貝加爾湖，首先跨過黑龍江大橋，進入黑龍江以北地區，這一程足足走了58小時。兩旁盡是白樺及松林，及一種粉紅花，謂之Ivan Tea，葉子可做茶葉。夏日紅花爭豔，油菜黃花遍野；偶見河川、丘陵及零散村落。居民房舍均為木造，家家院落的黑土地種植馬鈴薯及其他蔬菜，青蔥茂盛。

悲慘的江東六十四屯

過一小鎮—Belogorsk，由此有一條南行的鐵道支線通到黑龍江邊的Blagoveshchensk，這就是中國人熟知的海蘭泡。海蘭泡和附近的江東六十四屯在璦琿條約及北京條約中規定為中國居民永久居住之地。但其後俄國於1900年趁八國聯軍侵華時派兵予以佔領，並將由山東、河南來此屯墾，居留幾代的中國人約七千人屠殺，其餘約八千人被驅逐。俄國人的暴行罄竹難書！

尼布楚

車行數日，經過尼布楚（Nerchinsk）附近的Priiskovaya。

每個唸過歷史的中國人都不會忘記尼布楚這個地方。康熙中期，清朝在黑龍江流域多次擊敗俄國侵略。最後於1689年簽訂尼布楚條約，收復黑龍江以北版圖與伯力，中俄邊界西起額爾古納河，經黑龍江上游支流格爾比齊河，沿外興安嶺東至海。只惜後來俄國人不斷侵凌，中國衰落，國土一天天地淪亡。

又過一小鎮—Tarskaya，從這有條鐵道去滿洲里、哈爾濱、海參崴，也就是西伯利亞大鐵道最早的東段，主要是穿過中國東北。

經過蒙古的旅客多

再經過赤塔（Chita）到了烏蘭烏德（Ulan-Ude）。由中國北京，經烏蘭巴托，穿過外蒙古及恰克圖的鐵路在此與西伯利亞大鐵道交匯。烏蘭巴托和外蒙古現為搶手的旅遊景點，許多來西伯利亞鐵道的旅客都是由北京，先到烏蘭巴托，再到烏蘭烏德，而不走海參崴、伯力這一線。我們多年前曾到外蒙暢遊多日，而且對海參崴、伯力非常有興趣，當然就不走外蒙這一線了。

火車從烏蘭烏德向西不久就見到貝加爾湖，我們沿著貝加爾湖邊走了許久抵達伊爾庫茨克。

貝加爾湖與伊爾庫茨克

伊爾庫茨克位於安加拉河（Angara River）畔，距貝加爾湖72公里，我們一下火車就搭車去貝加爾湖，在那裡逗留了兩天。我們回到伊爾庫茨克又留了一兩日。

前往葉卡捷琳堡

西伯利亞的三條大河

　　離開伊爾庫茨克，我們又搭上火車，下一站是葉卡捷琳堡。這一段走了55個小時，逐漸向西北而行，經過葉尼塞河（Yenisei）和鄂畢河（Ob）。這兩條河與勒拿河（Lena）是西伯利亞三大河流，東西伯利亞還有幾條較短的河流。這些河流支流遍佈，源頭鄰近，均是由南向北注入北冰洋，成為夏日航行、冬日雪橇的大道。俄國人早年利用這些大道開發西伯利亞，僅花了60多年就進展到白令海（Bering Sea）邊。

　　克拉斯若亞爾斯克（Krasnoyarsk）是葉尼塞河畔的大城，水路與陸路交通重鎮，人口有一百多萬。我們在火車上見到浩浩蕩蕩的葉尼塞河。新西伯利亞城（Novosibirsk）位於鄂畢河畔，是建西伯利亞大鐵道新興的城市，後於1918-1922俄國內戰中被嚴重破壞。史達林時期成為工業重鎮，現為西西伯利亞首府，人口一百五十萬。這一途中猶是森林區，經過一段沼澤區及斷續的草地，油菜花黃遍野；還有許多白色、紫色野花，及粉紅花（Ivan Tea）。這些春夏野花點綴森林，顯得生意盎然。這一帶屬於中亞大陸性氣候，冬寒夏炎；據報導冬天溫度會低到攝氏負40度，但夏天可熱到攝氏正40度。

烏拉爾山分歐亞

　　葉卡捷琳堡（Ekaterinburg）位於烏拉爾山（Ural）邊，也可謂西伯利亞的西頂端。烏拉爾山脈全長2500公里，西部是俄羅斯平原，東部是西西伯利亞平原。它向北平行鄂畢河一直

伸入喀拉海（Karskoye More），向南過渡到哈薩克的草原，伸展到裡海（Caspian Sea）附近。烏拉爾山山脈和烏拉爾河是亞洲和歐洲的分界線。烏拉爾山脈的最高點位於其中北部的Poznurr，海拔1895公尺。烏拉爾山脈有豐富的資源，包括森林、黃玉、綠玉等等。

我們在葉卡捷琳堡遊覽了三天，離開後在烏拉爾山裡走了一陣，這裡的山脈並不高，僅海拔約五百米。沿途溪水、村落，森林、花草美麗怡人。

運輸繁忙

我們最後的一程是由葉卡捷琳堡去莫斯科，這一段已出了西伯利亞，也出了亞洲，但沿途猶是白樺、松林。這九千多公里的車程都是在森林區內，沿途見到許多木材廠及運送木材的火車，俄國的木材可謂取之不盡、用之不竭。西伯利亞，特別是葉卡捷琳堡附近的秋明油區盛產石油，我們一路見到許多輸油的火車。其他運送各種貨物的貨車也非常多，可見西伯利亞大鐵道運輸量巨大，是世界上最忙碌的鐵路線。我注意到幾乎所有的火車都是電動，很少有用燃油的機車頭。

前往莫斯科的一段較現代化

這歐洲一段城鎮漸多，房舍較現代化；連車廂都是嶄新，廁所乾淨。我們經過俄羅斯的母親河——伏爾加河（Volga River）畔的Nizhny Novgorod。這個城是俄國第五大城，人口約126萬，也是俄羅斯的發祥地。862年，羅瑞克（Rurik）在此號稱「公」（Prince），建立了俄國史上第一個王朝——羅

瑞克王朝（Rurik Dynasty）。他去世後，繼位者遷都到基輔（Kiev），史稱基輔公國，直到1240年被蒙古西征所滅。

車行20多小時後抵達莫斯科。這裡對我們來說可謂舊地重遊。但此行也收穫匪淺！

路過的五個城市

西伯利亞大鐵道沿途景色遼闊、秀麗，令我們大開眼界。另外在五個城市停留遊覽更使我們增長了不少見識。海參崴是一個美麗、多姿，富有文化、歷史的現代化城市；也是俄國在太平洋的軍事重鎮，西伯利亞大鐵道的東端起點。市區布置有序、海港舟楫如梭、海產豐富可口。伯力位於黑龍江、烏蘇里江交匯處；市區佈局整齊、雅致；文化、史跡繁多；附近農、林、漁產亦豐富。臨城西峭壁眺望兩江匯合，河面寬闊，江水浩浩蕩蕩，舟楫不絕，氣勢雄偉；只是念及廣大河山失土、目睹黑瞎子島喪權辱國，不禁有「故國山河依舊在，只是朱顏改」之悲！繁華的伊爾庫茨克以及開發西伯利亞的舊事風采不凡。貝加爾湖舉世無雙，地形、生態不凡，只是瞭解到蘇武沒去過貝加爾湖牧羊。葉卡捷琳堡是歐亞之交、軍工、工業、科技重鎮，歷史舊事繁多動人。莫斯科是一個具有豐富文化、藝術、歷史、戰史的城市；也令人深感戰爭是荒謬、殘酷的！

總結

這次橫跨西伯利亞之行令我學習、瞭解到：西伯利亞森林滿布、生態繁盛、資源豐富、冬寒夏炎、風景多姿、人煙稀少，是人類現有最大的一片淨土；俄國人搶了中國及其他許多

國家大片土地，名謂開發，實則擱置廢棄，也可謂「暴殄天物」，是人類的一大損失、遺憾。俄國軍工發展驚人，但民生工業落後，日用品缺乏。另外俄國人的烤肉十分可口。一般百姓守紀律、講禮節，但主見、蠻橫，有幾分霸道。

附：讀者如對西伯利亞鐵道旅遊有興趣，可參閱替我們安排的旅行社網站：www.monkeyshrine.com

繁華、美麗、現代化的海參崴

海參崴憶故人

老妻與我由休士頓出發，清晨抵達北京，是夜由北京起飛，黎明之際飛抵海參崴周邊上空。不禁令我憶起三十多年前，我的一位好友英年有為，搭乘韓航班機由美返台任教，不幸被前蘇聯戰鬥機用飛彈在此地附近海域上空擊落。三十多年過去了，蘇聯解體，海參崴也除去了它神祕的面紗，呈現在我的眼底。我問空中小姐，可否對大地拍照，她笑著說：「你盡量照吧！」

海參崴

飛機落地，出了海關後，見到導遊Sergei，他是海參崴土生土長的俄羅斯人，但英語說得非常道地，人很機靈、多識。承他安排、陪伴，老妻與我度過十分愉快的三日，也學到不少新知。在去旅館的一路上見到海參崴的海天、島嶼、山巒、森林。城裡新建高樓林立、五彩繽紛，海參崴真是一個繁華、美麗、現代化的大城。

海參崴之名來源於古老的肅慎語（滿語），漢譯為「海邊的曬網場」或「海邊的小漁村」。後有人誤解為「產海參的海灣」。俄文名叫符拉迪沃斯托克（Vladivostok），意為「征服東方」。這裡與烏蘇里江以東的大片土地自古以來即為中國少

數民族肅慎（女真）族生息的土地。明朝在此設奴兒干都司，清初屬大吉林寧古塔副都統，後劃歸吉林琿春副都統管轄。

1858年，俄國東西伯利亞總督莫拉維約夫‧阿莫爾斯基（Muravyov Amursky）強迫清朝黑龍江將軍奕山簽訂璦琿條約，承認黑龍江以北割讓俄國，烏蘇里江以東由中俄共管。接著1860年俄國趁英法聯軍侵佔北京之時與清政府簽訂北京條約，正式將烏蘇里江以東這塊國土割給俄國（註：庫頁島已早於1789年被俄國強佔）。現在海參崴是俄羅斯濱海邊疆區（Primorye）首府、俄羅斯遠東地區第一大城市，海運、鐵路的交通樞紐，和重要的工業中心；城市人口為六十萬，大都會區人口約一百萬，濱海邊疆區總人口約兩百萬。這裡的工業同海運及海洋漁業有密切關係，主要是修船、造船、機械製造、漁產品和木材加工等。海參崴也是俄羅斯太平洋艦隊司令部和第23空軍的司令部所在地。

該城位於太平洋沿岸莫拉維約夫‧阿莫爾斯基（Muravyov Amursky）半島的南端，北部為高地，東、南、西分別瀕臨烏蘇里（Ussuri）灣、彼得大帝（Peter the Great）灣和阿莫爾斯基（Amursky）灣。城市及港區位於半島頂端的金角灣（Golden Horn Bay），依山而建。金角灣自西南向東北，呈L形伸入內地，長約7千米。入口處灣寬約2千米，水深20～30米，灣內寬不足1千米，水深10～20米；其南側隔東博斯普魯斯海峽（Strait of Eastern Bosphorus）有俄羅斯島（Russky Island）做天然屏障，再南還有一串連島。金角灣冬季結冰期長達近四個月，但借助破冰船可通航，使得海參崴成為所謂的「不凍港」。

老鷹窩瞭望台

我們到老鷹窩瞭望台（Eagle's Nest Viewpoint），在那居高臨下、四處眺望，整個海參崴盡收眼底。四周山巒環抱，碼頭接續，形成一個天然的良港。新建的金色大橋（Zolotoy Bridge）聯通海港南北。另在半島南端有一座美麗高聳的俄羅斯大橋（Russky Bridge）聯通半島與俄羅斯島。

燈塔

Sergei駕車沿著金角灣南行，到了半島西南角。這裡位於東博斯普魯斯海峽的北岸，是由西邊的阿莫爾海灣進入金角灣的進口，也是海參崴最主要的航道之一。1910年，當地居民自資在此搭建了一個木製的燈塔──Tokarevskiy Lighthouse，後改建為鋼筋水泥，一百多年來一直沿用至今，成為進出海參崴的指標及本地的重要標誌。

我們在通往燈塔的長堤漫步，見到男女老少在那游泳、享受日光浴，還有的人在那垂釣。到水邊摸了一下海水，可真冷，據說只有約攝氏12度（華氏54度）。這些俄國佬真行！無怪乎以前拿破崙、希特勒都上了大當，栽在這些不怕冷的傢伙身上。這個燈塔不很高大，但白色紅燈，顯明耀眼，在此北望金角灣高樓林立、巨輪滿灣；東望俄羅斯大橋凌空橫跨海峽，漁船、輕舟絡繹不絕；南望俄羅斯島，鬱鬱蔥蔥，美哉，海參崴！

西伯利亞大鐵道火車站

　　西伯利亞大鐵道火車站是海參崴歷史、文化的象徵。我們到車站參觀，這個車站是一棟不很大的俄羅斯建築，還保持1891年初建時的原型。候車室很小，只有幾排凳子，這和北京首都火車站、西客站、孟買維多利亞火車站的龐大、複雜、擁擠大不相同。東西各有一月臺，各兩道鐵軌。西邊的是進站月臺，東邊的是出站月臺。

　　車站前有一廣場，其中屹立著一個列寧振臂高呼的塑像，只是現已沒有老兵保養、清理，列寧頭上經常滿是鳥屎。

港口

　　火車站背後是海港輪船客運站（Marine Terminal），許多遠程渡輪及客船都在此出進。在那放眼金角灣與Zolotoy大橋，整個海參崴鬧區一目了然。

半廢墟的中國城

　　城中鬧區內有一處廢棄的中國城。當1860年俄國人開始建城時，這附近以及從東北來此的很多中國人，在此經商、創業頗有建樹；聚集、建立了相當規模的中國城，也為建設、開發海參崴做出重要貢獻。1900年，俄國沙皇政權假借義和團事件及八國聯軍侵佔北京的機會，殘殺及驅除在海參崴的中國人；蘇聯時期，史達林在1934-38年進行大整肅，城內的華人、朝鮮人幾乎全被殺或流放到中亞哈薩克斯坦（Kazakhstan）；1958年至1991年間，中蘇關係緊張，蘇聯當局規定只有蘇聯人

方可到海參崴訪問及居住，而且需從當局取得許可證方可進
入。如今這個曾經輝煌一時的中國城已成為半廢墟的娼妓、販
毒所在，令人見之傷感！

步行街

市中心鬧區有一條步行街——Admirala Fokina Street，中
間有許多花草、噴泉、雕刻、休閒設施，兩旁是禮品店、餐
館、酒吧等等。黃昏、夜間，此地遊客絡繹不絕，熱鬧非凡。

Sportivnaya Seafront

沿步行街走向海邊，見到一座很大的噴泉，也是遊客必來
之處，此處的海岸為一美麗的小海灣——Sportivnaya Seafront，
是游泳、日光浴、划船的好地方，也是海參崴男女老幼休閒、
輕鬆的好去處。

中心廣場

Svetlanskaya大街是海參崴的主要街道，沿金角灣海岸延
伸七公里，在這條大街上有各個時代修建、風格各異的許多建
築物。市中心路旁有個中心廣場（Central Square）。廣場中有
三座黑色的銅像，都是紀念1917-1922年蘇聯內戰中犧牲的英
雄們。這是本城最大的廣場，重大的集會、節目均在此舉行；
這兩天正逢集會，熱鬧非凡。

建城紀念碑、紅旗號艦、潛艇博物館、尼古拉教堂、凱旋門

我們從中心廣場漫步到金色大橋腳下的海邊，那裡有一個白色高聳的建城紀念碑——Memorial to Founders of Vladivostok。其旁有兩個黑色的鐵錨，地上刻著「1860」。這是紀念1860年海參崴建城時，最早來此的開拓英雄們。

在海岸邊停放了一艘小戰艦——紅旗號（Krasny Vympel、Red Pennant）。這艘蒸汽艦艇在蘇共革命時期、蘇聯太平洋艦隊建立初期以及1945年夏對日之戰中都立下大功，1958年退休後停泊在金角灣內作為紀念博物館。

斜坡處有一個「S-56潛水艇博物館」，停放了一艘頗長的二戰時期的潛艇，人們可進入潛艇內部參觀。

其後是勇士紀念碑（Memorial of Warrior Glory），一列的石碑上刻有許多二戰犧牲的海軍將士，進口處點燃著紀念這些烈士的長明燈。

其旁為尼古拉大教堂，1907年為紀念在日俄戰爭中犧牲的戰士而建，1970年改建為教堂，目前是海參崴教區最主要的教堂之一。

其後上坡為一雅致的小公園，中間有一座重建的凱旋門，是為了紀念尼古拉二世於1891年來海參崴主持西伯利亞大鐵道開工典禮所建。

博物館、藝術館、學校文化區、水族館

我們參觀了Arseniev博物館，這是一所介紹海參崴與濱海

省舊石器時期、新石器時代、青銅器、鐵器時期的出土文物。也陳列了許多早期各部落、其後唐代渤海國、金代、金亡延續的東夏（大真）、明代奴兒干、清代吉林將軍時期的遺物與史跡。最後一部分則是1860年後俄羅斯人來此開始建城、設立海軍基地，以及當年華人在此協助興建的故事。沙皇被推翻後此地經歷三年內亂，大量人口散失。其後重建，蘇聯時期此地成為海軍基地，對外封鎖。二戰中海參崴轉輸大量外援戰爭物資支援反法西斯戰爭，貢獻匪淺。戰後這裡常年被封鎖，最終在1991年開放，擴大發展。這個博物館雖不很大，但陳列了許多珍貴的歷史文物，是一個有檔次的博物館。

另外我們去參觀了濱海邊疆區國家書畫展（Primorye Art Gallery），裡面陳列了許多很不錯的繪畫，只惜當日大多其他作品都沒展覽。Sergei告訴我們海參崴是座年輕人和大學生的城市，這裡有12所高校、11所中學。市內還有4座博物館，3座劇院和1座音樂廳。我們去參觀了一個水族館，其中最醒目的就是魚缸裡活生生、約有兩三米長的大鱘魚。

漁港、海軍基地、軍艦、潛艇

海參崴有許多海灣，是以漁港、海軍艦隊基地也四處分佈。我們在金角灣就見到許多漁船及軍艦，後來去俄羅斯島的Noviky灣，一邊是漁港，對岸則為海軍基地，停放了許多戰艦和潛水艇。蘇聯解體後，俄國人想通了，讓別人看看他們的軍艦、潛水艇也沒什麼大不了的，犯不上去擊落別人的民航機。現在任人觀賞、拍照，再沒有限制了。

軍事博物館

　　我去參觀位於半島西部，Amurskiy海濱的軍事博物館。這裡是海參崴最早的一個軍事要塞，始建於1862年，歷經1904年的日俄戰爭，擊退了日本海軍的攻擊。其後俄軍在俄羅斯島修建了更大的要塞，這個堡壘才逐漸荒廢，近年重建作為軍事博物館。那裡居高臨下、地勢險要。堡壘的廣場置放了各式的大炮、魚雷、火箭、裝甲車等等，十分壯觀。堡壘都是用堅固的鋼筋水泥建造，內部展示了許多槍枝、炮彈以及在此發生過的諸次戰爭及有名的將領。

海鮮、帝王蟹與釣魚

　　海參崴海灣曲折、島嶼連串、海域廣闊，是以海鮮豐富，有大比目魚（Halibut）、三文魚（Salmon）及帝王蟹（King Crab）等，均美味可口。

　　正逢上每年兩周的帝王蟹上市季節，全市帝王蟹半價。老妻與我在旅館的餐廳要了一份活生生、三四磅的帝王蟹，只花了三十多塊錢美金，清蒸上桌，色香味俱全，味道不同凡響，與以前吃過的帝王蟹大不相同，新鮮與烹飪手藝見高低也。

　　我們第二日趕往俄羅斯島的Novik灣，登船進入東博斯普魯斯海峽，穿過潔白高聳的俄羅斯大橋，在彼得大帝海灣下錨泊船，開始放線釣魚。那裡水深近40米，當日晴空萬里、風浪微和，海上已有幾艘垂釣船隻，遙望穆拉維約夫—阿莫爾半島與俄羅斯島，愜意非常。約兩小時我們釣到兩條石斑魚（Rock Fish）；雖不為豐收，卻也領略東北亞垂釣風情，不虛此行！

尾聲

在此暢遊三日後，搭上西伯利亞大鐵道的火車離去。總的來說海參崴是一個美麗、多姿，富有文化、歷史的現代化城市；也是俄國在太平洋的軍事重鎮，西伯利亞大鐵道的東端起點。市區佈置有序、海港舟楫如梭、海產豐富可口。此處原為中國領土，清代俄國強佔，居此華人被趕盡殺絕，留下呈半廢墟狀的中國城，讓人感觸深思！

故國山河——伯力

伯力（俄文為哈巴羅夫斯克、Khabarovsk）位於黑龍江、烏蘇里江交匯之處，也可謂中國最東端的地方。原為中國領土，只惜在清代割給了俄國。久想去那裡看看，這次順著橫跨西伯利亞大鐵道之行，特地在伯力停留三天，盡覽了伯力的風光，也瞭解到許多往事。

哈巴羅夫與莫拉維約夫

黃昏時際，我們從海參崴搭上火車，次日清晨到了伯力。爬過四五層樓高的天橋，出了火車站就見到廣場上屹立著巨大的哈巴羅夫石像。1649年，俄國探險家哈巴羅夫（Yerofey Pavlovich Khabarov）順黑龍江而下，沿途劫掠、屠殺中國居民，抵達伯力，在此建堡壘要塞。他向沙皇建議伯力為俄國向東發展必爭之地。當時中國正值明清交替，無暇顧及邊遠區域。俄國人於1654年又擅自將黑龍江以北、外興安嶺以南的中國領土納入版圖，並設「道林省」。

康熙中期，清朝在黑龍江流域多次擊敗俄國侵略。最後於1689年簽訂尼布楚條約，收復黑龍江以北版圖與伯力，中俄邊界西起額爾古納河，經黑龍江上游支流格爾比齊河，沿外興安嶺東至海。

直到1858年，俄國東西伯利亞總督莫拉維約夫・阿莫爾斯基（Muravyov-Amursky）趁英法聯軍侵華及太平天國內亂，強

迫清朝黑龍江將軍奕山簽訂璦琿條約，割讓黑龍江以北（註：庫頁島已早於1789年被俄國強佔），同時烏蘇里江以東由中俄共管。兩年後，俄國又趁英法聯軍攻陷北京，逼迫清朝恭親王奕訢割讓烏蘇里江以東版圖。

今日伯力

俄國侵佔這100多萬平方公里的土地後，遂積極建設伯力與海參崴兩個重鎮。伯力現為哈巴羅夫斯克邊疆區（Khabarovsk Krai）的首府，人口為60萬，是俄國遠東僅次於海參崴的第二大城。城內有許多新、舊的建築，市區由西邊的河岸向東到火車站，街道呈棋盤型，佈局整齊、雅致。

主街莫拉維約夫‧阿莫爾斯基大道（Muravov-Amursky Street）由河邊延伸到東邊的列寧廣場，上有許多充滿俄羅斯風格的古老建築，夾雜著許多新建的大樓；也見到建城初期留下的木造房屋。沿街有許多商場、飯館、書店、圖書館、藝術館、劇場等等，是本城最繁華的區域。

與這條大道平行的阿莫爾斯基林蔭大道（Amursky Blvd），由河邊直通火車站，是一個林木茂盛、花草芬芳的公園式大道，中間為步行道路，兩旁為車道。仲夏之際，許多市民在此乘涼，我與老妻也多次徜徉在此林蔭大道中，頗有風味！

河邊眺望令人心曠神怡

伯力最美的地方是城西邊的河岸高地。這裡是黑龍江與烏蘇里江交匯之處，河面寬闊，江水浩浩蕩蕩，舟楫不絕。在此眺望，令人心曠神怡。河邊有一個佈置幽雅的哈巴羅夫斯克

邊疆區公園（Khabarovsk Krai Park），黃昏時際擠滿市民與遊客。岸邊峭壁有一處阿莫峭壁瞭望台（Amur Cliff Observation Ground），其後屹立著一個高聳的莫拉維約夫・阿莫爾斯基塑像（Monument to Count N. N. Muravyov-Amursky）。他全副軍裝，兩臂交叉得意地拿著望遠鏡眺望著遠方由他從中國掠奪的一百多萬平方公里疆土，同時還在覬覦著隔河的中國領土。

黑瞎子島──故國山河應猶在，只是朱顏改

伯力對岸黑龍江和烏蘇里江兩江交匯處的黑瞎子島在1858年的璦琿條約和1860年的北京條約中均署明是中國的領土。1929年前蘇聯假借中東鐵路事件而搶佔，切斷了中國連接兩江的航行權。江澤民擔任中共總書記和國家主席期間，分別在1991年5月、1999年12月9日與蘇（俄羅斯）簽署了《中蘇國界東段協定》、《關於中俄國界線東西兩段的敘述議定書》，完全承認了清政府與俄國間的一系列不平等條約。

但黑瞎子島是當年蘇聯強佔的，沒有任何條約界定。俄國人非常狡猾，又特別提出，要求中國承認其強佔的合法性。2001年7月，江澤民和俄羅斯總統葉利欽商討決定平分黑瞎子島。延至2004年10月14日普京總統訪華期間，中共外長李肇星與俄羅斯外長謝爾蓋・拉夫羅夫（Серге́й Ви́кторович Лавро́в）在北京簽署了《關於中俄國界東段的補充協定》，俄國答應歸還黑瞎子島西邊的一半給中國；中國承認黑瞎子島東部約一半、面積約164平方公里的土地永遠劃歸俄方，並放棄連接兩江的航行權。

當時江澤民雖已不擔任中共總書記和國家主席，但猶擔任

中華人民共和國中央軍事委員會主席，而在幾周前的9月還是中國共產黨中央軍事委員會主席，照舊垂簾聽政，一人說了算。

事實上這個條約是俄國人玩的把戲，只將西半部不關緊要的地方交還中國，要中國承認他們搶奪東半部為合法；而最重要的乃是堵死中國黑龍江與烏蘇里江聯通的航行，使得中國東北在國防、交通及經濟上都蒙受不可彌補的損失。對江澤民簽訂此條約，民怨頗深。

我到伯力親見割讓黑瞎子島的情勢，深感江澤民此舉頗為自欺欺人（老百姓），的確不太高明，也必將在歷史上留下嚴重的污點。我多次站在河岸高處眺望黑龍江、烏蘇里江及被割讓的東黑瞎子島，只覺「故國山河應猶在，只是朱顏改」，痛哉！

俄國在清代侵佔了原中國黑龍江以北、烏蘇里江以東、庫頁島總共約一百萬平方公里的領土。這些土地資源、物產豐富、適於耕種，但俄國一直沒有好好開發，也不讓中國人在此生活，如今這大片的土地只有四百萬人。相對於中國東北的一百二十萬平方公里、一億兩千二百萬人口，說明俄國霸佔土地資源而空置，可謂「暴殄天物」！

沙皇出售阿拉斯加予美國的得算

1867年，俄國沙皇政府以美金七百萬元的鉅款將其佔領的阿拉斯加賣給美國。如今世人均認為俄國上了美國的大當。事實上這是見樹不見林的錯誤想法。

因為當時俄國剛從中國搶奪了濱海的一百萬平方公里領土，開發海參崴和伯力這兩個遠東太平洋濱的重鎮缺乏經費、

困難重重。加之他們不久前在歐亞與英、法、奧、奧圖曼、薩丁尼亞等列強競爭，四面楚歌，在克里米亞戰爭（1853-1856年）中戰敗，吃了大虧，國力與經濟產生危機。

當時英國積極防範俄國在遠東的擴張，試圖尋找黑龍江口阻止俄國向太平洋發展。而當時俄國在阿拉斯加僅有幾個脆弱的據點，路途遙遠、鞭長莫及，根本沒有能力保護阿拉斯加。而英國在中國及北美加拿大聲勢鼎盛，沙皇政府考慮到阿拉斯加難以保存，終將喪失，還不如賣給當時對俄國不具有威脅的美國。拿得到的鉅款來建設海參崴、伯力兩重鎮，以確保其在遠東、太平洋的發展。以後的歷史發展證實了沙皇這個策略對俄國是高明、正確的。

Komsomolskaya廣場

距河邊不遠有個Komsomolskaya（Sobornaya） Square，其中豎有一個遠東內戰紀念碑（Monument to Heroes of Civil War in the Far East 1918-1922）。蘇共十月革命成功後，全國各地包括白軍的反布爾什維克勢力做了幾年的奮鬥。特別在西伯利亞的東部，日、英、法、美都出兵介入干涉，當時出現一個「遠東共和國」（Far Eastern Republic）以為緩衝。戰爭進行了三四年，最終日本於1922年10月才從海參崴全部撤出，俄國的內戰基本上才結束。這場內戰歷時長久、戰鬥激烈，人員傷亡及經濟損失都十分慘重。

大教堂

本城最醒目的大教堂是Cathedral of the Dormition of the

Virgin，坐落在河邊哈巴羅夫公園與Komsomolskaya廣場旁，為一藍頂、橘色、白邊、高聳的美麗教堂，可謂本城的標誌。另外城南有一座金色圓頂的Cathedral of Transfiguration of Our Savior，也是美輪美奐。旁邊有一個規模宏大的修道院——Khabarovsk Theological Seminary。我們進入這兩座金碧輝煌的東正教大教堂，發現內部布置華麗，只是沒有座椅，做禮拜都是站著來。這和天主教、基督教大為不同！

遠東圖書館

坐落在Komsomolskaya廣場，隔Turgenev街有一座Pliusin大廈，現作為遠東圖書館（Far Eastern State Research Library）。這個圖書館藏書及文件超過一百萬冊，可謂規模宏大，也說明伯力是個有文化的城市。

博物館

這裡有許多博物館，包括文化、軍事、藝術、水族、考古、歷史等等，個個都陳列了許多珍貴的文物、標本、古董。其中最大的是哈巴羅夫斯克邊疆區博物館（Khabarovsk Krai Local Lore Museum after N. I. Grodekov）。裡面展示了許多這一帶的自然生態、野生動物、魚類，出土的古代遺跡，黑水靺鞨族、室韋族等通古斯族原住民的生活；俄國人從中國掠奪該地後建城時期的景況，以及中國人在此謀生的情形。這是一個相當有檔次的博物館。

軍事博物館介紹蘇聯革命內戰、二次世界大戰、1945年蘇聯進攻偽滿洲國、1969年珍寶島中蘇衝突等幾次戰爭中此地的

戰況。庭院中展示了許多坦克車、大炮、戰鬥機、火箭等俄製
武器，其中二戰時有如堡壘的蘇軍T-34坦克最令我驚異。

考古博物館並不很大，展示了一些此地出土的遠古生物
遺跡。

金正日與溥儀在伯力

近代史上有兩個頗為知名的「窩囊廢」在伯力待過相當
的日子。第一個是北朝鮮的金正日於1941年2月16日在伯力出
生。這是根據前蘇聯解密文件的記錄。當時其父金日成任東北
抗日聯軍第一支隊長，被日本關東軍重兵圍剿，損失慘重，乃
退往蘇聯境內。

但如今北朝鮮官方為假造「領袖神聖」形象，聲稱金正日
是於1942年2月16日誕生於朝鮮兩江道三池淵郡的「白頭山密
營」。這一家祖孫三代殘民以逞、殘殺同志、異己、破壞世界
和平，可惡、窩囊兼而有之。

另外乃是滿清末代皇帝溥儀，後任日本傀儡偽滿洲國康德
皇帝。1945年8月日本戰敗投降，他在瀋陽被蘇軍俘擄，送往
蘇聯赤塔（Chita），11月轉往伯力。溥儀在伯力被囚禁了近五
年，後於1950年8月移交給中國，送往撫順戰犯管理所接受為
期10年的勞動改造和思想教育。溥儀的一生三上三下，一直是
任人擺佈的傀儡，夠窩囊的！

二戰烈士紀念廣場

城內有幾處廣場、紀念碑，其中規模最大的是二戰烈士紀
念廣場（Memorial Complex in Square of Glory），在那豎立的

碑上刻有近四萬名伯力參加二戰殉難的英雄。據導遊告訴我當時伯力的總人口約二十萬，及齡的壯丁也只有五萬人，看來上戰場80%的青年都犧牲了，這個戰爭真可怕！

Dyachenko紀念碑

當1860年俄國強佔伯力後即派遣由Ya V. Dyachenko上尉所領導的東西伯利亞第十三營（13th East-Siberian Battalion）來伯力駐防，並建築城堡。五年後此地有1,294名居民及200棟房屋。如今在幾個博物館附近立有一塑像——Monument to Ya V. Dyachenko以紀念他對建設伯力做出的貢獻。

列寧廣場、列寧大道、列寧塑像

在蘇聯時期，每一個城市都必須有列寧廣場、列寧大道和列寧塑像。蘇聯解體後，許多城市都將之取消或改名，但在伯力三者均保留了下來。列寧大道是橫貫全城東西的主要大道，列寧廣場（Square after V. I. Lenin）是全市最大的一個廣場，重要集會、慶典都在此舉行；其旁的列寧塑像還是依然屹立。

據導遊說以前蘇聯時代時，都有專人保護、清洗塑像，如看到鳥站在列寧頭上拉屎，就用鳥槍打。但現在就沒人管了，我們看到列寧頭上盡是鳥屎。

Dynamo公園與哈巴羅夫斯克市區湖

城的東邊有一座Dynamo公園與哈巴羅夫斯克市區湖（Khabarovsk City Pond），是市民與孩子們休閒、玩耍的好去處。週末擠滿了人。

涼麥茶、冰淇淋、烤肉、漁產、土豆

　　沒來此以前，總以為西伯利亞就是「冷」。沒料到這裡白日溫度都高達華氏九十多度，而且陽光照得令人難受。據說在中亞部位的西伯利亞，某些地方冬天溫度低到攝氏負40度，夏天卻高達正40度。原來西伯利亞冬寒夏炎，無怪乎五六個月的生長期，農作、蔬菜都長得肥碩茂盛。

　　我們白天在街上走一陣就是汗流浹背。在街邊常有小攤子賣冰凍的麥茶，就像以前臺北街頭叫賣的「涼啦」！賣涼麥茶的大多是小女孩，我在街上又熱又渴，喝了好幾次。味道的確清涼無比。街上也有賣冰棒的小攤，因為暑熱難受，我買了幾次，俄羅斯的冰棒做得很細膩，十分可口。

　　伯力瀕臨兩大江，漁產豐富，以前的名產是大鱘魚，據說美味可口。但近年來因保護生態，已吃不到鱘魚。這裡的烤肉做得很好，只是沒有吃到羊肉。俄國人煮的土豆（馬鈴薯）也很好吃。在這裡我們吃到的土豆似乎只有一種品種。

尾聲

　　伯力位於黑龍江、烏蘇里江交匯處；市區佈局整齊、雅致；文化、史跡繁多；附近農、林、漁產亦豐富。這一帶廣闊的土地自古以來原為中華民族生息之地，清代被俄國強佔，至今大多空置無人。臨城西峭壁眺望兩江匯合，見河面寬闊，江水浩浩蕩蕩，舟楫不絕，氣勢雄偉；只是念及廣大河山失土、目睹黑瞎子島喪權辱國，不禁有「故國山河依舊在，只是朱顏改」之悲！

貝加爾湖的奇特風光

仲夏之際，老妻與我於西伯利亞大鐵道旅途中，從海參崴經過伯力（Khabarovsk）、赤塔（Chita）、烏蘭烏德（Ulan-Ude），最後沿著貝加爾（Baikal）湖邊走了許久，抵達伊爾庫茨克（Irkutsk）。伊爾庫茨克位於安加拉河（Angara River）畔，距貝加爾湖72公里，我們一下火車就搭車去貝加爾湖，在那裡逗留了兩天。

貝加爾湖博物館

去貝加爾湖的旅途一路沿著安加拉河，滿目盡是青蔥松林，偶見幾個小鎮，風景清新。下午五時抵達貝加爾湖西南岸的一個小鎮。我們的旅館是一座離湖邊不遠的木樓。

導遊來接我們，她建議抓緊時間，立刻去參觀附近的博物館。這個博物館並不大，但相當有檔次，把貝加爾湖的形成、構造、水勢、地貌、生態、歷史等等介紹得非常清楚。貝加爾湖生態茂盛，有兩百多種特有動物（Endemic Species），其中有一種Omul魚，非常可口，是此湖的招牌魚。還有一種世界唯一的淡水海豹。

小動物園與淡水海豹

清晨散步，經過一個小動物園，見到熊、兔子、寒帶鹿、狐狸等，可見這裡雖然天氣嚴寒，但還是有許多寒帶動物能適

應生存。我在湖邊經常見到湖中出水的淡水海豹，十分可愛。

貝加爾湖

貝加爾湖與世界許多湖泊相較，並不算很「美麗」，但的確最為「奇特」。它形成於兩千五百萬年前，是世界最古老的淡水湖泊，也是世界上最清澈的湖泊之一；為一新月形的斷層湖，南北長680公里，東西寬40至80公里，面積31,494平方公里；最深處為1,642米（5,387英尺），平均深度758米，為世界上最深的淡水湖泊，其含水體積達23,600立方公里，占全球河川、淡水湖總水量的17%至20%。湖的四周被山巒與丘陵環繞，有色楞格河（Selenga River）等336條河流注入；卻只有一條安加拉河在湖的西南角流出，後注入葉尼塞河（Yenisei River）而流入北冰洋。

此地冬天漫長，從十月下旬直到次年五月冰化。湖水面從一月到五月有五個月的全凍期，冰凍厚達兩三米。湖水除了七、八、九三個月一部分時間超過攝氏十度，很短期最高到十二三度，其他整年都在攝氏零到五度上下。氣溫從十月下旬到次年五月初，有七個月在冰點以下，十二、一、二這三個月降到攝氏負二十度以下。加上湖水凍結嚴寒，湖上及湖邊空曠風疾，風冷因素（Windchill Factor）非常可怕。我們去時正值仲夏，白天正午溫度高達攝氏二十幾度，但夜晚及清晨降到五到十度。我幾度清晨沿著湖邊散步，穿上全副過冬裝束：毛衣、外套、帽子，還覺寒風逼人，嚴冬的風寒可想而知。

妙齡女郎寒風冷水中游泳

我在那每天清晨都沿湖漫步兩小時，雖然寒風襲人，但空氣清爽無比。黎明之際，湖水一平如鏡、遠山晨霧瀰漫，景色不俗。見到一位妙齡女郎在攝氏八度的水，加之寒風下游泳，才領會到當年拿破崙、希特勒都上了這些不怕冷的俄國人的大當。

遠足野餐、眺望湖光山色

導遊帶我們渡過安加拉河到湖的南邊漫步幾公里，見到當地人民樸實、和善，房舍儼然。午間在湖邊野餐，眺望遼闊無際湖面，遠處叢山、島嶼，旅遊舟楫、渡輪頻繁，還偶見淡水海豹戲水。這裡的湖水清澈無比，孩子們趁著這暫短仲夏在湖邊戲水，悠然自得。

大陸、臺灣旅客多

我們的旅館裡有好幾家由大陸來的旅客；我清晨散步也遇到兩三個臺灣旅行團。貝加爾湖雖然路途遙遠，卻吸引了不少大陸、臺灣的遊客。

蘇武北海牧羊只是個故事

貝加爾湖之行最使我詫異的乃是「沒有品嚐到蘇武牧羊、繁衍下來的上好羊肉」。我們的旅館有個餐館，他們的Omul魚有好幾種煮法，都很好吃，烤牛肉也十分可口，只是沒有羊肉。在那裡問遍所有飯館，沒有一家有羊肉；在湖邊數日也沒

見到一隻放養的羊。我問了好幾個當地導遊與居民，沒有人聽說過有蘇武來此牧羊的事。他們告訴我：「這裡沒有牧草，半年多的嚴冬又太冷，羊無法活過冬，就算蘇先生不怕冷，羊先生也怕冷不敢來此！」

為此我做了一系列的考證工作，寫了一篇〈蘇武有沒有去貝加爾湖牧羊？〉（見下篇）。其中特別指出在蘇武出使匈奴時，貝加爾湖並非匈奴國土；後世誤認班固《漢書》所謂的「北海」是貝加爾湖。是以「蘇武牧羊北海邊、雪地又冰天、牧羊十九年」只是像「孔明借東風」一樣的傳神、感人故事，但不可當真！

伊爾庫茨克

我們回到伊爾庫茨克逗留了一兩日。這個城是俄國人當年開發東西伯利亞的重鎮，有60萬人，市區不小，有幾個開發早期的東正教教堂，幾處城市歷史、藝術、戰爭的博物館；還有幾處當年被沙皇放逐到此的貴族留下的古屋。城區被安加拉河環繞，河水急湍，整年不凍。河邊有一個佈置幽雅的公園，其中心屹立著亞歷山大三世的銅像。我清晨在河邊漫步，清爽無比，見到早起的垂釣者，獨立寒江，怡然自樂！

我們住的旅館在一條步行街邊，下午、夜晚旅客擁擠，有許多中國來的遊客；各種買賣、玩耍、表演、歌唱，熱鬧通宵。也有許多好餐館，俄羅斯的烤肉手藝非凡，只是一直沒有吃到羊肉。

尾聲

　　在貝加爾湖、伊爾庫茨克遊覽三四天後，我們搭上火車前往葉卡捷琳堡。貝加爾湖遼闊無際的湖光山色、清爽無比的空氣、黎明的襲人寒風與瀰漫晨霧、奇特的地形、茂盛的生態以及相對繁華的伊爾庫茨克，一直在我腦海縈迴。

蘇武有沒有去貝加爾湖牧羊？

仲夏之際，我與老妻前往俄國海參崴，搭上西伯利亞大鐵道，向9288公里之遙的莫斯科進發。一路上我最嚮往之一的乃是舉世無雙的貝加爾湖，因為那就是史書上記載的蘇武「雪地又冰天、牧羊十九年」的「北海」。我一再對老妻說到那裡一定要好好品嚐蘇武辛苦牧羊、繁衍下來的上好羊肉。卻是到那後，問遍所有飯館，沒有一家有羊肉；在湖邊數日也沒見到一隻放養的羊。我問了好幾個當地導遊與居民。他們都告訴我：「我們這裡沒有人養羊，人們也不大吃羊肉！」

「到蘇武牧羊的北海吃不到羊肉」，令我憶起先師史學家郭毅生教授生前曾教導我：「懷疑是研究歷史最重要的正確態度之一！」難道蘇武來此時，遍地牛羊，今非昔比矣？兩千年會不會發生這麼大的地理、氣候變化？答案肯定是不會的，就正如同我在貝加爾湖沒買到、見到香蕉一樣，如果蘇武當年真來到這裡，他肯定是見不到香蕉和羊的。

最早記載蘇武北海牧羊的事出自班固《漢書・李廣、蘇建傳》：「乃徙武北海上無人處，使牧羝。」這個「北海」被後人推測為今日的貝加爾湖。這個推測在歷史上就有過爭論。譬如唐代文學家溫庭筠前往河西走廊，見到一座蘇武廟，有感而作詩──《蘇武廟》：「⋯⋯古祠高樹兩茫然，雲邊雁斷胡天月，隴上羊歸塞草煙⋯⋯。」表示他懷疑蘇武牧羊是在如今甘肅武威，而不是貝加爾湖。近代中科院院士任繼周先生認

為北海乃是甘肅省武威市民勤縣的「白海、白亭海」及「蘇武山」。周先生並與蘭州大學的兩位學者張自和、陳鍾撰寫了《蘇武牧羊北海故地考》，並引用臺灣成文出版社出版的《民勤縣誌》中的「蘇武山」、「蘇武廟」，印證民勤就是蘇武牧羊北海的故地。那麼蘇武牧羊到底是在貝加爾湖還是在河西走廊呢？筆者懷疑兩處都非屬實。

（1）嚴寒

貝加爾湖形成於兩千五百萬年前，是世界最古老的淡水湖泊，也是世界上最清澈的湖泊之一；為一新月形的斷層湖，南北長680公里，東西寬40至80公里，面積31,494平方公里；最深處為1,642米（5,387英尺），平均深度758米，為世界上深度最深的淡水湖泊，其含水體積達23,600立方公里，占全球河川、淡水湖總水量的17%至20%。湖的四周被山巒與丘陵環繞，有色楞格河（Selenga River）等336條河流注入；卻只有一條安加拉河（Angara River）在湖的西南角流出，後注入葉尼塞河（Yenisei River）而流入北冰洋。

此地冬天漫長，從十月下旬直到次年五月冰化。湖水面從一月到五月有五個月的全凍期，冰凍厚達兩三米。湖水除了七、八、九三個月一部分時間超過攝氏十度，很短期最高到十二三度，其他整年都在攝氏零到五度上下。氣溫從十月下旬到次年五月初，有七個月在冰點以下，十二、一、二這三個月降到攝氏負二十度以下。加上湖水凍結嚴寒，湖上及湖邊空曠風疾，風冷因素（Windchill）非常可怕。我們去時正值仲夏，白天正午溫度高達攝氏二十幾度，但夜晚及清晨降到五到十度。

我幾度清晨沿著湖邊散步，穿上全副過冬裝束：毛衣、外套、帽子，還覺寒風逼人，嚴冬的風寒可想而知。

（2）非畜牧區

貝加爾湖位於西伯利亞的森林區（第11頁圖1），其南方緊接的是外蒙古的庫爾固爾、布林干、後杭愛、鄂爾渾、札布汗五個省的森林區，這些地區與東北、內蒙的大興安嶺相似，天氣寒冷、草原稀少，不宜於畜牧，卻是漁獵的好地方。雖然在其東面的山巒裡有一種野生的雪白山羊，屬於珍獸，難以飼養。是以至今那些地方都沒有規模性的畜牧業。

（3）羊無法過冬

現今美國北方的明尼蘇達州因天氣太冷，羊無法過冬，只得春天用18輪大卡車（18-Wheelers）由南方運來羊仔，開始放牧，到了秋天羊長成則宰殺、銷售羊肉。貝加爾湖比明尼蘇達州冷得多，如果當時蘇武真到貝加爾湖牧羊，不知他有什麼辦法讓羊過冬？

（4）非匈奴領區

西漢時，貝加爾湖並非匈奴地盤，而是「丁零」部族生息之地（第11頁圖2）。西漢初，匈奴冒頓強大，丁零曾臣服於匈奴，但雙方利益矛盾頗深，時有衝突。西漢中葉匈奴衰弱，丁零不斷南下侵擾匈奴。在漢武帝伐匈奴時，也曾聯繫丁零近鄰的烏孫夾擊匈奴。可見當時匈奴絕不可能將蘇武送到自己管轄不到的地方去而失控。在《漢書‧李廣、蘇建傳》中記載：

「其冬，丁零盜武牛羊。」也說明蘇武所在之處遭到丁零南侵掠奪。丁零十分強悍，當時還處於半漁獵的落後社會，與早期在大鮮卑山（今大興安嶺）中的鮮卑先祖頗為相似。後丁零向南、向西遷移，尋找遊牧之所，唐代中期稱回紇，滅突厥，又幫助唐朝平定安史之亂；後遷至新疆、中亞，與當地原住民融合而為今日的維吾爾族。但必須瞭解到，無論是丁零、匈奴、鮮卑或漢族，都是中華民族的組成份子，在歷史的長河中他們相互交流、爭戰、整合、融合以致血緣混合。蘇武雖然沒能去過貝加爾湖，但那裡是古代中華民族組成分子生息所在，這是無可爭議的史實。

（5）蘇武保養得當

蘇武出使匈奴時是四十歲，在拘留期間匈奴給了他匈奴女子，並至少生了一個兒子，也提供牛羊令其家庭生活無慮。並非後代史書及文人均描述的「孤獨牧羊、廩食不至。」他在匈奴有妻、子，當然不是「孤獨一人」，而他的妻、子應該不太可能去貝加爾湖生活。蘇武在匈奴期間，他原來的妻子已改嫁，而兩個哥哥都因侍衛漢武帝失誤而自殺；歸漢後，他原來唯一的一個兒子也在派系鬥爭中被處死。漢宣帝令人用重金贖回他在匈奴的兒子蘇通國以繼其後，並給予官職。蘇武回國時是五十九歲，後來又活了二十一年，以八十高壽去世。看來他在匈奴那十九年，不太可能去貝加爾湖受「雪地冰天、孤獨牧羊」的折磨，而是在蒙古草原上衣食無慮、嬌妻幼子、身心舒暢、保養得當，培養出其後八十高壽的本錢。

（6）無貝加爾湖景色記載

在《漢書・李廣、蘇建傳》及其他有關蘇武牧羊的文件中沒有任何描敘到貝加爾湖漁、獵豐盛，湖、山、島、安加拉河（Angara River）、色楞格河（Selenga River）等河流，以及漫長寒冬的景況。如果蘇武真的在那居留十九年，這是不太合理的。

（7）當地人沒有聽過蘇武

張騫、蘇武、班超並稱漢代三個偉大、不辱使命的使節。我去新疆和當地人談到張騫、班超，可謂家喻戶曉。卻是到貝加爾湖問當地人，卻沒有任何人聽說過有蘇武來此牧羊十九年的故事。

（8）博物館無資料

我在貝加爾湖參觀了一個博物館，這個博物館把此地的地質、地理、氣候、生態及歷史介紹得非常透徹。只是沒有蘇武在此牧羊的故事。我問了許多當地人，也沒人聽說有此事。我們的導遊是學歷史的，我請教她有關蘇武在那牧羊的史實，她覺得這是個很荒唐的問題，對我說：「這裡沒有草，半年多的嚴冬又太冷，羊無法活過冬，就算蘇先生不怕冷，羊先生也怕冷不敢來此！」

（9）蘇武不可能在河西走廊牧羊

關於蘇武牧羊於河西走廊甘肅武威一說與歷史事實不符，

因為當時那裡已被漢朝控制（第11頁圖2）。漢武帝接二連三派衛青、霍去病等出擊匈奴，打得「匈奴遠遁，而漠南無王庭」。霍去病西征，河西走廊包括武威、酒泉一帶在蘇武出使前已被漢朝控制，蘇武出使前「絲綢之路」已經開通。匈奴怎麼會把蘇武送到西漢控制的地方去牧羊？

（10）政治犯不應離王庭太遠

匈奴雖為遊牧民族，但其政治中心「王庭」相對固定，在今烏蘭巴托一帶。他們遊牧的區域很廣闊，但對待政治犯，需嚴密監視，以免逃脫，應該也不能放得太遠。

（11）霍去病也沒去貝加爾湖

最後讓我再補充一些個人考證的研究心得。在《史記·霍去病列傳》中記載：「元狩四年（筆者註：西元前119年，蘇武出使匈奴前19年）春，上令大將軍衛青、驃騎將軍霍去病將各五萬騎，步兵轉者踵軍數十萬……，乃更令驃騎出代郡，……，擊匈奴單于，……，封狼居胥山，禪於姑衍，登臨翰海。執鹵獲醜七萬有四百四十三級，……。」

這裡所述的「狼居胥山」應為今外蒙古烏蘭巴托東側的肯特山。雖有些教科書中註解狼居胥山在今內蒙古西北或中蒙邊界。乃是根據康熙於三十六年二月（西元1697年）第三次征葛爾丹的行軍路線及時間。當時康熙率部由雲中直抵寧夏，循賀蘭山出邊，於夏四月辛亥次「狼居胥」山麓。按行軍時間推算這個「狼居胥山」應在距如今中蒙邊境不遠的戈壁阿爾泰山脈一帶。但筆者認為這是混淆了漢代和清代兩個截然不同的

「狼居胥山」。封禪的姑衍應該就是肯特山脈中或附近的「姑衍山」。而「瀚海」何所指？有呼倫湖、廣大戈壁沙漠、北方大湖或貝加爾湖等等。其中前幾項都有可能，而唯有「貝加爾湖」是絕對錯誤的。因為霍去病出代郡到狼居胥山已走了二千餘華里，如果再要去貝加爾湖還需翻山越嶺，曲折行軍二千餘華里，其中相當一部分是森林，不宜騎兵深入，也無飼餵馬匹的牧草，地形變化不明，沒有辦法補給；最重要的乃是貝加爾湖沒有匈奴王庭，他去那裡目的不明。霍去病和衛青這次北伐，出去十四萬騎兵，走了兩千華里，雖然取得重大勝利，凱旋而歸，但收兵返鄉的只剩下三萬餘眾，十一萬人馬不是戰死、累死、餓死、病死就是迷途而亡。霍去病如果真再向北的森林衝兩千華里，他與那殘存的三萬將士肯定是回不了故鄉的。

古代因對中國之外的地理知識有限，譬如司馬遷在其《史記‧太史公自述》中提到：「二十而南游江、淮，上會稽，探禹穴，闚九疑，浮於沅、湘；北涉汶、泗，講業齊、魯之都，觀孔子之遺風，鄉射鄒、嶧；戹困鄱、薛、彭城，過梁、楚以歸。於是遷仕為郎中，奉使西征巴、蜀以南，南略邛、筰、昆明，還報命。」這表示他非常注重地理及實地調查，但在當時的條件下，要把確切的「瀚海、北海」的位置弄清楚是不可能的。

司馬遷《史記‧霍去病列傳》中敘述了「登瀚海」，影響到班固寫下《漢書‧李廣、蘇建傳》中的「蘇武牧羊北海」。但他們二位都沒有肯定敘明「瀚海、北海」所在。後續的史學家與文學家各憑自己的閱歷加以解析，以致兩者都成為「貝加

爾湖」。

　　蘇武歸國後，起初並沒受到朝廷主政者霍光的重視，僅
拜為典屬國，官位不高，俸祿不厚。上官桀等上書控告霍光弄
權不公。其後霍光在政治鬥爭中誅上官桀、桑弘羊等，蘇武牽
連，本應獲罪。霍光頗有眼光，免其罪，僅罷其官。昭帝崩，
蘇武以迎立宣帝有功得賜「關內侯」，食邑三百，加「祭酒」
之尊號。年老時，宣帝特為其贖回在匈奴的兒子蘇通國，封予
郎官。蘇武年八十去世。其後宣帝令圖畫本朝十一大功臣於麒
麟閣，蘇武列於末位。蘇武的出使十九年，「堅持漢節、忠於
君主、忠於國家、忠於使命」成為當時政治所需的「樣板標
兵」，千百年來由於統治者御人之術與遷客騷人的穿鑿附會，
遂塑造出「雷鋒型」的「雪地又冰天，牧羊北海邊，窮愁十九
年」的感人畫面與歌曲。

　　蘇武是幸運者，事實上歷史上許許多多被俘不屈、忠貞
不二、歷經艱險、飽經折磨、長年堅持而欲回歸本朝的壯士都
沒有得到應有的好下場，卻成為當時政治需要的犧牲品。例如
紅軍西路軍的婦女獨立團團長王泉媛女士，被俘受辱，飽經摧
殘，卻堅貞不屈，輾轉歸投陝北紅軍，結果被拒，落得行乞歸
鄉，隱名埋姓，了此殘生。1975年，中共釋放關押長達26年的
黃維等多名國軍將領、幹部。這些人都是中共認為「頑冥不
化、心懷國府」份子，他們受的折磨誠非蘇武可比。其大多妻
小、家人在台，釋放後興致沖沖欲趕往臺灣團聚，未料基於當
時國民黨的「三不政策」，蔣經國拒絕他們回台。弄得怨聲載
道，甚有自殺身亡者，演出一齣「蘇武叫關不應」的鬧劇。其
他在台海海戰、空戰及U2間諜機被俘的國軍戰士們多被拘留

一二十年，這些「今日蘇武」被釋放後也不得回台，只得飄留海外以終殘年。令人聞之傷感！

表揚蘇武的「忠於君主、忠於國家、忠於使命」是崇尚民族氣節的正道。但歷史的事實與政治宣傳、文學作品是有其分野的；《三國演義》是文藝巨作，而《三國志》才是史實。被郭沫若稱為新史學開山者的王國維先生提倡「古史新證」，就讓筆者這篇文章作為拋磚引玉的「古史新證」吧！

歐亞之交的葉卡捷琳堡

2017年夏，老妻與我橫跨9288公里的西伯利亞大鐵道，行前計畫在途中停留幾個城市。經再三考慮，決定去葉卡捷琳堡遊覽幾天，因為那裡位於歐亞之交，是俄國的軍工重鎮；沙皇尼古拉二世慘死之地；冷戰時期震驚全球的U2事件發生所在；還是當年蔣經國在蘇聯生活成長的地方。

旅途中，我們離開伊爾庫茨克，再搭上火車，下一站就是葉卡捷琳堡，這一段走了55小時，於夜間抵達。

俄羅斯型的歐洲城市

葉卡捷琳堡（Yekaterinburg、Ekaterinburg）位於歐亞分界的烏拉爾山（Ural）邊，也可謂西伯利亞的西頂端。這是一個一百四十萬人的城市，也是俄國的軍工重鎮。我們抵達這裡時已是夜分，出了車站就見到四處高樓林立，馬路寬敞、整齊，街上行駛著電車，是個俄羅斯型的歐洲城市。

我們住的旅社不很大，但十分幽雅、舒適。旅社對街是一個公園，黎明之際我步行到公園內，見到鮮花滿園、松林環繞，其中有一座銅像，一些老人在那裡散步、休閒。

早上導遊帶我們到市區走走。見到市內新、舊建築交集。市政大廈和列寧廣場位於城中心，莊嚴輝煌。城中有一條Iset河流過市區，也有一個湖，謂之City Pond，其旁有普丁的居所及一些美麗的房舍；另有一個雅致的公園，其內鮮花、雕塑、

溪水怡人。

歸途中，我們搭乘了一段電車，領略市俗。如今葉卡捷琳堡的主要大眾公車還是電車，雖然顯得老式，但對環保非常好，使得葉卡捷琳堡空氣清爽、吵雜稀少。

步行街

市政大廈旁有一條步行街——Vainer Street。這裡是旅客必到之處，街上塑像、藝術碑、花草、休閒座椅佈置得新穎怡人，遊人絡繹不絕，鴿子爭相乞食，孩童戲耍歡樂。兩旁餐館、商店、服裝店、書店應有盡有，連McDonald、KFC、Subway和Burger King都一個不缺。

末代沙皇尼古拉二世全家遇害之地

這裡曾發生三件大事。第一件就是俄國革命後，末代沙皇尼古拉二世被囚禁於此地的伊帕切夫別墅（Дом Ипатьева）。1918年7月他與其家族，包括僕人近10人被集體處決。他們的屍體被澆上硫酸和汽油銷毀，殘餘骨渣被埋藏在一個廢棄洞穴中。蘇聯時期蘇共一直否認此事，蘇聯解體後此事才公諸於世。

伊帕切夫別墅後被撤除，現在那建有一個金碧輝煌的紀念教堂——Church on Blood in Honor of All Saints Resplendent in the Russian Land。末代皇帝、王孫悲慘的命運令人惋惜、傷感；但糊塗昏君在位失策，特別是1905年「血腥的星期日」（Bloody Sunday），下令槍殺聖彼得堡冬宮前和平請願群眾，自絕於人民，也為自身的悲劇埋下伏筆。

二戰期間，軍工、文藝界撤退至此

其次是二戰德蘇戰爭期間，起初蘇軍節節敗退、潰不成軍，當時有許多俄國人認為莫斯科恐怕守不住，建議史達林將首都暫遷葉卡捷琳堡，但史達林不願離開莫斯科，親自坐鎮堅守，擊退德軍，贏得反法西斯衛國戰爭的最後勝利。但當時許多軍工廠、文人、演員都撤退至此。二戰結束後，大部分軍工、文藝均留此，使得葉卡捷琳堡從此一躍而為俄國重工業、文藝的重鎮。我們去參觀了一個軍事博物館，見到陳列的二戰時蘇聯主力坦克T-34及其他大炮、戰車，體會到俄國軍事重工業的確與眾不同，無怪乎在二戰中能擊退兇殘的納粹。但過分地注重軍工，相對忽略了民生，俄國人民過的日子並不好。

1960年U2間諜機事件

再次就是1960年美國CIA的U2間諜機在葉卡捷琳堡附近上空偵察蘇聯洲際飛彈基地時，被蘇聯地對空飛彈擊落，飛行員鮑爾斯（Francis Gary Powers）跳傘被捕，引起冷戰時的軒然大波。其後美國中止U2任務，但將U2送到臺灣，偵察中共原子彈發展狀況，犧牲了不少國軍空軍健兒。我在葉卡捷琳堡軍事博物館見到當年擊落U2的俄製飛彈——F74，其射高度為23,000-27,000米，而當時的U2只能飛到20,000米高，無怪乎鮑爾斯和國軍許多健兒下場悲慘。

蔣經國在蘇聯

另外蔣經國在蘇聯期間曾下放到葉卡捷琳堡烏拉爾重機

械廠工作，1933年邂逅時年16歲的白俄羅斯少女芬娜‧伊巴提娃‧瓦哈瑞娃（Faina Epatcheva Vahaleva），後於1935年結婚。1937年蔣經國攜妻帶子歸國後，蔣介石親為芬娜取了個中國名字──蔣方良。

烏拉爾聯邦大學

我們搭車經過烏拉爾聯邦大學（UrFU），見到校舍寬闊、校園幽美。該校是俄羅斯實力最強的科研中心之一，主要從事自然科學、工程科學、社會科學、人文科學和經濟科學領域的研究。前身葉卡捷琳堡皇家大學始建於1730年，由當時俄國女沙皇葉卡捷琳娜二世創建，並出任首任校長。十月革命中，由於戰火，導致學校大部分被損毀，後在遺址上建立了新校區。從2008年起，該校開始以葉利欽的名字命名，葉利欽是該校1955年的畢業生，1991年被全民選舉為俄羅斯首任總統。

Koptelevo小村落

導遊帶我們去一百五十公里遠的Koptelevo小村落。這裡是17世紀開發西伯利亞時建立的村落，現有人口約兩千人，Izba式的木造房舍大多保持原有風格。我們參觀了居民的房舍、水井、教堂，還用了一頓美味可口、當地風味的午餐。一條小河流過村邊，丘陵起伏，草地、森林密佈，野花遍地，油菜花黃遠及天邊，風景優美真如世外桃源。這裡的田園風光和原始風味令人陶醉。歸途中一路松林、白樺、清溪、曠野，美哉、西伯利亞！停車買了一些森林特產，有蘑菇、黑莓、草莓、蜂蜜等等。看來當年的漁獵民族在森林裡還過得不錯。

秋明油田

從葉卡捷琳堡向東北六七百公里為俄國重要石油、天然氣
產區之一的秋明油田（Turmin Oil Fields）——發現於1961年，
是俄羅斯第三大油氣區。因其開發晚於前蘇聯的巴庫油田和伏
爾加——烏拉爾油田（第二巴庫），故而又稱「第三巴庫」。
油產量自20世紀60年代到80年代持續增長，1989年達到高峰。
於20世紀90年代初，其產量已超過每年4億噸，占當時全俄原
油總產量的3/4左右。此後由於經濟滑坡、技術問題和管理混
亂，產量下降，但其豐富的儲量使其仍然是俄國舉足輕重的油
氣區之一。

尾聲

來到歐亞之交的葉卡捷琳堡，領略俄國的軍工發展，瞭解
當年末代沙皇的慘死，回憶冷戰時期美蘇的鬥爭，遠赴數百年
拓荒的村落田園，可謂不虛此行！

▎舉世矚目的莫斯科

　　今年（2018）仲夏，全世界最受矚目的城市無可否認的乃是莫斯科。因為2018年的世界盃足球賽在那裡隆重舉行。電視節目裡除了轉播各場精彩的球賽之外，還不斷顯示盧日尼基（Luzhniki）體育場、紅場、克寧姆林宮、莫斯科河以及美麗的聖巴希爾教堂等等市容。令人感覺到莫斯科的確是一個多彩多姿，充滿文化、藝術、歷史與戰爭之都。

前往莫斯科

　　幾十年前老妻與我曾去莫斯科遊覽，去載（2017年）橫跨西伯利亞之旅中的最後一程是由葉卡捷琳堡（Yekaterinburg、Ekaterinburg）去莫斯科。這一段已出了西伯利亞，也出了亞洲。沿途雖猶是白樺、松林，但城鎮漸多，房舍較現代化；連車廂都是嶄新，廁所乾淨。車行20多小時後抵達莫斯科。

一千兩百萬人的大都市

　　莫斯科現有人口一千兩百萬，新舊建築美麗莊嚴，地鐵四通八達，搭地鐵幾乎可到達城市的任何地方。地鐵站的內部也佈置得十分豪華，有許多美麗的壁畫。我們多次搭乘地鐵前往各處旅遊景點；我們住的旅館距紅場不遠，步行只要十多分鐘，十分方便。

紅場

幾十年前我們來莫斯科，當時還是共產黨當政的蘇聯時期，紅場是「聖地」，廣場上沒有「雜物」。清早大家排長龍去瞻仰列寧遺容，我發現當時他們把列寧打扮得英俊瀟灑，衣著整齊，和我在歷史書上見到樸實的列寧差別很大。這次舊地重遊，紅場已大不相同，排隊看列寧屍體的人少了，卻正在搭檯子，準備熱門音樂演唱，這真是個進步。

這次我們就沒有再排隊去看英俊瀟灑的列寧了，連克寧姆林宮也沒進去參觀，只是在四周看看，見到無名英雄碑前的守衛換班。倒是又見到史達林埋葬之處，史達林死後原本被供奉得與列寧別無二致。但沒幾年，赫魯雪夫帶頭批判史達林，就把史拉下馬了，如今猶葬在紅場，但沒有顯著的碑誌，已被大家遺忘。

紅場附近的商場五花八門、應有盡有，四周花卉遍地，旅客晝夜不斷，其中有許多中國人。

歷史博物館與1812年戰爭紀念館

紅場四周建築美輪美奐，我們參觀了歷史博物館，裡面陳列了俄國的舊事遺物。1812年戰爭紀念館是展覽當年擊敗拿破崙的光輝戰事，其中最令我驚奇的就是一個黑色的雪拖車。這是拿破崙在風雪敗退中，拋棄眾軍，單自逃脫時乘坐的雪拖車。可見拿破崙一世英名，卻窮兵黷武，落得可憐、窩囊，令人深省。另外乃是一個頗大的馬車廚房，是當年進攻俄國時特製的活動廚房。那時幾十萬大軍，幾十萬張嘴，每天都要吃

飯，不是件容易的事。《孫子兵法》有云：「帶甲十萬，千里饋糧」，拿破崙光靠那些馬車廚房，怎能不慘敗？

聖巴希爾大教堂

紅場上，也可以說全莫斯科最醒目的建築乃是聖巴希爾大教堂（Cathedral of the Intercession、St. Basil the Blessed）。這座教堂是1555-1561年伊凡四世（Ivan IV、Ivan The Terrible）當政時，為了紀念俄國擊敗Kazan Khanate，最後擺脫了蒙古欽察汗國的統治而建。它有中東的風味，由多柱洋蔥形的高塔組成，其中有十個教堂。設計奇特、多姿，引人遐思。我懷疑狄斯奈樂園的主塔就是抄襲、模仿此建築而建。

教堂正前方有一座銅像，紀念1612年Dmitry Pozharsky和Kuzma Minin王子召集、領導全俄國自願軍擊敗波蘭國王Sigismund III帶領的The Polish-Lithuanian Commonwealth大軍，保衛了莫斯科，同時結束了俄國的內亂時期（Time of Troubles）。

KGB大樓

我們的導遊是一個中年婦女，她帶我們在市中心走了幾小時。她的見聞豐富，口齒伶俐，令我們對俄國增加了不少認識。她特別帶我們去看KGB大樓，有好幾棟很大的黃色樓房。從列寧時期開始，蘇聯建立KGB特務系統用於監視官員、人民，鎮壓「反革命」份子。史達林變本加厲，將KGB變成其個人清除異己、殘殺人民的工具。特別是在1934-38年的大整肅期間，據估計有兩千萬俄國人因之喪生，大批流放西伯利亞。這些KGB大樓至今令人猶有餘悸。

烤肉

莫斯科餐館的烤肉非常好吃，這也許與他們的祖先是森林中的漁獵民族有關。我在紅場旁邊見到許多人排隊買火雞腿，遂站隊良久，買了很大的一個火雞腿。回到旅館與老妻分享，十分可口，與美國人硬邦邦的烤火雞腿有天壤之別。另外我們在步行街附近去了一家My My餐館，是一個大眾化的飯店，裡面擠滿了人，他們的烤肉也做得很好！

芭蕾舞

俄國的芭蕾舞舉世聞名，我們到Bolshoi劇場看了一場天鵝湖的芭蕾舞，事實上幾十年前我們在聖彼得堡就看過一場天鵝湖。但這個芭蕾舞的舞蹈、佈局的確盡善盡美，百看不厭。

彼得大帝紀念碑與莫斯科河

莫斯科河是伏爾加河（Volga）支流奧卡（Oka）河的支流，由莫斯科市中心穿流而過，克寧姆林宮沿河邊高崗而建。這是一條寬闊、美麗的河，沿岸高樓林立，綠野芬芳，河上遊艇不斷。我們沿岸走了很遠，參觀了彼得大帝紀念碑。彼得大帝是俄國走向西方、迅速擴土的著名君主。紀念碑雕塑彼得高立於諸多艦艇之上，一手把舵、一手高舉計畫，眺望著遠方，積極擴土。

Tretyakov藝術館

我們去參觀了位於莫斯科河南面的State Tretyakov Gallery。

這所藝術館舉世聞名，原為一位富商——Pavel Tretyakov的私人收藏，於1881年公諸大眾。藝術館內收藏了十萬件從12世紀至今的繪畫、雕刻。我們在藝術館內看了約三小時，大多是寫實派的繪畫，表達了俄國人的深思遠慮、領略自然、崇尚宗教、堅忍不拔與強悍霸道。

步行街、莫斯科河與暗溪

導遊帶我們去紅場之東的一條步行街，據說那裡本是一條流向莫斯科河的小溪，現填平作為暗溝。步行街非常熱鬧，遊客絡繹不絕，商店、飯館、旅社滿街。在此也領略到幾許俄國人享受生活的情趣。

2018世界盃足球場

每四年一度的世界盃足球賽是全球最引人矚目的運動集會，比奧林匹克猶有過之。2018年的世界盃足球賽在俄國舉行，總共有32隊晉級參加，64場比賽分別在莫斯科、聖彼得堡、葉卡捷琳堡等11個城市、12座球場進行。而其開幕、閉幕式及決賽則在莫斯科的盧日尼基（Luzhniki）體育場。這個球場曾舉辦過1980年的第二十二屆夏季奧林匹克運動會，當時稱為中央列寧體育場。如今改建，可容納84,745名觀眾。該球場坐落在莫斯科市區西南的莫斯科河畔，距彼得大帝紀念碑不遠，我們在遠處河畔遙望，感到的確莊嚴宏偉。

俄國人走過來的路

起源與發展

　　俄國人原是由北歐南下的瓦倫吉安人（Varangians、Norman）與原住的斯拉夫人融合，被稱之為「羅斯」（Rus、Russian）的民族。西元862年，原瓦倫吉安的一個酋長——羅瑞克（Rurik）在Novgorod組成王朝，號稱為「公」（Prince），並向四處發展。羅瑞克去世後，其後人於882年遷都到基輔（Kiev），從此被稱為基輔大公國（Киевское княжество）。基輔位於農業、畜牧興盛的烏克蘭平原，交通發達，商旅雲集，基輔大公國不斷發展，統治範圍擴展到西至多瑙河套，東至窩瓦三角洲，北至Novgorod，南至黑海北岸的廣大斯拉夫各部落。

　　988年，基輔大公頒定來自君士坦丁堡的東正教（希臘正教）為基輔大公國國教，促進了俄國的文化發展，但也與西歐羅馬教廷隔絕，成為歐洲中獨立的一環。基輔大公國延續了370年，直到1240年蒙古西征中，基輔被成吉思汗之孫拔都攻陷，並予屠城。拔都建立欽察汗國，俄羅斯人大部在其管制之下。

莫斯科大公國

　　莫斯科位於莫斯科河畔，原為森林覆蓋區，早期居民以漁獵為生。一直到1147年，才以如今克寧姆林宮為中心建立城堡，以後逐漸向外擴大。1261年，亞歷山大‧涅夫斯基（Alexander Nevsky）受蒙古欽察汗國冊封為「莫斯科大公」（Grand Prince），開始在蒙古人附翼下逐漸發展，當1453年

東羅馬帝國滅後，東正教（Orthodox Church）的中心從君士但丁堡（今伊斯坦布爾）遷到莫斯科，使得此地宗教、政治、法律、藝術、文字和世界觀的發展日益蓬勃；領土也在伊凡一世（Ivan I）、伊凡三世（Ivan III）和瓦西里三世（Василий III Иванович）經略之下不斷擴大。1480年，莫斯科公國終止與欽察汗國的從屬關係。

俄羅斯帝國

　　1547年，伊凡四世正式改用沙皇（Tsar）稱號。伊凡四世積極擴充領土，並開始向西伯利亞發展。到了1689年，彼得大帝（Peter I、Peter the Great）親政，正式稱皇帝，俄國成為「俄羅斯帝國」；進行西化，在政治、經濟、軍事、宗教、教育、社會諸多方面進行了大力的改革，使俄國由中古進入現代化。18世紀晚期，凱薩琳大帝（Catherine II、Catherine the Great）實行「開明專制」，續彼得大帝後全力擴張領土，佔領了大部的西伯利亞及中亞地區，並進行兩次俄土戰爭，取得克里米亞及黑海北岸，進入地中海。

　　1812年，亞歷山大一世（Alexander I）擊潰拿破崙的侵俄大軍，一躍而為歐洲的霸主。其後尼古拉一世（Nicholas I）進行南侵，在1853-56年間的克里米亞戰爭中被英、法、土、薩丁尼亞聯軍擊敗，減緩了俄國向地中海的擴張。俄國轉而向東強佔了中國西北及東北大片土地，並將控制有限的阿拉斯加轉賣給美國，取得重金以開發從中國掠奪的遠東地區，並圖謀中國東北。1904年為了爭奪中國東北的權益，與日本交戰，失敗後暫緩了俄國在遠東的發展。

蘇聯時期

尼古拉二世（Nicholas II）當政後，俄國內部農奴、經濟問題重重，加之對日戰爭失敗，激發社會動盪。1917年，俄國在一次世界大戰中節節失利，引發了二月及十月革命，最後列寧領導的共產黨取得政權。繼列寧之後的史達林進行了殘酷的整肅、恐怖高壓，雖在二戰中擊潰德國的侵略，但軍士、人民死難三千萬，經濟破損慘重。二戰後與美國領導的西方國家冷戰多年，實則內部民生凋敝，已成「空心老倌」之勢。

殘酷的蘇德二戰

我們參觀了勝利紀念廣場（Victory Memorial）。這個廣場占地遼闊、佈局莊嚴，有許多高聳、精致的雕塑、紀念碑。最使我震撼而感歎的乃是其中的1941-45戰爭博物館（衛國戰爭中央博物館）。無可否認，這是一個陳列豐富、檔次極高的博物館。其中高度謳歌蘇聯抵抗納粹侵略，反法西斯的「正義之戰」。但從另一個角度來看，史達林在1934-38年排除異己、整肅殘殺，將士、百姓死難者高達兩千萬，蘇聯守土之士為之一空；1939年起他配合希特勒四處掠奪、施虐，使得各國怨聲載道。1941年個人心理失常，誤判納粹意圖，結果導致戰爭初期潰敗，大片國土淪亡，數百萬將士犧牲、被俘，數千萬人民流離失所；納粹的先頭坦克部隊已攻到距克寧姆林宮僅14英里的西姆基。其後蘇軍只得用焦土、人海、巷戰、冰雪以為戰，動則數百萬兵士搏殺，數百萬被困圍城百姓慘遭餓凍而死。這個人類歷史上最大規模的廝殺基本上是希特勒、史達林

兩個狂夫、獨裁者以百姓為芻狗，殘民以逞；可憐千千萬萬的將士、人民犧牲殆盡。戰爭是殘酷、荒謬的！

今日

蘇聯於1990年代解體，原控制的中亞各民族紛紛獨立，俄羅斯政體走向多黨制，但數十年來經濟未能有長足的發展。俄國自古以來對外貿易遠遜於西歐諸國以及中國，蘇聯時期大力發展軍工，但民生工業落後，這種遺風至今猶在。而當今貧富不均問題嚴重，一般人民生活並不富裕，社會問題很多。

俄國人講求紀律，堅韌不拔，但也十分霸道，歷史以來四處侵凌鄰國，中國人吃夠他們的苦頭。當今俄國依然保持舊習，我看將來還是中國的憂患。

尾聲

莫斯科建築美麗莊嚴，地鐵四通八達；是一個具有豐富文化、藝術、歷史、戰爭的城市。但在這裡也留下人類歷史上規模最龐大、慘烈的烽火，以及最血腥、殘酷的獨裁統治。莫斯科給予我兩項重要的省思：人類文明的輝煌，以及專制獨裁的恐怖！而當今俄國貧富不均，一般人民生活並不富裕，社會問題重重。

俄國舊都——聖彼得堡

二十年前，我與老妻由北京飛往莫斯科，後搭乘夜車前往聖彼得堡，凌晨抵達。我們在聖彼得堡暢遊了四天，領略了這個集歷史、戰爭、文化、藝術、建築精華的古城風采，也深深體會到俄國人經歷過的二戰圍城慘局，可謂不虛此行。

建都兩百年

聖彼得堡對俄國與歐洲而言，是一個新興的都市。直到十七世紀末期，如今的聖彼得堡猶是波羅的海邊荒蕪的沼澤、島嶼。1697年，時年23歲的彼得大帝開始親政，他極力主張西化，並尋找出海口。向南對土耳其進攻，向北與瑞典進行了長達二十一年的霸權爭奪戰。1703年，彼得悍然決定在涅瓦（Neva）河口開始營建新都聖彼得堡，九年後（1712年）正式將首都由莫斯科遷此。從此直到1918年3月列寧的共產黨革命成功後，俄國的首都才又遷回莫斯科。

遷都聖彼得堡使得俄國由一個東方化、森林草原化的國家轉型成海權化與西方化。而聖彼得堡則成為俄國的「西化之窗」。大量的文化、藝術、宗教、軍事發展在此興起。

彼得大帝以後的十八世紀裡，俄國出了好幾個女王，其中以凱薩琳大帝（Catherine II the Great）最為突出，她在位三十四年，對俄國做出與彼得大帝相似的貢獻，史稱「開明專制」。在內政方面進行財政改革、發展工業、鎮壓農奴，對外

西進瓜分波蘭。其孫亞歷山大一世（Alexander I）於1812年擊潰拿破崙的侵俄大軍，使得俄國一躍而成歐洲的霸主之一。十九世紀俄國不斷向中亞、遠東擴大，侵佔大片土地，但在1853-56年進攻土耳其的克里米亞戰爭中被英、法、薩丁尼亞聯軍擊敗。使其轉而向東掠奪廣大中國領土。

十九世紀末，俄國沙皇政府保守專制、腐敗無能，使得受壓迫渴望土地的鄉村農民、工業發達後所產生的城市勞工以及組織政黨領導群眾的知識份子們形成龐大的革命動力。尼古拉二世（Nicholas II）為轉移人民注意力，緩和內部壓力，欲利用「對日小型勝利」作為解除國內革命的手段，結果適得其反，在日俄之戰（1914-15年）中慘敗，激化了內政問題。1905年1月22日（星期日），人民群眾多達二十萬集合遊行走向冬宮，唱基督聖歌、高呼「天佑吾皇」，欲呈遞「請願書」給尼古拉二世要求改革。未料當請願者接近皇宮時，軍警奉令開槍，造成數百至千餘人死亡的慘案，史稱「血腥的星期日」（Bloody Sunday）。從此中斷了皇室與人民的互信。

蘇聯初期與史達林整肅

1917年，俄國在一次世界大戰中節節失利，經濟混亂、人民塗炭，引發了二月及十月兩次革命，最後尼古拉二世全家遇害，列寧領導的共產黨取得政權。經過三年慘烈的內戰，蘇聯共產政權逐漸穩固，將首都由聖彼得堡遷往莫斯科。列寧於1924年去世，聖彼得堡改名為列寧格勒（Leningrad）。其後史達林經過多次血腥的整肅清除異己，達到定於一尊的獨裁統治。在1934-38年間的大整肅中，史達林又殺戮了一千到兩千

萬官員、兵士及人民。

二戰中慘烈圍城九百日

1941年德國侵蘇早期，蘇軍潰不成軍，大片國土淪亡。希特勒在慕尼克的演說中講到：「列寧格勒（聖彼得堡）一定要被毀滅。」而史達林也不令大多的民眾撤離。從1941年9月9日開始直到1944年1月27日，聖彼得堡被圍872天，有64萬人民餓死，蘇聯在聖彼得堡死傷344萬人，德國死傷58萬，這場慘無人道的戰爭顯示了獨裁者罔顧人民死活的罪行。

我們去參觀了位於勝利廣場（Victory Square）之南的列寧格勒圍城死難者紀念碑（Monument to the Heroic Defenders of Leningrad）。高聳的紀念碑上刻著1941、1945，其旁有好幾座圍城抗戰者的雕像，中間有一個圓環，其內佈置陰沉淒慘，令人體驗到戰爭的殘酷、荒謬。

冷戰與蘇聯解體

二戰後蘇聯取得眾多東歐附庸國，在遠東添增了蒙古、北韓兩個附庸國，與美國領導的西方民主國家對峙，大力發展軍工、太空，卻是對民生工業發展緩慢。我去聖彼得堡時蘇聯尚未解體，但見市場蕭條、民生日用品缺乏。無怪乎造成上世紀九零年代的蘇聯解體，附庸國及侵佔屬國紛紛脫離。

今日

如今聖彼得堡有人口五百多萬，是俄國第二大城，宗教持續復甦，經濟逐漸成長，引進大批外國公司，共產黨不再一黨

專政，逐漸向民主自由過渡。但積弊難返，政治猶操於少數特權手中，貧富不均益漸顯著。看來俄國在改革開放上還將有漫長的路。

地鐵

聖彼得堡的地鐵四通八達，而且大多在地底一百多米的深處，主要是沼澤地區地表淺層地基不穩。地鐵站內佈置得很豪華，有許多壁畫。我們不識俄語，但憑幾個字母識別，也乘地鐵走了大半個城。

埃爾米塔什博物館與冬宮

埃爾米塔什博物館（Hermitage Museum）位於聖彼得堡的涅瓦河邊，共有6座主要建築：冬宮、小埃爾米塔什、舊埃爾米塔什、埃爾米塔什劇院、冬宮儲備庫、新埃爾米塔什。這座佔據了很大一個區域，許多建築均為三層樓房，規模宏大，裝飾豪華。

冬宮是其中一座主要建築，建於1754-1762年。從1762年開始，直至1917年12月羅曼諾夫王朝被革命推翻，冬宮一直是俄羅斯沙皇的正式宮殿。1940-1943年聖彼得堡被德軍圍困，冬宮受到很大破壞，但館藏的藝術珍品得到了列寧格勒（當時聖彼得堡被稱為列寧格勒）人民的妥善而及時的保護。1945年二戰結束，蘇聯政府開始重修冬宮。

建築群還包括總參謀部東配樓、緬希科夫宮和不久前建成的儲藏庫，總面積近130萬平方米。埃爾米塔什博物館共有1000個展覽廳，包括西歐藝術部、古希臘藝術部、俄羅斯文化

史部、古錢幣部、軍械庫、科學圖書館、科學技術鑑定部、鐘
錶與樂器修復部、埃爾米塔什劇院。對公眾開放的有350個，
每年參觀埃爾米塔什博物館的遊客人數高達200萬。

　　1764年，葉卡捷琳娜二世在冬宮收藏從柏林商人戈茨科夫
斯基手中獲得的225幅繪畫作品，以及來自歐洲和北亞地區的
藝術珍品，成立埃爾米塔什博物館。1917年12月30日，蘇聯政
府教育人民委員盧那察爾斯基宣佈冬宮和埃爾米塔什為國立博
物館。

　　在約250年的時間裡，埃爾米塔什博物館收集了近三百萬
件從石器時代至當代的世界文化藝術珍品，並與英國大英博物
館、美國大都會博物館、法國羅浮宮和中國故宮並稱為世界五
大博物館。如今借助現代科技手段，埃爾米塔什博物館製作了
數位博物館，全世界皆可以看到。1998年1月1日，經統計，埃
爾米塔什博物館當日的展品有1,893,292件。如果參觀每件展品
的時間僅為30秒，參觀完所有展品也需要7年時間。

　　我們去埃爾米塔什博物館參觀，當然只能選擇部分的展
廳，主要是俄羅斯文化史部。其中最使我驚訝的乃是有幾幅從
新疆吐魯番柏孜克里克石窟弄來的壁畫，維護與解釋得非常
好。倒是20多年前我數次去孜克里克石窟現場參觀，見到尚存
的壁畫缺乏維護、大多破損。可見俄國人對古蹟、藝術的重
視。另外參觀了西歐藝術部，其中達文西（Leonardo da Vinci）
的Litta Madonna（1491年）、保羅・高更（Paul Gauguin）在
大溪地的作品——Ea Haere la Oe（1893年）和馬蒂斯（Henri
Matisse）的La Danse最令我欣賞不已。

　　冬宮前的廣場是1905年「血腥的星期日」和1917年革命群

眾衝入皇宮的集會所在，那是俄國近代史上最具影響的地方之一。如今那裡的遊客絡繹不絕。

彼得大帝夏宮

夏宮（Peter the Great's Summer Palace）位於芬蘭灣南岸的森林中，距聖彼得堡市區約30公里，占地近千公頃。建於彼得大帝時期的1704-23年間。由瑞士人Domenico Trezzini設計，並集中了當時法國、義大利為代表的全世界優秀建築師、工匠。彼得大帝也親自積極地參加到工程籌畫之中，並做了一些指示。18世紀初作為舉行大型舞會、宮廷慶典等活動。18世紀中期，為紀念俄國在北方戰爭中的勝利，在宮殿的前面建造了一個由64個噴泉和250多尊金銅像組成的梯級大瀑布。這裡也是歷代俄國沙皇的郊外離宮。

1934年起，夏宮被改為民俗史博物館，但在第二次世界大戰中，它遭到德國軍隊的破壞。希特勒打算在這裡舉行新年勝利慶祝會，此舉激怒了蘇聯當局。在1941年12月至1942年1月期間，史達林下令炸毀這座宮殿，以阻止德國人的慶祝活動。二戰後經修復，現今成為18世紀和19世紀宮殿花園的建築群，供遊客參觀。

我們乘車到夏宮，見到夏宮分為上花園和下花園，大宮殿在上花園，正面長近300公尺，內外裝飾極其華麗，兩翼均有鍍金穹頂，宮內有慶典廳堂。禮宴廳堂和皇家宮室。宮殿外面的夏花園是1704年修建，為聖彼得堡的第一座花園。其內有筆直的林蔭大道、樹木、灌木叢、噴泉、石砌花圃、珍禽籠、豪華的人工石洞；還有許多義大利式的大理石雕像。

夏宮有「噴泉之都」、「噴泉王國」的美稱，它有百餘座雕像，150座噴泉，2000多個噴柱及兩座梯形瀑布，由上至下分多級臺階。噴泉群的中央，聳立著大力士參孫和獅子相搏的雕像，象徵著俄羅斯戰勝瑞典。

我們在夏宮徜徉數小時，盡興而去。

芭蕾舞

聖彼得堡是俄國芭蕾舞的發源地。早在1738年，法國舞蹈家Jean-Baptiste Lande來到聖彼得堡為皇家雇員的孩子們創建了一所舞蹈培訓學校。其後這所皇家芭蕾學校引來許多歐洲的著名舞蹈家，逐漸使芭蕾舞改進、完善。到了俄國革命後，許多激進分子主張廢棄原由宮廷主導的芭蕾舞，所幸著名舞蹈家Agrippina Vaganova努力不懈，堅持繼續培養新一代的芭蕾舞人才。芭蕾舞在聖彼得堡得以繼續發展、創新。

我們去國家劇院看了一場柴可夫斯基的「天鵝湖」。劇場龐大、金碧輝煌，舞蹈美輪美奐，令我們別開生面！

普希金博物館

亞歷山大‧普希金（Alexander Pushkin，1799-1837）是一個詩人、劇作家、小說家、文學批評家和理論家、歷史學家、政論家，俄國浪漫主義的傑出代表，俄國現實主義文學的奠基人，是十九世紀前期文學領域中最具聲望的人物之一，被尊稱為「俄國詩歌的太陽」、「俄國文學之父」，現代標準俄語的創始人，對俄國文藝的影響至巨。

我們去參觀了位於Moyka河畔的普希金故居博物館。這裡

是他臨死前一年與其妻子Natalya、四個孩子以及Natalya的兩個姐妹居住的一所公寓。裡面保持著他臨死時的狀況，佈置得簡單、整齊、有序。有許多書籍，最引人注目的乃是其中收藏了普希金最崇拜的Shakespeare、Byron、Heine、Dante、Voltaire等詩人的作品，總共有4500集、十四種不同的歐洲和東方語言的版本。

普希金終年只有38歲，而且死得十分荒唐。原來有一個騎兵軍官對普希金妻子Natalya單戀日久，最後寫了封信侮辱他是「最和祥的戴綠帽者」。普希金一怒就要求決鬥（duel），結果在冰天雪地的曠野，小普還沒準備好，軍官就一槍把他幹掉了。他的死和傳說的李白醉酒落水撈月、杜甫吃牛肉撐死相似，落得幾許浪漫與窩囊。

夏至不夜天

聖彼得堡位於北緯59°55'，距北緯66°34'的北極圈很近，冬天夜長晝短，夏日夜短晝長。我們去的時候正逢6月21日的夏至，晚上11點多天還沒黑，幾小時後太陽又出來了，可謂「不夜天」。

彼得與保羅城堡

彼得與保羅城堡（Peter and Paul Fortress）位於涅瓦河中的一個小島上，是1703年彼得大帝首建聖彼得堡時最早建的堡壘。城池現保持完整，圍牆堅固、高大，夏日的河邊有許多市民游泳。裡面金色的聖彼得和聖保羅大教堂的尖塔高聳。

火炮博物館

　　和彼得與保羅城堡隔小河相望的是火炮博物館。裡面陳列了從中古時期直到現代的許多火炮與兵器。其中有許多是二戰時的坦克與大炮。參觀這裡使人體會到俄國，特別是蘇聯時期，軍火武器工業相當發達。

運河

　　聖彼得堡地區原本是沼澤與島嶼組成，建城後修築了許多運河，頗有威尼斯之風味。我們搭乘遊艇在運河上觀賞市景，見到各式建築美輪美奐。其中最為起眼的乃是滴血大教堂。

滴血大教堂

　　滴血大教堂（Church of the Savior on the Spilled Blood）位於Griboedova運河旁，又稱基督復活教堂，是聖彼得堡為數不多的傳統式東正教堂，乃是聖彼得堡的一個主要旅遊景點。1881年3月1日，沙皇亞歷山大二世在此遇刺，被送回到冬宮幾小時後因醫治無效而死亡。1883年，其子亞歷山大三世為了紀念父皇，開始在此地修建這座教堂，直到1907年完工。教堂主體建造以莫斯科紅場上的聖瓦西里大教堂為藍本，外觀嬌豔秀麗。1917年，俄國革命以後，教堂遭到洗劫和掠奪，其內部破壞嚴重。20世紀30年代，蘇聯政府關閉此教堂。二次世界大戰列寧格勒被圍城時期引發嚴重的饑荒，基督復活教堂被用作蔬菜倉庫，因此得到了綽號「馬鈴薯上的救主」。1997年8月，教堂在關閉27年後重新開放。

我們沿著運河步行抵達滴血大教堂，見到五光十色的洋蔥頭頂，代表了俄國十六和十七世紀的典型的東正教教堂建築風格。教堂輪廓美麗，裝飾花花綠綠，與古老俄羅斯風格及附近的古典式建築物成鮮明對比，也迥異於聖彼得堡其他具有巴羅克和新古典主義風格的建築。教堂高度約81米，寬闊的外形，採用了與莫斯科巴克洛夫教堂相同的構造，和著名的莫斯科紅場的聖巴希爾大教堂（Cathedral of the Intercession、St. Basil the Blessed）相似。內部金碧輝煌，嵌滿了以舊約聖經故事為題材的鑲嵌畫。這所教堂標誌了俄國高超的藝術創作水準。

尾聲

聖彼得堡為俄國國都垂兩百載，期間俄國大力擴張，國勢興盛，也在聖彼得堡留下大批的文物、建築、藝術、文藝，令人百看不厭。二戰中慘遭圍城九百日，兵士、人民犧牲殆盡，給人們對戰爭、暴政最深切的教訓。

第二篇

英倫三島

看過牛津大學、莎士比亞故居以及邱吉爾出生、安眠之處，體會到這三個地方真可謂英國歷史、文化的精髓，是英國人引以自豪的豐碑；也令我深深感到英國雄霸世界數百年，其來有自！

百看不厭的英格蘭

英國有輝煌的歷史、豐富的文化，留下許多珍貴的古蹟。三十年前我與老妻曾到倫敦遊覽數日。這些年來，屢過機場轉機，卻未能到四處看看，引以為憾。初夏之際，我們參加了一個英倫三島的旅行團，飛往倫敦，舊地重遊。

事實上「英倫三島」只有兩個大島：大不列顛島（Great Britain Island）和愛爾蘭島（Ireland Island）。但不知近代中國何人何時弄錯了，稱作「英倫三島」，從此大家只好將錯就錯了！

倫敦

倫敦是世界上最重要、最具輝煌歷史的大城市之一。這次舊地重遊，見到許多古建築依然如故；卻是增添了不少現代化的高樓大廈和旅遊景點。我們出了Heathrow機場，搭乘Piccadilly線地鐵（London Underground），半小時就到了市區。在旅社安頓好後就外出遊覽。

泰晤士（Thames）河

首先就乘地鐵去泰晤士（Thames）河的西敏寺大橋（Westminster Bridge），在那裡登船（River Cruise）順流而下。事實上泰晤士兩岸是倫敦古建築與現代建築最多、最宏偉的區域。我們從西敏寺啟航，見到對岸的倫敦水族館與縣政

府大廈。其旁有一個新建的倫敦之眼（London Eye），乃是一個直徑為135米的垂直大轉盤，盤上有32個供人眺望的玻璃座艙，每個座艙可容25個人。轉盤半小時轉一圈，使乘客可以四面八方、高低上下地眺望整個倫敦。這個玩意雖然是個噱頭，但也吸引了不少觀光客。

　　再走不遠，見到一個錐形的石碑，稱為Cleopatra's Needle。這石碑比倫敦還老得多，是3500年前在埃及的Heliopolis豎立，並刻字紀念法魯王（Pharaohs）。19世紀初，英國人稱霸世界，也就把這埃及寶物弄來了。對岸是South Bank Centre，是倫敦的文藝中心。舉世聞名的倫敦交響樂團就在此演出。再向前走，兩旁均為好幾百年的旅館、寫字樓及商場。

聖保羅大教堂

　　我們見到北岸市區內高聳的聖保羅大教堂（St. Paul's Cathedral）。在William the Conqueror到英格蘭不久，就在現址建造聖保羅大教堂，歷經幾次火災，從1087年直到1317年，共花了230年才完工。但1666年一場大火，將聖保羅大教堂付之一炬，同時燒毀了倫敦四分之三的建築，燒死1萬2千市民。新的聖保羅大教堂於1675年開始建造，費時35年，於1710年完工。我們登岸後專程去那裡參觀，這個教堂的確莊嚴雄偉，圓頂高111米，以前是倫敦最高的建築，也是倫敦的重要標誌。神奇的乃是在二戰中德國連續對倫敦大轟炸（The Blitz）八個月，聖保羅大教堂四周房舍均化為瓦礫，只有大教堂絲毫無損。現今在教堂的後院建有一個紀念碑，感謝神靈保佑。這到底是神靈保佑還是德國飛行員有意不向聖保羅大教堂投彈？就

無法考證了。

　　不遠我們就見到一個高達61米的紀念1666年倫敦大火的紀念碑。

Tower of London、Tower Bridge

　　泰晤士河中停放了一艘巡洋艦──HMS Belfast。這艘軍艦於1938年完工下水，經歷二次世界大戰，後在韓國服役直到1971年退休，改為海軍博物館。接著我們就看到了Tower of London、Tower Bridge和北岸城區高達180米的現代建築──The Swiss Re Tower，以及其東高聳（310米、95層）的大廈──The Shard。這裡結合了倫敦最古和最現代化的建築；Tower of London可謂倫敦最老的建築之一，原為羅馬時期所建的城堡，其後Saxons也占此防禦。William the Conqueror於1066年剛到英格蘭時作為暫時性的城堡，後於1078-1097在內部營造了皇宮──The White Tower，十一個世紀以來不斷擴建、維護，曾作為皇宮、監獄、刑場及防禦堡壘。Tower Bridge是維多利亞（Victoria）女皇時期興建，1897年完工，至今保養得非常好，色彩和諧、莊嚴雅致。The Swiss Re Tower是倫敦的金融中心，原有的大樓在1992年被恐怖分子炸毀。現在的新樓於1998到2003年興建，2004年啟用，是一個炮彈形的玻璃建築。The Shard為一錐形玻璃大廈，於2012年7月完工，是如今倫敦、英國及歐洲最高的建築，其中有商場、飯館、寫字樓、公寓旅館等等。

格林威治

我們的遊船最後到格林威治（Greenwich）。格林威治最著名的就是格林威治時間與地球經度（Longitude）的零點。這是1884年國際會議通過的。格林威治有個很大的公園——Green Park，其中有一座皇宮——The Queen's House。這個皇宮建於1637年，但只有Charles I的皇后Henrietta，特別於其寡居時在此居住，以後就空在那裡，現作為博物館——The Maritime Museum。格林威治的碼頭為Canary Wharf，附近建有一個高40米的Canary Wharf Tower，內有酒吧、餐館、商場、旅館等。在碼頭旁擺設了一艘古老艦艇——Cutty Sark，這艘帆船建於1869年，當年主要用作從中國運送茶葉到英國，當然回程也可能從印度運鴉片去中國。全長（LOA）為85米，船身（LOH）長64米，容量為1700噸，有三個高聳的桅杆，看起來很壯觀。在19世紀這樣大的帆船也應該是罕見的。

House of Parliament

回程中我們登岸去House of Parliament（Palace of Westminster），這個建築可謂氣派泱泱，恢宏壯麗。始建於第十一世紀，1547年開始成為英國的議會所在。The Palace of Westminster是英國上議院（The House of Lords）和下議院（The House of Commons）開會之所，也可算是英國政治的中心。另外其中最老的建築——Westminster Hall建築寬宏、高大，為舉行儀式的場所，亦為迎接貴賓的大廳。近六個世紀以來英國的主要司法廳也設於此。

House of Parliament旁邊的Westminster Abby（西敏寺）是英國最老而最重要的教堂。其主體是英國歌德式（English Gothic）建築，佈局莊嚴諧和，內外的浮雕精緻美麗。為英皇、后加冕，皇家婚禮及名流歸葬之所。自從十三世紀亨利三世（Henry III）直到1760年的George II，大多數的皇帝、皇后均葬於此，其中包括Elizabeth I和 Mary I兩位女皇，另外牛頓、達爾文、狄更斯等名人也長眠於此。Westminster Abby成為英國的精神象徵。

英國歷史

英倫三島在上個冰河期與歐洲大陸相連。直到8千年前，冰河融解造成英吉利海峽（English Channel）。早期的居民穴居漁獵，留下巨石及木制的Henges及墓穴（Barrows）。但如今我們對這石器時代的文化所知有限。青銅器早期，原居歐洲大陸的Beakers來此，三千年前進入農耕社會。西元前第6到第4世紀，原居南歐的塞爾特人（Celts）遷移到此，帶來鐵器。西元前2世紀，高盧（Gaul）部落遷此。西元前54年，羅馬凱撒（Julius Caesar）渡海入侵英格蘭，到西元前43年羅馬征服英格蘭，後侵入威爾士（Wales），但一直未能征服蘇格蘭（Scotland）。羅馬統治英倫4百多年，直到西元410年撤離。接著盎格魯（Angles）、撒克遜（Saxons）及朱特（Jutes）人入侵英倫，建立了許多割據王國。597年，英格蘭奉基督教為國教。西元8世紀末維京人（Vikings）侵略、搶劫英倫，後在英格蘭東部定居。

1066年挪威（Norse）後裔諾曼第公爵（Duke of Normandy）

征服者威廉（William the Conqueror）渡海在Hastings擊敗Harold
王領導的盎格魯—撒克遜王國，以倫敦為都城，建立了諾曼第
英倫王國。此後一直到今日，英國的皇家都是征服者威廉的
後裔。1169年，英格蘭進佔愛爾蘭。1215年，英國簽訂大憲章
（Magna Carta），奠定了憲政的基礎。1535年，威爾士併入英
國。1588年，女皇伊莉莎白一世在位時，英國海軍擊敗西班牙
無敵艦隊（Spanish Armada），從此英國成為世界海上霸權。
1603年，蘇格蘭王James VI兼任英國王，但直到1707年蘇格蘭
才正式併入英國。

　　從17世紀起，英國殖民地遍及全球，稱「日不落國」。資
本主義在英國蓬勃發展，促成工業革命，也助長了帝國主義的
殖民侵略。英國的國勢於維多利亞女皇在位時（1837-1901）
達到頂峰。20世紀歐洲經歷了兩次世界大戰，滿目瘡痍、經濟
衰退、殖民地紛紛獨立、歐盟組合而又分離，英國已成昨日黃
花；但其政治制度、自由思想和科技實力猶不可忽視。

Buckingham Palace

　　白金漢宮（Buckingham Palace）是英國的皇家宮殿和國王
（女王）辦公的地方，位於倫敦市內，這兒也是不列顛人民一
處重要的集會場所。1761年，喬治三世開始作為皇家寢宮，此
後宮殿一直擴建。1837年，維多利亞女王即位後，白金漢宮正
式成為皇宮，此後一直是英國皇室的府邸，現仍是伊莉莎白女
王的皇室住地。現在的白金漢宮對外開放參觀，成為英國皇室
文化的一大景觀。我們去那裡參觀，見到旅客絡繹不絕。

Windsor Castle

我們團組離開倫敦一小時後抵達泰晤士河畔的Windsor小鎮，當1066年William the Conqueror來到倫敦，在如今倫敦Tower of London建都，為了防禦Norman的攻擊，遂在倫敦四周設置堡壘。在西面就選上了Windsor的山崗，在這裡築了個木造堡壘。其後經多代改建成石造城堡及皇宮，一直延續至今。現為女皇週末休閒、居住的行宮。我們在那裡參觀了城堡、附近的公園、四周的小鎮，同時正巧看到儀仗隊換班，個個精神飽滿、服裝鮮紅、吹號打鼓，步伐整齊。只是那裡距Heathrow機場很近，每幾分鐘就有一架飛機低空呼嘯而過。我猜女皇在此也不得清靜。但如在中國或有些國家，早就教機場搬家了。

Bath

Bath是一個四面環山的城市。顧名思義，這裡有溫泉，主要是地熱加上四面山上的地下水源源不斷。早在西元前850年就被當地人發現，開始在此築城。其後成為塞爾特人（Celts）的繁華據點，在四周山上設了五座堡壘。羅馬統治期間把這裡作為重鎮，並大力興建溫泉浴的公共澡堂。羅馬統治之後Saxon人統治時仍然將Bath作為重鎮，並且建築雄偉的寺院，將此地變為宗教中心。只是羅馬人留下的溫泉澡堂漸漸被廢棄、遺忘而消失。雖然Bath在中世紀一直是個繁華的城市，但直到18世紀，人們才又希望利用溫泉建造澡堂。當時出土了許多羅馬澡堂的遺跡，遂開始重建，逐漸將Bath恢復成一個世界知名

的溫泉勝地。如今Bath為一人口約九萬的中型城市，但城內保留了許多古建築物、大教堂，還有一所大學。這些古建築及羅馬式的溫泉浴吸引了世界各地而來的觀光客。據近年的統計，每年有約400萬遊客來此，而其中有100萬都在此停留多日。

我們在市內的步行街、廣場遛達，只見遊客滿街。又參觀了溫泉澡堂，只惜時間有限，未能去泡湯。到城邊的公園眺望群山環抱、古樓滿眼、Avon河水潺潺、小舟蕩漾，Bath是個美麗的城市，無怪乎有那麼多的旅客鍾情於此。

古堡與教堂

此行除了看過Windsor Castle和倫敦的Tower of London之外，一路無論是大城還是小鎮幾乎到處都見到城堡，譬如Cardiff、York、Chester、Warwick、Carmarthen、Pembroke等地的城堡基本上都保存得很好。形式各有千秋，其中以York的市區城牆保持最佳，而Warwick城堡建築最雄偉。至於教堂就更是無處不在，大多是幾百、上千年的古建築。其中以有1300年歷史的York Minster最為宏偉。

Windermere Lake

Windermere Lake是英國最大的天然湖泊，長18公里、最寬達1.5公里，面積近15平方公里。這個湖是1萬年前由冰河造成，水最深為67米。我們團組登船在湖上徜徉約一小時，湖水連天、藍靛如染，遠處群山蒼林、稀落房舍、鮮花盛開。此景頗似美國的Lake Tahoe，令人陶醉。

名字很長的小鎮

我們乘渡輪去威爾士（Wales）Anglesey島上的Holyhead。登岸離開碼頭走了十多分鐘到了一個小鎮，這個鎮的威爾士文名字叫Llanfairpwllgwyngyllgogerychwyrndrobwllllantysiliogogogoch，翻譯成英文是「Saint Mary's Church in the hollow of the white hazel near a rapid whirlpool and the Church of St. Tysilio of the red cave.」如翻譯成中文，大概是「在一個湍急的漩渦和有個紅色山洞的『聖蒂士里歐』教堂附近的『白榛樹』鎮裡的山谷中的『聖瑪麗』教堂」。這個小鎮只有三千居民，其中四分之三都說威爾士文。小鎮乏善可陳，但過路的人好奇，都會停下來看看，那些小店的生意十分火紅。

尾聲

英國雄霸世界數百載，歷史輝煌、文化豐盛。尋訪英國，遊其山水、觀其文物、尋其古蹟、探其民風，始知其雄霸由來有自也！

英格蘭的瑰寶——巨石陣

英格蘭巨石陣（Stonehenge）是英國及歐洲最著名的史前古蹟之一，也是英國人引以為傲的瑰寶。這四五千年前的巨石陣，到底是誰建的？建來幹什麼用？如何搬運、豎立、疊架成拱型？繪聲繪影，眾說不一，還有人認為是外星人來到地球留下的明證。不親自去看看，真不知其何以然。春末之際，老妻與我參加了一個英倫三島的旅行團，飛往倫敦，特地前往巨石陣遊歷。

展覽館與古人茅屋

巨石陣位於倫敦之西、索爾茲伯里（Salisbury）平原上的Wiltshire縣。我們從倫敦搭旅遊巴士前往，幾小時後見到一片很大的空曠草原。下車先進入遊客中心，內有一個展覽館，陳列了許多出土文物，也精闢地介紹了有關巨石陣的歷史沿革；其旁有幾間假想模擬的當時居民茅屋。當天天氣晴朗，春末時分涼爽宜人，遊客絡繹不絕。看過展覽館後，我們乘景區的擺渡車，很快就遠遠看到一群巨石屹立於草原高處。

巨石陣周遭古人萬年留痕

大不列顛島在上個冰河期與歐洲大陸相連，80萬年前就有古猿人生息。早期居民穴居、漁獵、採集為生。在巨石陣西北方不遠之處，找到距今9000-10500年前的中石器時期

（Mesolithic）古人豎立松木樁圖騰的遺跡。直到8千年前，冰河融解完全隔離了大不列顛島與歐洲大陸，造成英吉利海峽（English Channel），其後陸續多次的歐洲大陸移民來此。

約六千年前的早新石器時代（Early Neolithic），大不列顛南部開始有了農耕，也有了陶器。但根據出土的資料，當時巨石陣附近的居民的食物主要是以鹿、豬、牛、羊為主的肉類，加上一些野果、漿果、核桃、根莖類等，並沒有發現穀類。考古學家們認為可能由於土質的限制，當時雖已進入後新石器時期（Late Neolithic），但這裡的居民還只有簡單的耕種，主要還是以漁獵、採集、畜牧為生，也遷徙無常。他們已會製造陶器；逐漸有具規模的部落組織，也產生了宗教概念，在巨石陣西北四公里處發現5600年前的Robin Hood's Ball，是兩道同心圓的溝渠與矮牆。據推測這個溝、牆是用於祭祀和防禦，正如《左傳》所云：「國之大事、在祀與戎。」

巨石陣附近有許多圓形的墓穴（Barrows），有隆起的（Bowl、Bell），平坦碟狀（Saucer、Pond）以及中凸輪盤式（Disc），大多埋葬了骨灰；也發現5500年前的長形墓穴（Long Barrows）；還發掘了5400年前的Stonehenge Cursus及Lesser Cursus。Stonehenge Cursus是地面上一圈東西長2.7公里、南北寬至少100米，略呈狹長方形的深溝與矮牆，這圈深溝也是用於祭祀和防禦。Lesser Cursus是一個長400米的U型的暗溝，其中埋了許多鹿角。其功用為何？現在還不太清楚。

圓形深溝、五千年前喪葬墓地

抵達巨石陣現場，首先見到地面上圍繞著一圈直徑110

米的深溝（Ditch），溝的兩旁為矮牆（Bank）。這個深溝是5000年前挖築的，用於圈閉這個舉行宗教儀式的聖區（Sacred space）。這裡地表的白堊岩抗風化性強，是以能保持地貌長久不變。在這個深溝裡發現有許多埋葬的古人骨灰，也找到一些他們遺下的食物與燧石工具。

莊嚴醒目的巨石陣

接著迎面而立的就是莊嚴醒目的巨石陣。現場與附近的環保工作做得非常好。遊客可在環形的走道以及外面的草地自由行動、觀賞，但不許越過欄杆踐踏圓溝或撫摸巨石。當日雖寒氣襲人，但天氣晴朗，數百上千的遊客絡繹不絕。我們在現場轉了許多圈，盡情徘徊，從不同的角度觀賞，也聆聽幾個團隊的導遊的講解，學習到不少新知。

巨石陣建造複雜、作工細膩

巨石主要有兩種：外圈和馬蹄形內圈的Trilothons（三塊石、兩豎直塊上置一橫塊的組合）是從北面30公里外Wiltshire縣的Marlborough Downs（丘陵）採來的羊背石（Sarsen、砂岩）。這種石塊比較大，最大的超過35噸。另兩圈較小的石塊是青石（Bluestone、包括粗玄武岩、流紋岩與火山灰等），最重的也有3噸。這些青石是從西面240公里外的威爾士（Wales）西南的Preseli山採集；古代傳說，這種青石有治癒疾病的魔力。另外還有一塊作為祭壇（Altar）的青石是來自威爾士東南的Brecon Beacons。

這個巨石陣非常複雜，作工細膩、真可謂「名堂不少」！

巨石陣由四層同心的圓環形石陣組成，其中外面兩層是整圓環形、裡面兩層是半圓馬蹄形。

最外圈應該原是30塊豎立的大羊背石，每個間隔小於1.5米，圍成一個環形；而在每兩個豎立的巨石頂上橫放一塊大羊背石作為橫樑，圍成一圈。為了銜接縫合無遺，並加強穩定性以防位移，這些羊背石都經過精工打磨；同時在銜接面做了榫眼（Mortise、洞）與凸榫（Tenon、栓）。現存的直柱只有17柱，橫樑僅剩6塊；除少數倒塌在地面，或破碎，但大多已無影無蹤。東北方正對進口大道的是完整的，而缺失的部分主要在西南方。有人認為當時並沒有築成整圓環，而是把向東北方進口的重要部分完成，而忽略了背面的次要部分（見下文：定夏至、冬至時令）。

第二圈是用60塊較小、較矮、直立的青石圍成一圈。其中大部分都沒有加過工，但也有兩塊是經過修飾，並有作為Trilothons所需的榫眼。這些青石多已破碎、散失或移動、重排，最先有可能也有橫樑，是一整圈，也可能只有部分弧形。

第三圈是一個由五組高矮不一、分開的羊背石堆疊的Trilothons，圍成馬蹄形的石陣，開口正對著大道進口。現只剩三組屹立如故，而在馬蹄前緣僅剩一柱豎立的石柱，它是最高、最大的一塊，高達7.3米，而在頂部有明顯的凸榫。原來這組Trilothons可謂這巨石陣的重心所在，是定夏至、冬至時令的標竿。

最內圈為用較小、較矮的青石排的馬蹄形石陣，同第二圈相似，原來也是Trilothons圍成的橢圓形或馬蹄形。

在最內圈裡則為一塊來自Brecon Beacons的青石祭壇

（Altar Stone）。

如何搬運、豎立、高架橫巨石

巨石陣始建於四千五百年前。那時這一帶的居民沒有文字、算術、青銅器、鐵器，缺乏有效工具，要搬運、豎立、疊架這麼大的石塊，那麼細膩的作工，的確是有點「匪夷所思」。

三四十噸的羊背石塊到底是怎麼從30公里外搬過來的？根據實驗模擬推測，先用樹木做木橇，並拿圓木墊底，再把巨石放在木橇上，然後用繩子拖著木橇滾動前進。這樣搬一塊大石頭需200人、12天，可謂「勞民費時」。

青石雖較輕，但需經過陸運、海運，河運，輾轉搬此，所需人力也不少，而時間長達幾十或上百日。

巨石是如何豎起來的？如何橫架在兩個屹立的巨石頂上？據實驗模擬推測，可能是先用木頭加上繩子將巨石拉到坑內斜傾，然後再用繩子緩緩拉直、豎起。Trilothons上的橫石塊是用一層木條墊底，再用木條做槓桿，打斜巨石，在其下塞進另一層木條，如此層層加高到頂部。但所需的人力及時間非常多。

定夏至、冬至時令

在外圈的東北方有一個進口，向外對著一條大道（Avenue）。這個大道總共2500米長，頭五百米直指向東北，後轉了兩次彎，最終向西南到Avon河邊。進口前的大道上立了一塊大羊背石，稱為柱腳石（Heel Stone），是用來做標竿的。每當夏至（Summer Solstice、晝最長之日、約6月21

日），太陽沿大道的方向從東北升起，陽光就會穿過外圈中間的Trilothon縫隙之中，而柱腳石的影子就會指向縫隙。而每當冬至（Winter Solstice、晝最短之日、約12月21日），太陽沿大道的反方向從西南落山，陽光也會穿過巨石外圈中間、馬蹄形前緣兩個Trilothons的縫隙之中，而柱腳石的影子就指向180度反方向的東北大道。可見當時此地居民已掌握天文知識，並用以確定種植、尋找野果、核桃，以及畜牧、漁獵的季節時令。

活人犧牲祭神

大道進口的圈內有一個如今橫躺的羊背石，被稱為屠宰石（Slaughter Stone）。根據石縫中的殘跡，推測曾有血跡，可能是當時殺活人犧牲祭神所致。這種以活人犧牲祭祀在中國商代、美洲瑪雅文化以及許多古文化中都出現過，表示人們對祖宗及神的崇敬，也可能是遠古人吃人的遺風。

杜靈頓環牆

在距巨石陣三公里東北方、Avon河畔發掘了一個直徑470米的圓形深溝和土牆——杜靈頓環牆（Durrington Walls），溝有13米寬、6米深，週邊的牆頗高，有如我國古代的護城河、牆。其內部有兩個圓形的圓圈，北面的較小，而南面的直徑大到23米；其中有許多豎立木樁的痕跡以及陶器、燧石工具和大量吃剩的獸骨。在Durrington Walls內也有許多茅房與正對夏至日出、冬至日落的大道。據推測茅屋可能有幾百個，而這裡季節性暫時聚集、居住的人也許有好幾千人，可能是新石器時代不列顛最大的聚落。其建造的時間與豎立巨石陣吻合，推測建

造巨石陣的群眾應該都住在這裡。

Woodhenge

離杜靈頓環牆南面不遠處發掘出一個與巨石陣同時期的溝渠和土牆。這圈溝渠的直徑有50米，和巨石陣一樣，唯一的進口是正對夏至日出、冬至日落的方向。其內部有六圈呈同心圓狀排列的，大小不一的坑洞。推測原來都豎立著橡樹木樁，因之得名Woodhenge；與杜靈頓環牆內相似，在這裡也挖掘出陶器、燧石工具以及大量獸骨。為什麼古人要豎立這些橡樹木樁？我們現在還不知如何解釋。更奇怪的乃是這群圓環木樁的中心挖掘出一個三歲兒童的骸骨，而他（她）的頭蓋骨尚未發育縫合。

巨石陣到底為什麼而建

從本文以上的敘述，可推斷巨石陣的建築是作為宗教、祭祖、祭神、祭太陽、計時令、祈求病癒及喪葬等等。但還有許多疑問沒能得到史學界一致公認的解釋；更有數不清的細節人們還沒弄清楚。近世紀以來，考古學家們不懈努力的研究打開了巨石陣重重的神祕面紗。相信隨著科技、資訊的進步，我們在本世紀將對巨石陣及當時此地的人群與社會有更深入的認識。

後人繼續加工、重排

四千四百年前原居歐洲大陸的Beakers族人來此，帶來銅、金，燧石，和其特有風格的陶器——Beaker Pottery。他們把巨石陣的部分石塊移動，重新排列，或做裝飾加工。兩百年

後這一帶進入青銅器時代。我們在巨石陣的直立石塊上見到3700年前青銅器時代刻的短劍與斧頭。

西元前第六到第四世紀，原居南歐的塞爾特人（Celts）遷移到此，帶來鐵器，也與羅馬進行貿易。英格蘭終於走完了她的史前時代，開始有了史籍編年記載。

巨石、草原懷古

我們在巨石陣流連兩三小時，臨去之際放眼遠眺，四周草原萋萋、黃花遍野。這個美麗、怡人的原野令我不禁感到自己彷彿置身於「時光隧道」之中。萬年前的中石器先民、五六千年前的早新石器古人、4500-5000年前修溝堤、建Stonehenge和Woodhenge的後新石器群眾、4400年前的Beakers、2400-2600年前的塞爾特人，都一一在我腦海中掠過。

省思

日已西垂，我們搭上來時的巴士，回望巨石陣及草原逐漸渺茫。念及建造巨石陣的古人幾乎與我國黃帝同時。他們同是東、西方繼往開來、開萬古洪荒的英傑。太史公《史記‧五帝本紀》曰：「遷徙往來無常處，……順天地之紀，……存亡之難、時播百穀草木，淳化鳥獸蟲蛾，旁羅日月星辰水波，土石金玉，勞動心力耳目，節用水火材物，……故號黃帝。」黃帝篳路藍縷，為我中華民族立下了不可磨滅的豐碑；而同時期的英格蘭古人，也正如同黃帝，在此草原上夙夜匪懈，他們留下的巨石陣也是英國人世世代代引以自豪的豐碑！

英格蘭文化之旅

　　英國有輝煌的歷史、豐富的文化，留下許多珍貴的古蹟。初夏之際，我與老妻前往英倫三島旅遊。專訪了牛津大學、莎士比亞故居以及邱吉爾出生、安眠之處。

牛津大學

　　牛津（Oxford）鎮位於倫敦之西北，開車一個半小時之距。Thames和Cherwell兩河交匯於此，地位適中、風景幽美。

　　傳說在第7世紀時Fritheswith公主到此建立了一個修道院，其後許多學者來此，到12世紀時這裡已成為一個學術中心。1249-1280年，University、Merton、Balliol三個學院先後建立，奠定了牛津大學的基礎。

　　在16世紀中期，新教派的Thomas Cranmer、Nicholas Ridley和Hugh Latimer三位傳教士在牛津被處刑燒死。17世紀的英國宗教內戰中，牛津屬於堅定的保皇派；19世紀中期在此掀起復興早期基督教精神的牛津運動。九個世紀以來，牛津大學不斷擴展，現有40多個學院，與劍橋（Cambridge）並稱英國歷史最久、學術地位最高的學府，特別在文史、經濟、政治等學科名聲遠播四海。

　　我們在牛津徜徉半日。這裡都是古色古香、雕刻精細的石磚、穹頂、尖頂的宏偉建築，還有高聳的教堂、城堡、劇院、圖書館、博物館、藝術館、畫廊等等。馬路多還是幾百年前的

石鋪大道，縱橫交錯。學校旁有廣闊的草地，與擁擠的建築群相映，益增謐靜、幽雅。

牛津校旁的高街（High Street）和默頓街（Merton Street），商店、咖啡館、畫廊、教堂滿布；特爾街（Turl Street）、寬街（Broad Street）盡是菜市場、花店、服裝店、書店及Sheldon劇院。最醒目的建築是在雷德克里夫廣場（Radcliffe Square）的牛津大學圖書館的主要閱覽室，乃是一座壯麗的拱頂建築。到處街上遊客、行人絡繹不絕。看到一大串幾百人的遊行隊伍，舉著標語、大唱大吼而過。一問才知是同性戀的示威，可見牛津風氣之開放、自由。

令我詫異的是在牛津校園裡見到一座建築上面寫著紀念愛德蒙・哈雷（Edmond Halley，1656-1742）的短文，才知道這位發現哈雷彗星週期性及運行軌跡的天文學家畢業於牛津大學，而非劍橋大學（Cambridge）。他先後拿到學士與碩士學位，畢業後從事天文研究。47歲時（1703年）回到牛津擔任薩維爾幾何學教授（Savilian Professor of Geometry）。兩年後（1705年）發表一篇論文，指出1456年、1531年、1607年和1682年出現的彗星其實是同一顆彗星；並預言這顆彗星將於1757或1758年重返。果真這顆彗星於1758年再現，而這時哈雷已經去世17年了。其後世人命名這顆彗星為哈雷彗星，哈雷對於天文學的貢獻是不可磨滅的！

事實上最早的史籍記載哈雷彗星出現出自中國的《春秋》：魯文公十四年（西元前613年）「秋七月，有星孛入於北斗。」（也有一說在《淮南子》中提到周武王伐紂之後「彗星出」，據推算可能是在西元前1057年）。而從秦始皇七年（西元前

240年）起，以後每次哈雷彗星出現，中國史書都有記錄。只惜中國古代注重技術的應用，而對科學理論的研究較為忽略，更缺乏像牛津大學一樣的研究環境，未能從觀察、分析而歸納出哈雷彗星的週期性與運行軌跡。

牛津之旅，使我深深感到這個學府在天時、地利與人和方面均屬首屈一指，無怪乎享譽全球！

莎士比亞故居

我們到Stratford-upon-Avon去參觀莎士比亞（William Shakespeare）的故居。Stratford為一小鎮，距牛津約25英里，那條經過巨石陣（Stonehenge）旁的Avon河蜿蜒地流過這個鎮的東南邊。這裡依坡靠水，又築了一些人工水渠，頗具鄉村田園風味。

下了車就見到高街（High Street）。莎士比亞就在這條街上出生，度過他的童年、青少年，在此與同鎮的Anne Hathaway結婚。其後他去倫敦20多年，晚年又回到此鎮居住了三年，51歲時去世，安葬於此。他是一個了不起的劇作家、文學家、詩人，他的作品如《羅密歐與茱麗葉》、《哈姆雷特》、《仲夏夜之夢》等等傳遍全球。其文風至今猶具有深厚的影響。

我們參觀了莎士比亞的故居，一個兩層的木樓，庭院很大，種植了許多鮮花。可見當時莎士比亞的生活條件相當不錯。展廳裡展示了一些莎士比亞的遺物、事蹟；也放映錄影片敘述他的生平。接著我們又去他夫人的房舍——Anne Hathaway's Cottage，這房子十分雅致，庭院裡百花齊放。

隨後我們沿著幾條主街而行，只見擠滿了遊客。兩旁商

店、飯館、酒吧滿布。這Stratford原本是個巴掌大的荒僻小鎮，可謂「尋常巷陌」，只是「人道莎翁曾住」，可就不尋常了。我曾去西安，那裡的老百姓對我說：「我們全靠秦始皇吃飯！」看來Stratford的人肯定是靠莎士比亞吃飯。

哈佛故居

在Stratford鎮上還有一個古蹟在學術、文化界享負盛名。這就是哈佛故居（Harvard House），乃是哈佛大學主要捐款創始人約翰·哈佛（John Harvard）的外祖父的故居。我們步行到高街（High Street），見到這棟三層的木樓，古色古香，保養得很好。約翰·哈佛的外祖父Thomas Rogers當時是本鎮的一個屠夫，並做玉米和牛的買賣，成為小富。他和莎士比亞的父親John Shakespeare是住在同一條街的鄰居、好友，也同在鎮上擔任高級市政官（Bailiff and Alderman for the Stratford Corporation），關係匪淺。當他60歲時（1596年）蓋了這棟房子。他的女兒Katherine與住在倫敦Southwark區的Robert Harvard結婚，婚禮也就是在Stratford鎮上舉行。Robert也是屠夫，並置了些產，開了一個小旅館。其後這對哈佛夫婦就定居在倫敦Southwark區，1607年在那生下約翰·哈佛。

1625年倫敦瘟疫蔓延，約翰的許多親人亡故，僅他的母親Katherine、他的弟弟Thomas和他倖免。他母親接收了一些遺產，足以把約翰送進劍橋大學（Cambridge University）就讀，他於1932獲得文學學士、1935年取得文學碩士。

畢業後，約翰·哈佛在1636與Ann Sadler結婚，次年移民到美國麻塞諸塞州（Massachusetts），擔任牧師兼成人教師。

但不幸過了一年就因肺結核去世，死時僅31歲。

　　他雖非從商巨賈，但從父、母、兄、弟繼承了許多遺產。當時麻塞諸塞灣殖民區（Massachusetts Bay Colony）正在籌資創建第一所高等學院。約翰在他臨去世前將他一半的財產──750英鎊（約值現在的三百萬美金）及自己私藏的230本書籍捐贈給籌建的學院。他去世後，學院的負責領導們為了感念他促成建校的貢獻，遂定名該院為哈佛學院。想來約翰在臨終之際絕不會意料到他這份捐款奠定了這所揚名四海名校的基礎，也在近五百年中培養了數不盡的政治、文學、藝術、科學等各方面的人才。

莎士比亞之墓

　　走到街的盡頭，是一個很大的教堂──Holy Trinity Church，其庭院內林蔭蔽天、芳草鮮花，環境幽雅。花兩塊英鎊，進了教堂，才知道莎士比亞就安眠於教堂之內的聖台前。但沒有墓碑，僅放了一個牌子寫著他臨去世前的遺言：「好朋友，看在上帝的臉上，請勿來掘這裡的骸骨。祝福保護這些墓石的人們，詛咒搬移我骨的人。」來教堂墓室參觀的人絡繹不絕，可見莎士比亞對英國和全世界影響深遠，也帶給Stratford欣欣向榮！

邱吉爾安眠之處

　　邱吉爾（Winston Churchill）的墓在牛津（Oxford）的近郊──Bladon，距牛津僅6.5英里。我們在去牛津的路上到那裡去參觀。邱吉爾生在離此不到一英里遠的Blenheim Place。

他們家族大部分的人都葬於此，邱吉爾在1965年去世後也歸葬這裡。

他的墓園在一個教堂（St Martin's Church）的院子裡。那裡還葬了他的父母、妻子與其他家人。他的墓很簡單，連個墓碑都沒有，只是在石棺頂上刻了些字。據說他臨終交代不必立碑豎像，以免鳥站在上面拉屎。

邱吉爾是二戰中臨危受命、力挽狂瀾的英雄、了不起的政治家；他文采不凡、著作等身，在他完成巨作──《第二次世界大戰回憶錄》（Memoirs on the Second World War）的1953年得到諾貝爾文學獎。他做過記者、軍人，其後從政。在20世紀初他高瞻遠見，首先提出改換蒸汽艦艇為燒油艦艇，促進了其後航海與石油兩項工業的發展。另外他也嗜好繪畫。總體來說，邱吉爾是一個多才多藝、思慮通達、觀察敏銳、氣勢恢宏的人物。

邱吉爾沒有葬在顯赫的西敏寺（Westminster Abbey），而歸根於他出生的故里。邱吉爾簡易的墳墓及他生前的遺言，使人深深體驗到其灑脫、通達、恢宏！曹操提倡「薄葬」，晚年遺囑（終制）曰：「……壽陵，因高為基、不封不樹。」邱吉爾與曹操，可謂英雄所見略同矣！

尾聲

看過牛津大學、莎士比亞故居以及邱吉爾出生、安眠之處，體會到這三個地方真可謂英國歷史、文化的精髓，是英國人引以自豪的豐碑；也令我深深感到英國雄霸世界數百年，其來有自！

▌訪披頭士故里——利物浦

　　孔子曰：「興於詩、立於禮、成於樂。」哲學家叔本華（Arthur Schopenhauer）也曾說：「世界在音樂中得到了完整的再現和表達。」可見中國和西方的哲學思想都認為音樂是表達社會心靈的高等藝術。最近我與老妻路過英國利物浦（Liverpool）遊覽半日一夜，尋訪了半世紀前轟動世界的披頭士合唱團（Beatles）崛起的許多舊址，聽聞了當地人對他們懷念的一些故事，才深深體驗到孔子和叔本華所言博大精深。

利物浦

　　利物浦位於Mersey河畔，Mersey河在此已接近出海口，寬度有幾千米，是以利物浦是一個良港。早在西元一世紀就有聚落，1207年時是一個小漁村，當時的英皇John授予特權建城，形成一個商港。在17到18世紀，利物浦成為販賣黑奴去加勒比海群島的重要港口，城市擴大、繁華。1840年，歐洲第一艘蒸汽機輪船從利物浦啟航。其後由於饑荒，大批的愛爾蘭人逃難，湧入利物浦，使此地商業蒸蒸日上。如今因大型船隻無法進入利物浦的河港，許多貨物均在靠海口的Bootle起卸。

　　現利物浦人口為47萬，但連四周的大都市區總共有220萬人，還是很大的港口、商城。我們搭車在城裡逛了一圈，見到古老和現代的建築雜匯；城區雖不很大，但十分體面，銀行、商場、高樓林立，博物館、圖書館、球場規模不小。我們到

港口遊覽，見到Mersey兩岸河畔雖船隻稀疏，但猶可想見當年的繁華盛貌。河邊不遠有兩座現代前衛式大樓：利物浦博物館和Mann Island Building 2，美輪美奐，象徵著充滿朝氣的利物浦。碼頭上餐館、遊樂場不少，到處都是Beatles的塑像及壁畫，黃昏時際燈火通明，遊客不斷。

Beatles草創時的悲歡離合

利物浦人最感到自豪，也是最吸引遊客的乃是上世紀60年代轟動全球的搖滾樂合唱團——Beatles。Beatles最先是John Lennon於1956年，他15歲時與他的Quarry Bank中學同學組成一個雛形合唱團——The Quarrymen，John為主唱，同時彈伴奏吉他（Rhythm Guitar）。次年7月，他們在學校附近的St. Peter教堂的院子裡演唱時遇到15歲的Paul McCartney，相談甚歡，遂邀請Paul加入了The Quarrymen合唱團，作為吉他（Rhythm Guitar）手，後來Paul任過鋼琴伴奏，但大多時間都是彈低音（Bass）。未久Paul介紹他的好友George Harrison給John，但最初John有點猶豫，因為George當時只有14歲，年紀太小，演唱不合法。但無奈Paul的勸說，也就答應讓他做主吉他手（Lead Guitar）。其後在出外演唱時只得說謊，假報George的年齡。

當時在利物浦的Mathew Street有一個才開張半年的夜總會——Cavern Club。幾經周章，夜總會的老闆讓John的The Quarrymen於8月7日去演唱一次。當時搖滾樂（Rock and Roll）在利物浦夜總會並不受歡迎，但John還是堅持帶頭唱了一首Elvis Presley的「Don't Be Cruel」，開啟了他們的登臺演唱生涯。

John高中畢業後就進入Liverpool College of Art，他原來The Quarrymen的同學也都各奔前程，離去了。在大學裡他遇到了一位同學——Stuart Sutcliffe，邀請他參加他的合唱團，擔任低音（Bass）。這樣他們這個隊伍就成形了。同時幾經更變，在1960年8月中旬定名為Beatles。

　　他們當時的經紀人Allan Williams安排了一趟去德國漢堡（Hamburg）演唱的旅程。臨行之前，他們找到Pete Best作為鼓手，五個人就乘坐Allan的破舊運貨車（Van）上路了。這次漢堡之行因George的假冒年齡及失火事件，George和Paul被驅逐出境，年底John就回到利物浦。

　　接下的兩年，他們在利物浦和漢堡兩地夜總會登臺，逐漸稍有名氣。1961年，Stuart的德國未婚妻Astrid Kirchherr別出心裁地替Stuart剪了一個新式的髮型——「The Exi」（Existentialist），其後Beatles乾脆都剪成那樣，成為他們「標新立異」的招牌造型。不久，Stuart決定留在德國攻讀藝術而離去。次年4月Beatles又飛到漢堡演唱時，Astrid在機場迎接，告訴他們Stuart在前一天不幸因腦疾（brain hemorrhage）去世，激起Beatles無限的悲傷！

遇貴人而興

　　1961年底，當Beatles在Cavern Club演唱時遇到一位唱片行老闆及音樂專欄作家——Brian Epstein。Brian立即被他們的歌聲打動，自告奮勇地做Beatles的經紀人。經過Brian多方努力，找到發行商（Producer）George Martin，簽了一個在倫敦掛名EMI's Parlophone發行的合約。1962年6月6日，Beatles在倫敦EMI's Abbey Road Studios錄音。在錄音時Martin覺得鼓

手Pete Best不夠稱職，事實上其他Beatles三人也已意識到這個問題，於是就到別的合唱團去拉夫，找來了鼓手（Drummer）Ringo Starr。9月4日他們錄下「Love Me Do」，下一週接著錄了「Please Please Me」and「P.S. I Love You」。 Martin決定在10月首先發行「Love Me Do」，效果很好，受到大眾的迴響。接著Martin重錄「Please Please Me」，他十分興奮，正如他所料，這首歌在1963年1月發行後很快成為英國排名第一的歌曲，而且在首榜長達30週。他們被英國人譽為「The Fab Four」（驚人四仔）。是年底，他們發行了「With The Beatles」，又居首榜21週，其後的「I Want to Hold Your Hand」也居首榜許多週，並廣為暢銷。接著他們登上電視表演，Beatles的動人歌聲與新穎造型很快傳遍英國、德國、歐洲、美國及全球，掀起了音樂史上劃時代的「披頭士狂熱」（Beatlemania）。

來美得Ed Sullivan鼎力宣傳，風靡全美

1964年初，美國紐約的電臺首次播出Beatles的歌──「I Want to Hold Your Hand」，立即在全美國排名第一，持續7周，才被他們自己的「She Loves You」取代。在幾週內「I Want to Hold Your Hand」就銷售超過百萬張，其後成為Beatles在全球最暢銷的一張唱片。

2月7日，Beatles首度來美，紐約John F. Kennedy機場擠滿了三千多的歌迷歡迎他們。兩天之後，電視巨頭Ed Sullivan邀請他們在其電視節目中表演，據統計收看的觀眾多達7千3百萬人，為全美人口的34%。在紐約、華盛頓、佛羅里達巡迴演出兩周後，Ed Sullivan再度在佛羅里達邀請他們上電視，出現在

7千萬觀眾眼前，使得Beatles的唱片在美國更為暢銷，被稱為「英人入侵」（The British Invasion）。

上世紀60年代初正逢二戰剛結束時出生的嬰兒（Baby Boomers）已成長為十多歲的少年。當時搖滾樂雖已十分風行，但有名氣的多是個人主唱，譬如貓王——Elvis Presley（「Jailhouse Rock」）、Chuck Berry（「Johnny B. Goode」）、Fats Domino（「Blueberry Hill」）、Platters（「The Great Pretender」、「Only you」）、Hank Williams（「Your Cheatin' Heart」）、Bill Haley & His Comets（「Rock Around the Clock」）、Buddy Holly & The Crickets（「That'll Be the Day」）。披頭士的四人合唱，隊形諧和、新穎、充滿活力，而其歌曲親切、柔和、震撼兼而有之，令人有耳目一新之感，從此Beatles為英、美及世界的音樂界掀起了一個嶄新的紀元。

再接再厲歌聲遍全球

1964年，Beatles演唱轟動美國、享譽世界後，他們再接再厲、不懈地繼續創作了一連串的傑作：「A Hard Day's Night」（1964）、「Ticket To Ride」、「Rubber Soul」、「Yesterday」（1965）、「Revolver」、「Yellow Submarine」（1966）、「Sgt. Pepper's Lonely Hearts Club Band」、「Penny Lane」（1967）、「The Beatles」、「Hey Jude」（1968）、「Abbey Road」、「Don't Let Me Down」（1969）、「Let It Be」（1970）等等。Beatles成為在英國最暢銷的合唱團，他們在英國獲得排名第一的歌曲最多、銷售量超過任何個別的藝術產品。他們是全世界歷史上最暢銷的合唱團；據估計，他們在

全球曾銷售6到10億張唱片。

散夥至今

　　名滿天下後，Beatles於1970年散夥，但各自仍然繼續創作、演唱。十年後John不幸在紐約中央公園（Central Park）旁的住所門前遇刺身亡；George於2001年因喉癌不治逝世。2004年，美國滾石（Rolling Stone）雜誌推舉Beatles為歷史上最佳的藝術；2006年，又被Billboard雜誌選為歷史上「Hot 100」（前100名）中最成功的藝術家。他們有20首歌曾得過第一名，在2016年被Billboard選為「Hot 100」（前100名）得第一名最多的合唱團。他們曾得過十次Grammy Awards，十五次Ivor Novello Awards。也得過一次Academy Award中的Best Original Song Score。Time雜誌將他們列入二十世紀對世界最具影響的前100名人物之一。Beatles合唱團在1988年被選入Rock and Roll Hall of Fame（搖滾名人堂），而他們四個人也都在1994到2015年之間先後被選入搖滾名人堂。

對現代音樂、文化影響頗深

　　Beatles對當代的音樂、文化起了極大的影響。他們最初是結合新穎、誘人的美國搖滾樂與黑人的R&B（Rhythm and Blues），但他們努力不懈、精益求精、不斷創新，在他們每一個新作品中都將搖滾樂的風格推向前衛，並在音樂領域的擴展中立下豐碑。他們綜合了民歌搖擺舞曲（Folk Rock）、鄉村（Country）歌曲、幻覺樂曲（Psychedelia）、奇異流行歌曲（Baroque Pop）等各種風格，卻又保持了其早期作品大部分

的誘人精華。John和Paul兩人都是頂尖的作曲家。John的抒情深邃、Paul的韻律天分、加上George的吉他手藝和Ringo的擊鼓才華，這四個人組成了一個在歷史上永垂不朽的樂章。

參觀Beatles崛起的遺跡

我們在利物浦的半天，導遊帶大家去參觀John的中學——Quarry Bank High School，現已與其他幾所中學合併為Calderstones School。見到他幼年與他姨父、姨母居住的房舍，現還保持上世紀中期的風格。那一帶遠離鬧市，多為住宅，滿街樹蔭、花草盛開，環境幽雅，也許這就薰陶出他們出眾的音樂才藝。我們看到John和Paul在1957年首度相遇而開始合作的St. Peter教堂。撫養John成人的姨父就葬在這個教堂的院子裡。我們又到附近的「Penny Lane」，這條街是Beatles幼年生活及成名後懷念而為之作曲的一條小街。導遊在車上播放這首——「Penny Lane」，讓大家回味逝去的年華。

夜間老妻與我步行到Mathew Street，這條街並不很長，說實話只是個小巷，巷子裡盡是酒吧、餐館和販賣Beatles錄音的商店。街邊有一個John Lennon的銅像，牆上滿是形形色色的Beatles畫像，也不停地聽到Beatles的歌聲。最後我們見到了Beatles起家的夜總會——Cavern Club，霓光燈閃閃耀眼，門前拉生意兼保鏢的粗壯大漢正生龍活虎地大聲吼喚，像是在得意地吹噓著這裡當年的輝煌。這條巷子看起來不過是「尋常陌巷」，令人難以想像在此開啟了震驚全世界的音樂絕響。他們激起的風潮至今未息，也成為利物浦人最引以自豪的回憶。

尾聲

在利物浦雖短短半日一夜，卻令我留下深刻的尋思：為什麼披頭士從這麼尋常的地方發跡、崛起、震驚英國、以致全球？我想一個人的成功，天才、努力、機遇，缺一不可；而一個團隊的成功還需加上組合。披頭士四人都具有過人的天分和特長，他們因緣聚會、相得益彰、歷經坎坷，再接再厲，組成一個卓越的合唱團。正逢上搖滾樂發展之期，他們新穎的歌聲和風格迎得了千千萬萬Baby Boomers的狂熱，並傳播給全世界的音樂迷，在歷史上留下永恆燦爛的篇章。

坎坷而自得的愛爾蘭

前言

　　愛爾蘭僻居歐洲邊緣，在歷史上及現代一直是多難、坎坷之邦。在書報、影視上經常看到那裡綺麗的海岸、牧場風光以及純樸的民俗。春末夏初之際，趁遊覽英倫三島之便，到愛爾蘭流覽四五日，盡情開懷。

前往愛爾蘭

　　我們在英國威爾士（Wales）的Pembroke港口登船過St. George海峽前往愛爾蘭。這是一艘很大的渡輪，船上的設備非常好，當日的旅客不多，加之天氣晴朗，風平浪靜，使我們航程舒暢。四小時後抵達Rosslare登岸，開始了四天愉快的愛爾蘭之旅。

古堡、教堂

　　左傳有云：「國之大事在祀與戎。」「祀」乃是宗教、信仰活動，而「戎」則為戰爭與防禦。在中國有廟宇、城牆與萬里長城，在歐洲則到處是教堂和古堡。我們在愛爾蘭幾乎每天都看到數不盡的教堂與古堡。雖然令人有「千篇一律」之感，但各代表其時代背景及地域文化，也留下許多動人故事。

　　這幾天見到的許多教堂中以都柏林（Dublin）的St. Patrick

Cathedral和Christ Church Cathedral最著盛名。愛爾蘭的天主／基督教（Christianity）始於第五世紀，羅馬教廷派遣傳教士來此佈道。其中貢獻最大的乃是主教（Bishop）St. Patrick。他於432年由英國來到愛爾蘭，開始傳教，445年在Armagh建立第一座教堂，積極弘揚基督教義。據傳他曾來到都柏林，在St. Patrick Cathedral的現址建了一座木屋教堂，其後成為此地教會的重要據點。直到1190年被改建為石造建築，後經多次擴建，流傳至今。這座教堂堪稱愛爾蘭最老與最大的教堂之一。 Christ Church Cathedral位於市中心，為維京人（Vikings）始建於1037年，其後由英格蘭來的盎格魯－薩克遜人（Anglo-Saxons）於1192年重建。這兩座教堂都曾是基督（Protestantism）教堂，後改為天主（Roman Catholicism）教堂。

我們每到一處總能見到現猶完好或已成廢墟的古堡。時代最早的是位於Dingle半島海邊懸崖的Dunbeg古堡廢墟，據推測可能是第八、九世紀時為防備維京人所建。其次在都柏林城內的古堡──Dublin Castle是由盎格魯－薩克遜人剛到愛爾蘭不久（1202年）首建。這也是少有的在愛爾蘭象徵英格蘭統治的古建築。另外在Cork附近的Blarney和在Limerick不遠的Bunratty兩座古堡均建於15世紀，形式很相像。但Blarney古堡旁有兩個大小不一的圓形高塔。我們後來在參觀Glendalough的寺廟遺跡時，也見到一座30米高的圓形高塔。這些高塔都是用於貯存、瞭望與守衛。Glendalough寺廟最初為塞爾特人（Celts）於西元第六世紀建造，維京人在第九、十世紀多次到此掠奪，後英格蘭人在第十四世紀侵佔此寺廟，直到第十六世紀猶有人據守。

見到這許多珍貴的西洋古堡，不由令我想到我國以前幾乎每個城鎮都有古城牆，只惜上世紀50年代毛主席一時性起大力「除四舊」，把除了西安等極少數例外的舉國城牆全部拆毀。造成了文化斷層，也摧殘了民族精神的凝聚和向心力，痛哉！

海天、牧場風光無限好

這幾天我們由愛爾蘭東南沿海走到西南，然後北行到西海岸的Calway，再橫跨到東岸的都柏林（Dublin），一路或為丘陵、或為平野，也翻過不算太高的Kerry山脈，總是青蔥草原，牧場不斷、牛羊遍地。春末夏初之際，鮮花齊放，紅、黃、藍、紫、白、粉，各顯嬌豔。路邊、曠野四處鮮花滿布。其中暗黃的Winn、淡黃的油菜花與黃色的雛菊（Daisy）最為醒目，將綠野大地鑲滿金光。這裡的河流、湖泊大多是呈黑色的水，這與我國東北黑龍江一帶相似，主要是森林、草原留下的有機微粒。也無怪乎此地的黑土地肥沃異常，使得牧草茂盛、森林青蔥。我們多次沿海而行，只覺海岸風光無限好，特別是位於西南的Dingle半島，這裡人煙稀少，沿海懸崖、奇岩、沙灘連綿；天氣晴朗、萬里無雲，海天一色，對映著綠野、鮮花，美哉！波濤湧起、驚濤裂岸、眾鳥齊飛、魚群躍起，壯哉！

小鎮風情

途中經過許多小鎮、村落，各有其風味及值得回憶的故事。例如我們在Waterford參觀了一所水晶裝飾品的商店。此地出產很好的水晶，聞名全世界，我們有幸到此一睹。而在此

鎮之北十來公里的鄉下是甘迺迪（John F. Kennedy）先祖的故居，後他們舉家遷到美國。甘迺迪當選總統後曾於1963年來此尋根探訪，受到當地百姓熱烈的歡迎。但不幸他返美三個月後就被刺身亡，留給當地故老鄉親無比的傷痛與懷念。如今在當地設有一個紀念公園——John F Kennedy Park and Arboretum。

又經過一個蕞爾小漁村——Youghal，在上世紀50年代，美國福斯電影公司來此拍攝電影——Moby Dick。此片轟動全球，與海明威的「老人與海」齊名。使得這原本沒沒無聞的小漁村享譽世界，也令當地居民引以自豪，至今談論不息。

我們經過Dingle半島海岸的Dingle鎮時，導遊告訴大家上世紀有名的電影——Ryan's Daughter就是在這一帶的海邊拍攝的。令我回憶起四五十年前觀賞此片時就被劇中美麗的海岸景色、純樸民俗與動人、曲折的劇情驚歎不已。

我們在Killarney乘坐馬車徜徉於Bourn-Vincent森林公園，領略湖光春色良久，頗為愜意。

另外我們在途中經過Tralee、Adare、Clare、Galway幾個小城鎮，或停車休息，或沿城而過。所見均是街道整潔，佈局有序、怡人。

都柏林

都柏林位於都柏林海灣（Dublin Bay）之畔，Liffey河穿過市區，為一天然良港。五千年前就有人群聚落，塞爾特人（Celts）來此後也曾在此建寺廟、居住，但直到維京人於第九世紀來此後才建城市，並作為重要據點。第十二世紀，英格蘭大軍由此登陸侵入愛爾蘭，以後不斷擴建成為愛爾蘭的經濟、

政治、文化中心。現都柏林及其附近的大都市區有180多萬人口，占愛爾蘭共和國總人口的45%。除了上文所述的古堡及教堂之外，還有許多古建築物，保存完好，井然有序。

我們到始建於1592年的Trinity College參觀，這是一所享譽全球的名校。接著我們又去了國家美術館（National Gallery），正逢達文西（Leonardo da Vinci））的一些素描在此展出，令我們大開眼界。我們到國立博物館，看到許多青銅器時代、塞爾特（Celts）、維京時期的出土古物。其中維京人的帆船和他們在愛爾蘭的村落模型最為醒目。

都柏林最繁華的街是O'Connell街，乃為紀念十九世紀前期愛爾蘭獨立運動領袖Daniel O'Connell而命名。這條街也是都柏林最老、最有歷史意義的一條街。街旁商店、餐館蝟集，街上有許多古老建築和紀念碑，吸引了擠滿的遊客與車輛。街中有一座O'Connell紀念碑，其後有一個高聳120米的銀色不鏽鋼的尖塔，成為都柏林的新標識。O'Connell橋橫跨Liffey河，橋上眺望兩岸，長屋、新樓林立。據聞上世紀初獨立戰爭時，這一帶戰火紛飛，許多老建築付之一炬。如今均已重建，不復見烽火遺痕。

距都柏林約一小時車程的Glendalough山區中有兩個大湖。我們在那徜徉約一小時，見滿山蒼林、鬱鬱蔥蔥、湖水如鏡、謐靜澹澹、百花齊放、嬌豔奪人，令人心曠神怡。

愛爾蘭人走過來的路

愛爾蘭的地理位置在歐洲的邊緣，以致其族群的遷移和文化的發展比大多數歐洲國家較晚。如今可考的愛爾蘭最早居

民是9500年前由蘇格蘭經當時的路橋來到此地。最初均是以狩獵採集為生。6000年前,務農及畜牧的人群來到此地;其後在4000年前,製青銅器與陶器的技術傳至愛爾蘭。西元前三世紀,原居中歐的塞爾特人將鐵器帶來,其後塞爾特人控制了整個愛爾蘭,塞爾特文化成為愛爾蘭文化的主體。那時愛爾蘭分成100多個部落(Chiefdoms),一群部落又聯盟推舉一個小王,而有時全愛爾蘭各個部落共尊一個象徵性的國王(High King),其都城為今日的Tara。是以愛爾蘭逐漸形成割據、聯盟的國家規模。

公元第五世紀,基督教傳入愛爾蘭,在St. Patrick、St. Columba等傳教士的積極努力下,信徒遍佈全島,成為塞爾特——愛爾蘭的國教。第八世紀末(795年),維京人(Vikings)首次侵略愛爾蘭,其後不斷騷擾。數十年後,維京人開始在愛爾蘭安塞落戶,與原居的塞爾特——愛爾蘭人爭戰不已。其後的三百多年維京人與塞爾特人有戰有和,同時進行通婚,維京人逐漸融入塞爾特文化。直到1169年,在愛爾蘭內戰失敗而逃亡海外的Leinster王Dermot MacMurrough邀請英格蘭人出兵協助他收復失土,英皇亨利二世(Henry II)派遣Strongbow帶兵入侵愛爾蘭,其後Strongbow繼位為Leinster王。正如同吳三桂引清兵入關,開啟了英格蘭在愛爾蘭的統治與無止無休的內亂。

公元十四世紀中期,黑死病傳遍歐洲,愛爾蘭災情慘重,三分之一的人民死亡。到了西元第十六世紀,歐洲興起宗教革命,新教與舊教之間的衝突引起了諸多戰亂。新教Protestantism成為英國的國教,而愛爾蘭的大部分人民均為天

主教舊教徒，以致愛爾蘭與英國統治者在族群問題外又增添了宗教的矛盾。1541年，英皇亨利八世（Henry VIII）被愛爾蘭國會（Parliament）推舉為愛爾蘭王（King of Ireland）。十六世紀末伊莉莎白一世在位時，愛爾蘭割據的地方勢力全被清除，英格蘭新教政權對愛爾蘭有了絕對的統治權，矛盾也更為激化，遂引起大規模的武裝起義。

1640年，英國發生政變，實行共和，克倫威爾（Oliver Cromwell）被推為護國主（Lord Protector of the Commonwealth of England, Scotland, and Ireland）。他對愛爾蘭舊教徒的叛亂進行了強列的鎮壓，殘酷地殺戮大批的反對者及投降士卒。隨之而來的天災及瘟疫使愛爾蘭人口大減，僅存約50萬。至今愛爾蘭人對克倫威爾猶以魔鬼視之。愛爾蘭舊教徒在英格蘭政權的統治下，土地、信仰、文化及權益長期受到壓制，反抗不斷。十八世紀，受到美國獨立及法國革命的影響，愛爾蘭人採取議會鬥爭與武裝起義兩種途徑，但均告失敗。十九世紀中期（1845-48），歐洲發生馬鈴薯饑荒（Potato Famine），愛爾蘭因為品種單一，加之政府政策有誤，造成最嚴重的大饑荒。當時約八百萬人民有一百多萬餓死，兩百多萬難民逃往美國、英國、加拿大、澳洲等地。使愛爾蘭人口減半，至今猶未能恢復到大饑荒前的人數。

雖然經歷馬鈴薯饑荒的慘痛打擊，愛爾蘭的民權、地權、房產權及獨立運動始終不息，加給英政府很大的壓力。1917年，IRA（Irish Republican Army）武裝組織成立，遂引起了長期的內戰，到第一次世界大戰結束爭端猶未能解決。1920年，愛爾蘭南部的26郡組成了一個議會（Parliament），而北

部的6個郡則與英政府和談。經過多年的談判與同時進行的戰爭，直到1948年，南方26郡成立愛爾蘭共和國（Republic of Ireland），而北部6郡猶留在英國管轄之下。但英國管轄的北愛爾蘭的新教徒（Protestant）依然掌握政權，壓迫廣大的舊教（Roman Catholicism）人民。1968年，舊教徒示威引起新教徒衝突，英國派兵鎮壓，延至1972年衝突升級，又開啟了30年的內戰，北愛爾蘭動亂引起全球關注。1998年，停火和議終於達成。

如今北愛爾蘭6郡仍由英國管轄，而南方26郡的愛爾蘭共和國於1973年加入歐盟（European Union）。在1995到2007年期間，愛爾蘭共和國取得驚人的經濟成長。失業率減少、人民財富暴增、大量移民來此，被譽為「塞爾特之虎」（Celtic Tiger）。

文風昌盛

愛爾蘭有自己的語言——蓋爾語（Gaeilge），但它卻是歐洲除英國之外唯一的英語國家。愛爾蘭文是愛爾蘭共和國的官方語言，同時也是北愛爾蘭官方承認的區域語言，但現使用人口僅有26萬。愛爾蘭在音樂、美術、文學、戲劇各方面都源遠流長，而且有很多成就。譬如音樂方面，愛爾蘭的豎琴四海聞名。取材於聖經故事的清唱劇《彌賽亞》（Messiah）是1742年在都柏林初次演出、由德國作曲家喬治·韓德爾（George Frideric Handel）本人親自指揮；1814至1816年間，貝多芬曾改編了六十二首愛爾蘭歌曲；旋律優美、具有濃厚生活氣息和浪漫主義色彩的愛爾蘭民歌、民謠蜚聲世界；詩人湯麥斯·摩

爾作詞的民歌《夏日的最後玫瑰》是全世界人民深為喜愛的歌曲之一。愛爾蘭每年都舉行很多音樂節盛會，觀眾與表演者盡歡，往往打成一片。

　　早期愛爾蘭小說創作的代表人物是喬納森‧斯威夫特（Jonathan Swift），他最著名的作品是《格列佛遊記》（Gulliver's Travels）；另外還有奧列佛‧哥德史密斯，代表作品是《威克菲爾德的牧師》。20世紀，短篇小說也得到了一定程度的發展。著名的短篇小說家包括弗蘭克‧歐康納和肖恩‧歐法奧蘭。在戲劇方面，蕭伯納（George Bernard Shaw）、奧斯卡‧王爾德（Oscar Wilde）以及葉芝（William Butler Yeats）於1899年在都柏林創建的「愛爾蘭文學劇場」。蕭伯納的劇作具有典型的愛爾蘭式的幽默和諷刺風格，他的代表作品有《華倫夫人的職業》（Mrs Warren's Profession）以及《回到梅瑟沙拉》。奧斯卡‧王爾德則是唯美主義文學的代表人物，創作領域包括童話、小說、戲劇、詩歌等等。其劇作《莎樂美》被看作是唯美主義在戲劇領域的典範之作。B.貝漢（Brendan Behan，1923~1964）和S.貝克特（Samuel Beckett，1906~1989）是第二次世界大戰後的兩位舉世知名的愛爾蘭劇作家。貝漢出身於反抗英國殖民統治的民族主義者家庭，他在題材和手法上均別開生面，被稱為「20世紀的即興喜劇」。貝克特的《等待戈多》（1952）揭開西方戲劇史新頁，開荒誕派戲劇先河，表現了深刻的哲理與高度的技巧，他因而在1969年獲諾貝爾文學獎（Nobel Prize for Literature）。愛爾蘭曾有四位文學家得到諾貝爾文學獎，除了貝克特之外，還有蕭伯納、葉芝與Seamus Heaney，可見其文風之盛。

　　愛爾蘭人喜歡體育活動，其中以蓋爾式運動最為流行，如蓋爾式足球（Gaelic football）和板棍球（hurling）。其次為賽馬、馬術、賽狗、籃球、足球（soccer）、釣魚、手球、賽車、射擊和網球等運動。當我們在那裡時，正逢美國NBA籃球賽進入決賽，只是我在當地電視與報紙上都沒見到隻字報告，可見喜好不同，而愛爾蘭也相對地閉塞。

今日愛爾蘭

　　如今愛爾蘭總人口約530萬，其中共和國有4百萬，而北愛爾蘭為130萬。最主要的物產是畜牧業。的確，這幾天我們見到到處是牛、羊。牛肉、羊肉大宗地出口至全世界。其次旅遊業也是其重要產業，每年均吸引了歐、美、中及世界各地的遊客。愛爾蘭的工業重點是電子、衛生保健、製藥、軟體、資料處理、遠端銷售和金融服務，特別注重電子業新的高價值和高科技方面。政府極力鼓勵海外資金來愛爾蘭投資，現愛爾蘭有1,200多家海外投資公司，其中的三分之一以上來自美國，來自德國和英國的公司也占將近三分之一，因特爾、朗訊、微軟、Oracle、Lotus和戴爾都在愛爾蘭設廠。海外投資公司的製成品出口量為總出口值的70%，同時雇用了大約15萬員工。

　　愛爾蘭的經濟從1995年到2007年是「黃金時段」，特別是房地產，2005到2007年每年的增值率都高達20-30%。政府及銀行均鼓勵貸款。但好景不長，2008年全球經濟風暴嚴厲地衝擊了愛爾蘭的房地產市場，房價劇跌約50-60%。許多年輕人都無法償付貸款，成為無家可居，引起一些社會問題。

民俗純樸、悠然自得

我們在愛爾蘭多日見到的人群多富有田園氣息，純樸、直爽、悠哉、開懷、自得；都溫文有禮、平易近人，喜歡交談，擺龍門陣。我們在渡輪上與一個三十來歲的小夥子閒聊。他告訴我們愛爾蘭人喜好自然、盡情享受生活、樂天聽命、悠哉自得，不像倫敦的英國人那樣匆忙緊張、斤斤計較。他出船艙去抽煙，回來後戴的鴨嘴帽變了顏色。他告訴我甲板上風太大，他一出去帽子就被吹到大海去了，遂毫不猶豫地立刻到船上的小賣部買了頂十幾歐元的新鴨嘴帽。這令我對愛爾蘭人的悠然自得留下深刻的印象。

尾聲

四五天行程結束，我們乘渡輪去英國。愛爾蘭綺麗的海岸、怡人的草原、嬌豔的花卉、坎坷的往事、昌盛的文采、無數的城堡、教堂，還有那悠然自得的純樸民俗，令我縈繞難忘！

醇酒之鄉蘇格蘭

蘇格蘭雖是英國的一部分，但有其獨特的文化與風俗。其動人的音樂、香醇的威士忌及美麗的北國風光享譽全球。初夏之際，與老妻趁前往英國旅遊之便，到蘇格蘭遊覽數日，開懷暢意，不虛此行。

來到蘇格蘭

我們由英格蘭越過邊界進入蘇格蘭，首先抵達一個小鎮——Gretna Green。這個小鎮之所以出名乃是像今日的Las Vegas一樣「結婚容易」。原來在18世紀時英格蘭頒佈了嚴格的婚姻法，規定男女都須滿21歲，同時必須雙方家長同意，而且一定要在教堂裡等等規章。但在蘇格蘭的婚姻法十分寬鬆，只要雙方都年滿16歲，加上兩個證人，就可成婚。是以從1754年開始就有許多英格蘭的年輕男女越過界限，找到此鎮上的一位好心的鐵匠，就可在他的鐵匠鋪裡舉行結婚典禮。兩百多年來，這個奇聞傳遍各地，來此成婚的情侶至今不斷。我們當天就看到一對新郎、新娘在那進行婚禮。當然來此參觀的遊客也是絡繹不絕。

地貌

蘇格蘭位於大不列顛島之北部，總面積7萬8千平方公里，人口約535萬。最大的城市是Glasgow，為蘇格蘭的工、商業

中心；第二大城為愛登堡（Edinburgh），是首都及政治、金融、文化、藝術中心。其北部為高地（Highlands）與島嶼，有海拔1000米以上的Grampian山脈；南部為低地（Lowlands），其中也有海拔達800米的南部山地（Southern Uplands）。雖然緯度高於中國東北，但受大西洋暖流影響，冬天並非嚴寒。

歷史

由出土資料可知在9500年前蘇格蘭就有人類足跡，6000年前就有村落。其後約在4千多年前，原居荷蘭與萊茵河流域的Beaker People遷到蘇格蘭，遺下一些陶罐以及墓穴。西元前第7-10世紀，塞爾特人（Celts）來到蘇格蘭，帶來鐵器，改進了農耕及戰鬥技術。因為沒有文字記錄，早期的蘇格蘭社會發展不太清楚。直到羅馬佔據英格蘭後，開始有蘇格蘭的文字記載。蘇格蘭的居民被羅馬人稱為皮克特人（Picti，Picts）。羅馬佔領英格蘭後曾試圖向北進攻蘇格蘭，但在邊區的山地遭到皮克特人的強烈抵抗。西元122年，羅馬皇帝Hadrian親自前往英格蘭督戰，他覺得進攻蘇格蘭得不償失。於是改為防禦策略，在英格蘭與蘇格蘭交界的山丘建了一條由西海岸到東海岸，全長120公里的長城，沿途設有堡壘。後被稱為Hadrian's Wall。雖然其後邊界上屢有戰況，但在整個羅馬時期，基本上雙方都各守本土。蘇格蘭一直在羅馬統治之外。

西元4-5世紀，愛爾蘭北部的蓋爾人（Gaels）移居蘇格蘭，於第6世紀在蘇格蘭西海岸建立了一個王國——The Gaelic Kingdom of Dal Riata。其後愛爾蘭傳教士Columba來蘇格蘭，將塞爾特人信奉的舊教（Celtic Christianity）傳播此地，以後

產生與英格蘭新教的衝突。

西元第八世紀，維京人（Vikings）侵入蘇格蘭，皮克特人和蓋爾人捐棄前嫌，聯合起來抵抗維京，第9世紀，Kenneth MacAlpin建立了第一個統一的蘇格蘭王國——Kingdom of Scotland。這個被稱為House of Alpin的朝代其後內部紛爭不已。第11世紀，Duncan I開創新朝代——House of Dunkeld，Canmore。到1286年，國王Alexander III去世，皇室繼承人意外死亡，英格蘭王Edward I乘機侵入、統治蘇格蘭。蘇格蘭人經過一百多年的Balliol和Bruce兩個朝代的不斷抵抗，最後在David II時獲取全部獨立，他的侄子Robert II改朝換代為House of Stewart（後改稱House of Stuart）。

這個朝代延續了三個世紀，1603年James VI繼位為蘇格蘭王，同時也繼位為英格蘭王。Stuart王朝一直統治兩國。到了1707年，通過協定——Act of Union，蘇格蘭和英格蘭合併為大不列顛帝國（The Kingdom of Great Britain）。

在十七八世紀的啟蒙時期（Enlightenment period）與工業革命中，蘇格蘭出了許多做出卓越貢獻的人，譬如發明蒸汽機的瓦特（James Watt）、著作《國富論》的亞當・斯密斯（Adam Smith），以及後來發明電話的貝爾（Alexander Graham Bell），另外蘇格蘭在藝術方面也取得很大的成就。

然而，並不是所有蘇格蘭民眾都能接受英格蘭統治，舉例來說，蘇格蘭議會內的第一大黨蘇格蘭民族黨長久以來就一直將謀求蘇格蘭自英國獨立而出作為該黨的基本政策主張。1998年，時任首相布萊爾領導的工黨政府根據1997年時通過的公民投票決議，公佈了蘇格蘭法案（Scotland Act 1998），確

定恢復消失了接近三百年的蘇格蘭議會。新的蘇格蘭議會將會擁有大部分地方事務的治理權，再加上局部稅率調整空間，議會新址選擇在蘇格蘭首府。2014年9月18日，就蘇格蘭是否脫離大不列顛及北愛爾蘭聯合王國舉行的公投被否決。

愛登堡

愛登堡（Edinburgh）是一個美麗而莊嚴的城市。早在羅馬時期，蘇格蘭人就在此地建築堡壘。其後在1436年成為蘇格蘭的首都，直到1707年蘇格蘭與英格蘭合併。如今城區分為新城（New Town）及老城（Old Town）兩部分。

老城

老城均為中世紀建築，金碧輝煌、古色古香，是我見過保存最好的古城之一；而新城也不很新，始建於1766年，比美國還要老。當年是在城區，也就是如今的老城的郊區興建，建材全用附近的砂岩石塊。現有許多住宅、機構、商行及紀念碑。新城的興建即擴展了城市的規模，也保存了老城的古蹟，留下許多珍貴的文化遺產。中共建政初期就有些學者提議保存北京老城，在附近另建新城。可惜這寶貴的意見未能為當政者接受，使許多文化古物蕩然無存。

愛登堡城堡（Edinburgh Castle）聳立於愛登堡老城（Old Town）西端的岩石山崗上，莊嚴雄偉。最初在第六世紀時Northumbrian王Edwin在此建築堡壘。其後從十二世紀直到二十世紀不斷擴建，綜合了各時代的建築風格。在十七世紀初，James I成為英格蘭和蘇格蘭共同的君主前，這裡經常作為皇

宮。即使在1707年兩國合併後，蘇格蘭皇室還居此約百年。我們到那參觀，見到高牆、皇宮、教堂、監獄等建築。在那鳥瞰，愛登堡新、老城盡收眼底。

由城堡向東為一兩公里長的大街——Royal Mile，街旁均為中古時期的建築，有商店、教堂、圖書館、住家等。街的東段為皇宮——The Palace of Holyroodhouse。該皇宮為James V王始建於1529年。今日猶為英國伊莉莎白女皇在蘇格蘭的寢宮。

新城

我們搭車遊覽新城，為這個金碧輝煌的歷史名城驚歎不已。最後我們去蘇格蘭國家博物館（National Museum of Scotland）參觀。裡面有從舊石器時代到近代的許多器具、舟楫與武器。其中有一個幾千年前的獨木舟，工藝水準不凡。

英皇家遊艇

我們到愛登堡附近的Leith港口去參觀英皇家遊艇（Royal Yacht Britannia）。從1660年英皇Charles II開始建造皇家遊艇，這是第83艘。從1954年啟用到1997年退休的43年間曾航行遍及全球。現停在Leith港口，每年有30萬旅客參觀。

這艘船長126米、吃水5千8百噸。我們登船從最底的機房上到最頂艙，見到各種齊備的裝備，各式的房間，佈置得整齊有序、富麗堂皇，還陳列了許多珍貴的裝飾品、禮品。給我總的感覺是：「It's nice to be a King！」（做皇帝真舒服！）

Jedburgh修道院

在距蘇格蘭、英格蘭邊界之北十幾公里處，我們去參觀了一座修道院的廢墟——Ruins of Jedburgh Abby。這個寺院始建於1118年，現雖已成廢墟，但外觀基本完整，十分莊嚴、美觀，代表了中世紀教會的興盛及政教合一的境況。

邊界與Hadrian's Wall

我們的巴士繼續向南馳騁，這一帶海拔最高約八百多米，路兩旁盡是遼闊的丘陵草原、綠野，點綴著黃、白、紅、藍、紫各色的野花，遍及天邊，風景無限好！

我們在蘇格蘭與英格蘭的交界處停車。那裡立了一個大石碑，其北面刻了「蘇格蘭」（Scotland），而南面則寫著「英格蘭」（England）。草原上狂風強勁，這六月初的北國初夏還是寒冷襲人，大家爭著留影。

我們進入英格蘭不久，見到了Hadrian's Wall的一段遺址。這長城雖然沒有我國萬里長城之雄偉，但兩千年前以有限的人力、物力能建成這樣的防禦工事，是很可觀的。可見各民族為了保疆守土都是不遺餘力。

蘇格蘭威士忌

蘇東坡曰：「明月何時有？把酒問青天。」海明威曾說：「每當我遇到真的非常操蛋的事情時，只要喝上一杯，立刻情況就好轉了。」可見古今中外酒對文化影響之深。

在愛登堡古堡附近有一個很齊備的蘇格蘭威士忌博物館

（The Scotch Whisky Experience）。我們去參觀，裡面講解了蘇格蘭威士忌的起源、發展及釀造過程，也陳列了各式各樣的威士忌，令我增長了不少對威士忌的認識。

蘇格蘭威士忌（Scotch whisky，或Scotch）是世界上最有名的白酒之一。蘇格蘭最早有記錄的用蒸餾法製烈酒是1495年，最初是用做藥物及麻醉，多在寺廟內釀造。後釀造的技術傳到民間。原本只用大麥釀製，後也採用燕麥、黑麥、小麥、玉米等其他穀類。其製造需經過發酵（Fermentation）、蒸餾（Distillation）和陳年（Maturation）三個過程。第一步是將大麥或穀類加水、日曬、烘烤，再將生出的麥芽加水、搗碎，放在大缸（Mash tun）內進行發酵；接著放入銅製的蒸餾鍋（Pot stills）蒸餾兩次；最後將蒸餾出的威士忌稀釋，裝在經過泥炭烘烤內壁的橡木桶（Oak cask）裡起陳年作用。陳年至少三年或更長時間後再裝瓶上市。

由前述可知以原料而分，蘇格蘭威士忌可分為兩種：單一大麥芽威士忌（Single malt Scotch whisky）及單一穀類威士忌（Single grain Scotch whisky）。請注意「純」（Single）乃是指「單一的蒸餾酒廠」（Distillery），而「穀類」也包括大麥，所有的威士忌必須用一些大麥。

其次由於混合，蘇格蘭威士忌可分為：混合大麥芽威士忌（Blended malt Scotch whisky），由兩種或多種不同蒸餾酒廠的單一大麥芽威士忌混合而成；混合穀類威士忌（Blended grain Scotch whisky），由兩種或多種不同蒸餾酒廠的單一穀類威士忌混合而成；混合威士忌（Blended Scotch whisky），由一種或多種不同蒸餾酒廠的單一大麥芽威士忌，與一種或多種

不同蒸餾酒廠的單一穀類威士忌混合而成。世界上銷售的威士忌酒絕大多數都是混合威士忌酒。蘇格蘭混合威士忌的常見成品為700ml~750ml瓶裝，酒精濃度在40~43%之間。

如今威士忌是蘇格蘭最大的外銷物產，現每年出口總值高達42億5千萬美元。而其中以出產於Kilmarnock, Ayrshire的JOHNNIE WALKER最為暢銷，每年銷量超過1億2千萬瓶。

現況

蘇格蘭人的宗教信仰比較多元化，約有53.8%基督／天主教徒，其中32.4%為1921年政府通過的國教——Church of Scotland，乃是由原來的United Presbyterian Church of Scotland和大部分的Free Church of Scotland合成。其次為15.9%的天主教徒（Roman Catholic）及5.5%的其他基督教派。近年增加了一些回教、印度教、佛教等教徒，但均為極少數。最有意思的是如今蘇格蘭有43.6%的無神論者及信仰不明的人民，這在西方社會是罕見的。

蘇格蘭的經濟主要是造船、煤礦、鋼鐵等重工業，加上威士忌釀製、行銷。上世紀70年代，北海（North Sea）發現豐富的油氣藏，帶給蘇格蘭經濟興旺，也提供大批就業機會。

蘇格蘭人喜好足球（Soccer）、橄欖球（Rugby）、板球（Cricket）。另外高爾夫球是由蘇格蘭人在第十五世紀創始的，如今猶為蘇格蘭大眾喜好。

蘇格蘭人喜好文藝與音樂，他們的風笛（Great Highland Bagpipe）聞名世界，另外豎琴（Harp）、小提琴（Fiddle）、手風琴（Accordion）也是蘇格蘭古老的樂器，常用於穿著蘇

格蘭短裙而跳的高地舞蹈（Highland dance）的伴奏。

蘇格蘭的食物以海鮮、羊肉與馬鈴薯最普遍、可口。人們喜歡吃油炸的東西，更好喝酒，是以得心臟病的比較多。

蘇格蘭人與愛爾蘭人的悠哉成性大相逕庭，他們處事認真、執著，注重效率，堅持蘇格蘭的獨特習俗。

尾聲

幾天的蘇格蘭遊覽匆匆而過，我們又回到英格蘭。愛登堡輝煌莊嚴的古城、醇香的蘇格蘭威士忌、極富歷史意義的Hadrian長城、雄風襲人的山巒草原、英皇家遊艇，還有那蘇格蘭人走過來的悠久歷史與處事認真、執著的風格，一一在我腦海中縈迴！

第三篇

西班牙

巴塞羅納數日之遊，只覺匆匆。這是一個美麗多姿、氣派恢宏、文化深厚、藝術超凡、民俗灑脫的城市，令人百看不厭、流連忘返，我希望能重回巴塞羅納領悟此旅未盡之興！

西班牙之都——馬德里

多年前曾與老妻去西班牙暢遊，最近又得空重遊馬德里（Madrid）。我們從休士頓約十小時飛到巴黎，轉機抵達馬德里。這裡地鐵十分方便，出了機場、搭上地鐵，不久就到了旅館。

充滿藝術、文化的城市

馬德里的城區主要分為Old Madrid、Bourbon Madrid和La Castellana三個區域。我們住的旅館位於Old Madrid的皇宮（Palacio Real）、聖母大教堂（Catedral de la Almudena）、歌劇院（Teatro Real）及Espan廣場（Plaza de Espana）附近。這一帶有不少雄偉的建築、古蹟，顯示了馬德里以往的輝煌、昌盛。馬德里地處伊比利亞（Iberian）半島中心，現有人口320萬人，連四周的大都市區共有650萬人。是一個集新舊建築、充滿藝術、文化的城市。市內有許多數百年的皇宮、廣場、塑像、牌樓，也有龐大的公園、博物館。到處擠滿了遊客，街邊盡是擺設供市民、遊客餐飲、休閒的攤子。晚間午夜時光，街上猶是人潮不斷。西班牙人溫和有禮，十分懂得生活情趣。

西班牙簡史

西班牙與葡萄牙位於歐洲西南角的伊比利亞（Iberian）半島，與非洲僅隔九英里的直布羅陀海峽（Strait of Gibraltar）

相望。由地質資料推測，在590萬年前開始海面下沉，使得地中海與大西洋分隔，地中海的水分逐漸蒸發乾枯，形成鹽層。歷時約50到60萬年後海水回升，在530萬年前大西洋與地中海再度經直布羅陀海峽聯通，並持續至今。是以自遠古的人類史前時代起，伊比利亞半島一直是歐洲與非洲之間的走廊。在西班牙發現了80萬年前的猿人（Homo erectus）、12萬5千到2萬4千年前的尼安德人（Neanderthals），以及4萬年前的現代智人（Homo sapiens）。

西元前11世紀，地中海東部的腓尼基人就來到伊比利亞半島進行殖民統治。其後西元前三到二世紀間，位於北非腓尼基後裔的迦太基人（Carthaginians）進攻羅馬，羅馬多次反擊，最後滅亡迦太基，其中經歷的戰爭大多是經過伊比利亞半島。羅馬從西元前218年攻佔伊比利亞半島，開始殖民統治，西班牙的文化得以昌盛，其後隨羅馬而信奉基督教。西元五世紀初汪達爾人（Vandals）侵入伊比利亞半島，大肆劫掠。西元476年西羅馬被西哥特人（Visigoths）滅亡，西班牙被西哥特人統治約兩個半世紀。西元722年，西哥特人被北非伊斯蘭教摩爾人（Moors）擊敗。接著摩爾人佔據了幾乎整個伊比利亞半島，把基督教文化摧毀殆盡。但當時殘存的基督教勢力依然繼續反抗，圖謀恢復失土。

位於馬德里之南70公里的Toledo從羅馬時期起就是一個重要的政治、文化城市。摩爾人佔領伊比利亞半島後，以Cordoba為首都建立了一個王國。852年，國王Emir Mohamed I為了防止基督教勢力從北方反攻，選擇在Toledo北面的馬德里臺地，如今皇宮所在建立了一座堡壘（Alcazar）作為前哨防

禦，這就開啟了馬德里的建城歷史。最初此地被稱為Mayrit，後改為Magerit，最終變為Madrid（馬德里）。

十一世紀中期，伊比利亞半島北部的基督教Castile王國逐漸強大，並向南收復失土（Christian Reconquest）。1085年，Castile人攻陷馬德里與Toledo，馬德里又變成一個鄉間小鎮，一些教士來此定居。而其四周成為皇家打獵的好地方。十五世紀末期，Castile王朝的Isabel和Aragon王朝的Fernando聯姻，又經過內戰獲取皇位繼承權，其後在1492年攻佔摩爾人在伊比利亞半島的最後據點，西班牙統治了除了葡萄牙以外的整個半島。

同年，皇后Isabel派遣哥倫布航海探險，結果發現了美洲新大陸，西班牙迅速地開展中美洲及南美洲的殖民，佔據了除巴西之外所有的中、南美洲，以及北美的佛羅里達，國勢崛起、富比四海。Castile王朝在與摩爾人對抗及其後發達期間，首都一再遷移，直到1561年，西班牙王Felipe II決定將都城遷到伊比利亞半島中心的馬德里。當時馬德里只是個居民僅兩萬的小鎮，但四十年後已增加到八萬五千人。西班牙的無敵艦隊雖在1588年被英國海軍擊敗，但它在中、南美洲和菲律賓的殖民地依然提供大量的財富，國勢與文化發展都持續興盛。18世紀初，西班牙發生了歷時14年的王位繼承之戰，在法國的支援下，法王路易十四（Louis IV）的孫子Felipe V成為西班牙王，開啟了法裔（House of Bourbon）統治西班牙的時代。

法裔皇室政權統治西班牙幾興幾落，19世紀西班牙中、南美殖民地紛紛獨立，1898年美國擊敗西班牙，奪取了西班牙的加勒比海及菲律賓殖民地，西班牙一蹶不振。1873年成立的

第一次共和政權（Republic）只經歷了兩年而終。1931年，第二次共和成立，但到了1936年軍人政變，內戰爆發。弗朗哥元帥（General Francisco Franco）率領的Nationalists在希特勒、墨索里尼的大力支援下，於1936年進攻馬德里，經過三年血腥的交戰，弗朗哥在1939年攻陷馬德里，開始了近四十年的獨裁統治。弗朗哥的統治初期，西班牙經濟蕭條、文化萎縮、乏善可言。唯一幸運的乃是弗朗哥雖受希特勒、墨索里尼大力支援而取得政權，但西班牙並沒有加入軸心國參加二次大戰，西班牙人民躲過了二戰的慘痛戰火。戰後受到美國的援助，經濟開始起飛，上世紀70年代成為發達國家之一。1975年11月，弗朗哥去世，西班牙由Juan Carlos王主政，進行君主立憲。2014年Juan Carlos將王位傳給其子Felipe VI。

我們在馬德里幾天，只能走馬看花，但也遊覽了幾處重點古蹟、上好的博物館、在城中轉了幾圈，領略了幾許馬德里的風光，也體驗了一些藝術、文化結晶及人民風情。

皇宮

這座宮殿是西班牙王Felipe V於1737到1764的17年間營建。以前此地是摩爾及西班牙皇家的古堡，在1734年因失火焚毀。這座白色皇宮的設計乃模仿法國凡爾賽宮加上義大利風格，形式莊嚴雄偉。其大門內有一片廣場——Plaza de Armas，宮內的主廳——Salon de Trono（Throne Room）金碧輝煌，為皇室接待外賓與舉行招待會的場所。晚宴廳（Dining Room）是皇家舉行宴會的大廳，裡面的長桌子有四五十個座位，非常有氣派。這兩個大廳的天花板都是Goya、Bosch、Velazquez等名畫家的

精美繪畫。另外有一間大廳展示了許多全身盔甲、手執長矛的騎士。宮殿之旁有一個占地廣闊、佈局幽雅的公園——Campo del Moro，原為摩爾人的軍營，後作為西班牙皇家花園。

聖母大教堂和Basílica of San Francisco el Grande

緊接著皇宮是聖母大教堂，這個教堂始建於1883年，由於西班牙內戰等事故，修建得十分緩慢，歷經一百多年，直到1993年才完工。當時教宗Pope John Paul III親臨主持開幕典禮。這個白色建築與皇宮之間為一廣場，教堂、皇宮相映，益顯和諧、莊嚴。距聖母大教堂不遠處為Basílica of San Francisco el Grande，這個教堂始建於13世紀，後於1776年重建，為一新古典（Neo-Classical）型的圓頂建築。兩個教堂之間有一處Muralla Arabe，據推測這裡是摩爾城牆的南門，於1953年挖掘發現，是馬德里少有的摩爾人遺跡。

歌劇院

皇宮側面為Plaza de Oriente廣場，其中立有西班牙王Felipe IV的騎馬塑像。廣場後方則為有名的馬德里歌劇院（Teatro Real）。這個歌劇院歷史悠久，早在1708年，義大利人在此建了一座小劇院，後改建、擴大兩次，直到1850年完工，成為當時馬德里的文化中心。二十世紀初再度整修，後受內戰影響，損壞嚴重。上世紀末再整修，使用至今。

馬德里的博物館多不勝舉，我們去看了比較重要的兩個：Museo del Prado和Museo Nacional Centro de Arte Reina Sofia。

Museo del Prado

　　這個博物館在Bourbon Madrid區，成立於1819年，至今已兩百多年，是世界上最具盛名的藝術博物館之一。展覽的作品主要是原來西班牙皇家收藏的12到19世紀的西班牙繪畫，也有一些義大利、荷蘭等外國作品。其中最有名的乃是17世紀委拉斯開茲（Diego Rodríguez de Silva y Velázquez）、18-19世紀的戈雅（Francisco de Goya）以及15-16世紀荷蘭Hieronymus Bosch的作品。很大部分是宗教繪畫，也有一些宮廷及寫實和文藝復興時拉斐爾（Raphael）的繪畫。委拉斯開茲是文藝復興後期西班牙一位頂尖的宮廷畫家，對其後的繪畫影響很大，哥雅推崇他是自己的「偉大教師之一」。他主要是現實主義的畫家，作品精細，人物、動物充滿活力、栩栩如生。最有名的作品是「Las Meninas」（宮女）。他對印象派的影響也很大。

　　戈雅是西班牙浪漫主義派畫家，也是西班牙皇室（Spanish Crown）的宮廷畫家，戈雅畫風奇異多變，從早期巴羅克（Baroque）式畫風到後期類似表現主義的作品，對後世的現實主義畫派、浪漫主義畫派和印象派都有很大的影響，是一位承前啟後的人物，他的畫風啟發了後來的馬奈（Édouard Manet）、畢卡索（Pablo Picasso）及培根（Francis Bacon）等畫家。博物館裡展出許多他的作品，其中最有名的是「The Naked Maja」、「The Clothed Maja」、「The Second of May，1808 in Madrid」和「The Third of May，1808 in Madrid」。

　　我們去參觀那天正逢上有一個Bosch的臨展，展出許多Bosch的精華作品。他的作品充滿幻想，敘述宗教、天堂、

地獄,做工精細。最主要的代表作是「The Garden of Earthly Delights」。

外離Museo del Prado不遠的Caixa Forum乃是馬德里的一個文化中心,展覽現代藝術、攝影、工藝品,並經常舉行音樂演湊會。

索菲亞王后藝術中心

索菲亞王后藝術中心(Museo Nacional Centro de Arte Reina Sofia)是一座國立美術博物館,於1992年9月10日正式開幕,收藏自20世紀以來的西班牙現代藝術(Modern art)。這個博物館距Museo del Prado和美麗別致的火車站都不遠,乃是由一所18世紀末建造的四方形圍繞中間庭院的醫院改建而成。原來的建築沒有電梯,遂在樓房外緣加了幾個新式的電梯,使人覺得整個建築有新舊融匯之感。為了吸引大眾,25歲以下的學生和65歲以上的老人都是免費。其二樓展示的是1900-1945的作品,包括立體派(Cubism)及超現實派(Surrealism);四樓是1945-1968的作品,包括抽象派(Minimalism)、流行藝術(Pop art)和最近的藝術趨勢;一樓、三樓和邊上的Nouvel樓用於臨展;另外在Nouvel樓還展出從反傳統(Revolt)到後現代主義(Post-Modernism)的作品。

其中較突出的為畢卡索、胡安・米羅(Joan Miro)和薩爾瓦多・達利(Salvador Dali)三位大師的作品。畢卡索的舉世名作——「Guernica」(格爾尼卡)是一副長8米、寬4米的巨幅繪畫,描寫西班牙內戰中Gernik-Lumo鎮被支援弗朗哥的德國納粹空軍轟炸的慘況:一個婦人抱著嬰兒、一位被炸肢解的

士兵遺下一支殘破的劍、一個肚皮受傷的馬、一個不知悲慘而漫不經心的公牛、一個婦女拿著一個火把照著另外兩個女人，一個痛苦地向前奔走，而另一個已被燒傷倒在地上，四處都是白、黑、灰色的悲慘景況。此畫成為反法西斯暴政的經典著作。原存於紐約畫廊（New York Gallery），根據畢卡索的遺願，在弗朗哥獨裁政權終結後運回馬德里展覽。

其次是超現實主義派先驅達利（Salvador Dali）的許多作品，其中「窗前少女」（Figura en una finestra）與「La Jorneta」（Cadaqués之景）最為醒目。米羅是一個超現實主義的畫家、雕塑家、陶藝家、版畫家，館中陳列了一些他的作品，其中「House with Palm Tree」最具代表性。另外還有許多雕刻、相片、錄影及到後現代主義的作品，手法新穎奇特，但大多想像豐富，令我不知所云。

Plaza Mayor

Plaza Mayor是馬德里市中心，Old Madrid區的一個長方形的廣場，廣場四周是淺紅色的樓房圍繞，正中間有一座Felipe III王的騎馬塑像。這個廣場已有四百年歷史，當時在位的Felipe III下令修築，1617年開工，兩年後就完工了。廣場用於當時重大的慶典、儀式，集會，也用做審判法庭、刑場、鬥牛場等公眾事務，往往國王與皇后都會參加。現在成為市民及遊客瀏覽的中心。我們到那裡見到許多販賣紀念品、餐點、飲料等的小攤及商店。也見到許多畫家在那裡作畫。那天烈日當空、炎熱無比，但遊客絡繹不絕，孩子們在那遊戲玩耍，十分熱鬧。

Puerta del Sol

距Plaza Mayor不遠有個半圓形的Puerta del Sol廣場。這裡在早期是馬德里的東門，曾築有堡壘。現廣場中心立有西班牙Carlos III的塑像。廣場四周是歷史悠久的建築，特別其中的一棟地方政府大樓以前曾是弗朗哥時期用於關押、刑獄政治犯的地方。這個廣場經歷了幾世紀以來，譬如1808年反抗法國拿破崙佔領、1912年José Canalejas首相被刺、1932年第二共和宣布成立等西班牙重大的政治事件。如今也是每年除夕夜市民歡聚迎接新年的熱鬧據點。

Malasaña

Malasaña是城北部La Castellana區內的一個很大的居民區，那裡有個馬德里歷史博物館（Museo de Historia de Madrid），但正在整修，沒有開放參觀。那一帶有許多小店、飲食小攤，幾個小廣場，遊客、居民休閒、擺龍門陣，顯示西班牙人悠閒自在、樂天知名的民俗。

Parque Del Retiro

Bourbon Madrid區東部為一占地遼闊的Parque Del Retiro公園。在17世紀時原是皇家的庭院，Philip IV王的皇宮就建於此。1869年開始開放為平民公園。公園北部有一小湖，遊客泛舟其上，其旁立有Alfonso XII王的騎馬塑像。園中有兩座美麗的建築：The Palacio de Cristal和The Palacio de Velázquez，都是由19到20世紀著名的西班牙建築師Ricardo Velázquez Bosco

設計建造。前者是一個玻璃建築，用於陳列熱帶樹木、花草；後者為一紅磚樓房，先用於Reina Sofia藝術館的臨時展覽廳。Velázquez另外還設計建造了宏大輝煌的農業部大樓（Ministry of Agriculture Building）。

Gran Via

Gran Via是馬德里最大的一條商業大道，沿途旅館、公司、商店、戲院、餐館林立，車輛、行人至深夜不斷。

圓環、牌坊、塑像、噴泉

馬德里的大街有許多圓環，其中建有牌坊或塑像，譬如Plaza de Cibeles是雕塑希臘－羅馬自然女神Cybele駕著獅子拉的車子的英姿，四周是噴泉；Puerta de Alcalá是一座華麗雕塑的拱門，以前是城市的進口；Plaza Canovas del Castillio前的Fuente de Neptuno是海神駕車的塑像；Plaza de Colon是紀念哥倫布的高塔塑像；Puerta de Toledo是一個雕刻莊嚴的凱旋門。這些牌坊、塑像都是上乘的藝術作品，添增了馬德里的光輝市容。

鬥牛場

鬥牛是西班牙傳統的喜好，雖然近年來許多外人覺得是殘忍虐待動物的遊戲。鬥牛士都是英雄，但也往往為鬥牛反被牛鬥死喪生。馬德里市區內的Plaza de Toros de Las Ventas是西班牙最大、節目最好的鬥牛場。是一個棕紅色的圓形建築，可容22,000觀眾。只惜我們在那時沒逢上鬥牛節目，也只好看看鬥牛場外觀罷了。

唐吉訶德

　　《唐吉訶德》（The Ingenious Gentleman Don Quixote of La Mancha）是西班牙作家賽凡提斯（Miguel de Cervantes Saavedra），於1605年和1615年分兩部分出版的諷刺、反對騎士制度的小說。17世紀初，西班牙的騎士制度已絕跡一個多世紀，但書中主角唐・吉訶德因沉迷於騎士小說，經常幻想自己是個中世紀騎士，自封尊號為「唐・吉訶德・拉曼恰守護神」（Don Quixote of La Mancha），並說服了老實忠厚的鄰居桑丘・潘沙（Sancho Panza）做他的跟班。於是就開始「行俠仗義」、遊走天下，幹出種種荒謬絕倫、令人匪夷所思的事情，弄得處處碰壁。身殘氣羸，總算從夢幻中甦醒過來，回到家後就死去了。文學評論家都稱《唐・吉訶德》是西方文學史上的第一部現代小說，是世界文學的瑰寶之一，也是西班牙文學的先驅，西班牙人家喻戶曉、皆引以為榮。在馬德里到處都可看到唐・吉訶德騎著馬和潘沙騎著驢的繪畫及塑像。

小吃——Tapas

　　西班牙人很會享受生活，他們的食物也非常可口，海鮮、羊肉、馬鈴薯、糕餅、橄欖等等。西班牙人喜歡坐在街邊用餐、休閒。街邊的價錢要比坐在室內的要高一些。肉市場裡掛著許多火腿，和中國火腿看起來一模一樣，只是味道不太相同，而且是吃生的，很好吃。他們的小吃稱為Tapas，種類繁多，葷素、水果兼而有之。我們嚐了幾次，可口而有風味。

尾聲

　　西班牙地處歐洲西南角落，向南連接非洲，向東瀕臨地中海，向西正對大西洋。遠古的人類遷移、羅馬與迦太基的爭戰、回教摩爾人侵入歐洲均在此留下足跡。中世紀大航海、發現新大陸、殖民世界，西班牙都是創領、開拓者之一。馬德里居西班牙中，在此人們可以見到遠古至今人類變遷，重大歷史演變的留痕；文化、藝術、古蹟豐盛、卓越，人民樂天知命，社會安定，是一個值得留戀的都城。

▍多彩多姿的巴塞羅納

巴塞羅納（Barcelona）是地中海畔的一顆燦爛明珠，久聞那裡城市雅致，文化、藝術氣氛濃厚，民俗灑脫。以前曾與老妻隨團去西班牙遊歷，只惜未能到巴塞羅納一覽勝景，引以為憾。夏末時分，趁重遊西班牙之際，我們專程到那裡觀賞數日，始知巴塞羅納果然名不虛傳。

地中海最繁忙的海港之一

我們從馬德里飛往巴塞羅納，在機場就見到許多美麗動人的圖片，感覺到此地的藝術、審美與眾不同。巴塞羅納（Barcelona）與中國青島有些相似，是一個依山面水的美麗城市；東北為Besòs河，西南為Llobregat河，Collserola山三面環抱，最高峰僅512米。該城處於西班牙東北，居Catalonia郡地中海岸線之中點，現為Catalonia郡的首都。城區人口165萬，連附近大都會區470萬人，是西班牙第二大城，同時也是地中海最繁忙的海港之一。全城分為Old Town、Montjuic、Eixample三區。巴塞羅納的地鐵、巴士遍及全市，我們由機場乘巴士到Catalunya Square，這裡是市中心的一個廣場，也是各種巴士、地鐵的集中地，旅客擠滿四周。由此換乘地鐵，很快就到了旅館。

Sagrada Familia大教堂

巴塞羅納最具有特色、名聞四海的勝景就是Sagrada Familia大教堂。我們來前就在網上訂好了票，抵達次晨一早就搭地鐵趕去北邊的Eixample區。出了地鐵站，立即見到幾個高聳的尖塔。這的確是一座與眾不同的現代化大教堂，它的外形除了許多尖塔，到處都有很精美的雕刻人像、動物。前後的兩座大門設計得別致生動。等著進門觀賞的遊客排成長龍。我們進入大廳，見到許多柱子，都是美輪美奐，雕刻精美。四周的樓梯、看臺、彩色玻璃窗及屋頂都很新穎。這個建築原由Antoni Gaudi設計，他於1912年開始盡全力工作了12年，不幸因車禍去世，接續的建築師繼續增建，至今已建造一百多年，但營造還是未停。我們見到四五個起重機正在施工，據說這個教堂將會不斷地增建，持續地增添巴塞羅納的美景。

Hop-on Hop-off遊覽車環市觀景

看過教堂後，我們搭乘預先定好的觀光旅遊巴士在城裡逛了一圈。這種巴士可在一天之內隨上隨下（Hop-on Hop-off），經過許多重要景點。雖是走馬看花，但能在短短數日之內領略這個華麗多姿的大城，不失為很好的一招。我們坐在巴士的頂層，在遮蔭篷罩之下，雖炎日當空，猶能感受舒暢微風，愉快地觀賞沿路美景。巴塞羅納有兩個這種的遊覽車公司，我們搭乘的巴士公司有兩道環市的路線，是以分作兩日觀賞。

Eixample區

在市區東北Eixample區的Passeig de Gracia大道上，我們見到Casa Batllo和La Pedrera兩棟由Gaudi設計的大樓，新穎絕倫、美輪美奐、令我憶起愛麗絲夢遊仙境．另外Amatller House、Hospital de la Santa Creu i de Sant Pau、Casa Terrades、Illa de la Discordia、Fundacio Antoni Tapies等建築都是氣派莊嚴、設計幽雅。還見到坐落在Placa de les Glories廣場的Agbar Tower。這是一座高144米，據說是法國建築師Jean Nouvel從巴塞羅納附近的Montserrat山和水得到靈感而設計。不過看起來正如同我五十年前在金門見到的共軍打過來的炮彈（當時打的是宣傳單，不會爆炸）。這一帶是巴塞羅納的高科技工業區，放個大炮彈，算是宰人的高科技，也成了巴塞羅納美麗市容之一。又見到Plaza de Toros Monumental，這裡原是一個鬥牛場，但隨著時代的演進，人們漸漸覺得這玩意兒活活地當眾「凌遲」動物，太過殘忍！於是看的人越來越少，只得改為商場。

Montjuic區

市區西部是Montjuic區，主要是Montjuic山上一些建築和公園。此山最高海拔為213米，我們搭遊覽車沿公路而上，首先見到山頂的Castell de Montjuic，於是下車步行。這是一個中世紀的古堡，始建於1640年，後於十八世紀Felipe V在位時擴建。因為居高臨下，地勢險要，在歷史上的幾次西班牙內戰中，這個古堡都成為兵家必爭之地。堡下的Miramar旅館前面的花園面對著巴塞羅納海港與市區。我們在那裡眺望整個巴塞

羅納及海上風光，微風迎面，心曠神怡。

　　巴士的下一站是Estadi Olimpic Lluis Companys，也就是1992年世運會的主要場地。我們進入這體育場，見到如今猶保持完好，經常有運動節目。其下方乃是Museu Nacional d'Art de Catalunya（MNAC），這是一個規模宏大的文藝博物館，始建於1929年，其中收藏了自羅馬時代起不同時代的繪畫、雕刻、裝飾品、錢幣等等，顯露出Catalunya各時代的文化更變與風格；其旁為Palau Sant Jordi，是一個運動及文化中心，經常舉辦各種體育及文化活動；其後為日本建築師Arata Isozaki設計的Calatrava Tower，是一個白色高聳的無線電發射塔。造型簡潔醒目，點綴在四方工整的運動場及博物館邊，增添了Montjuic山區的風采與韻味。

Old Town區

　　Old Town區，顧名思義是巴塞羅納最古老，古蹟最多的地方。我們搭車先沿Port Vell港口的海岸而行，這個海港不像許多港口老舊邋遢，整體上非常整潔、清爽，有很大的商場，碼頭的道路十分別致。港內停泊了許多私家小船，還有一兩艘巨大的遊輪，可見這裡是西地中海遊輪必停的重要旅遊港口。

　　海岸尖端有一座高99米、四分之一橢圓形的奇形大廈，乃是2009年才開幕的W Barcelona旅館。據說當年建造時，許多市民反對，認為有礙觀瞻，現在卻成了巴塞羅納開門見山的一景。海濱大道Passeig de Colom之北為Ciutadella公園。最早這裡是一個龐大的軍營、城堡，後改為大眾公園，其中草木、花卉繁盛，也建有幾座大樓作為展覽之用。大道中有一圓環，中間

是高聳的哥倫布紀念塑像（Monument a Colom）。全世界恐怕很少人知道西班牙曾有哪些國王？但提到哥倫布則是無人不曉。哥倫布對西班牙及全世界的貢獻與影響均是人類史上的豐碑。

沿海向西行到了Barceloneta，這裡是漁港。巴塞羅納因濱臨地中海，魚產發達，我們到那吃了一次晚餐，海鮮十分可口。再向西走到Port Olimpic，原為工業碼頭，1992年世運會在巴塞羅納舉行前大力改造，成為一處美麗的沙灘，是巴塞羅納幾大海水浴場之一。

Old Town之東有一個很大的公園——Parc de la Ciutadella，原來是個大監獄，特別在19世紀初拿破崙家族統治時期是用於關押政治犯，後改為公園，內有動物館、博物館。其旁的Castell de Tres Dragons是一棟曾風行的典型現代主義建築（Modernist architecture）。公園裡有一座由Fontsere和年輕時的Gaudi設計的華麗噴泉和瀑布（Cascade），其中的凱旋門有許多精美的雕塑，頂上為曙光女神（Aurora）駕四馬戰車的銅像，雄壯、美觀。

巴塞羅納簡史

巴塞羅納很早就有散居的聚落，建有許多石造建築，至今猶可看到遺跡。希臘人於西元前五世紀來此進行貿易，並建有城鎮。後迦太基（Carthaginians）漢尼拔（Hannibal）攻打羅馬，路過此地時為紀念其父Hamilcar Barca，將此地定名Barcelona。西元前146年，羅馬滅迦太基，統治西班牙及Cataloña，其後信奉基督教。羅馬衰亡後西哥特人（Visigoths）統治西班牙，定都Toledo。到了第8世紀，摩爾人佔領了大部

分西班牙國土，卻未能長期控制Cataloña，以致這裡沒有受到伊斯蘭教文化的影響。

西元九世紀末，Guifre el Pelos鞏固了巴塞羅納及其附近的控制，開啟了五百年半獨立的巴塞羅納伯爵朝代。其後不斷擴張，控制了西西里等海島，並擊敗法國艦隊。Jaume I在位時期開始重建城牆、皇宮、發展文藝。當Fernando和Isabel聯姻後，進行西班牙統一，但哥倫布發現新大陸後，巴塞羅納沒有獲得對新大陸貿易的權利，造成經濟衰退。

其後巴塞羅納政權曾聯合法國、英國與西班牙作戰，但最後在1714年被西班牙王Philip V征服。巴塞羅納恢復對外貿易，經濟得以起飛，成為西班牙第一個工業化的城市。1888年，巴塞羅納舉辦了一次世界博覽會（Univeral Exhibition），盛況空前。會場及城市內的裝飾如今猶存，也是巴塞羅納人感到驕傲的大事。20世紀西班牙內戰發生，大批的百姓逃亡法國。弗朗哥統治後，經濟蕭條，民不聊生。直到1960年代，在美國扶持下經濟恢復，十幾年內約兩百萬西班牙人湧入巴塞羅納工作。Catalonia人對當地的文化非常自豪，許多人民要求獨立。現在的的行政保持在高度自治狀態。

Barri Gotic

Barri Gotic又稱Gotic Quarter，位於Old Town的中心，這裡是巴塞羅納最古老的城區。我們於夜間步行瀏覽，見到羅馬時期的城牆和石柱至今猶存，15世紀建造的政府大樓（Palau de la Generalitat）、市政府（Casa de la Ciutat）和廣場（Placa de Sant Jaume）也都保持完好。Museu d'Historia de la Ciutat-

Placa del Rei是巴塞羅納市立歷史博物館，其中陳列了豐富的自羅馬時期以來的出土文物及宮殿遺址。其旁有一個皇家教堂——Capella de Santa Agata，前面的廣場立有一座巴塞羅納伯爵Ramon Berenguer III the Great——the Count of Barcelona, Girona, and Ausona的騎馬塑像。聳立高樓之間的小巷頗有「一線天」之風味。

最醒目的乃是一座老的大教堂——Cathedral，這個教堂的歷史可追溯到羅馬時期。第四世紀時就在此地建了一座教堂。其後摩爾王Almanzor攻佔此地，並於985年搗毀教堂。直到1289年，基督教徒James II王收復巴塞羅納，開始在原址建造一個哥特式的（Gothic）教堂，歷時150年，到1448年才將主要部分完工，但大廳的圓頂是20紀初才添上去的。這個教堂也有許多尖塔及刻滿人物、動物的塑像。在Sagrada Familia大教堂於2010年底開始正式啟用前，Cathedral一直是巴塞羅納最重要的教堂。我們到Cathedral的大門前，見到許多遊客，在那休息、歌唱，可見這教堂歷久不衰。

附近有一個Catalonia Architect's College，牆上有畢卡索的圖畫。向北步行少許，見到音樂廳——Palau de la Musica Catalana，外形也是雕刻滿壁，據稱內部金碧輝煌，在此經常有著名的爵士、吉他交響樂及歌唱等表演。隔不多遠是棕色的凱旋門（Arc de Triomf），其上有許多雕刻，其前為一長形廣場，氣勢雄偉、精工非凡。不遠處有一個食物市場——Santa Caterina Market，老屋翻新，裝飾得很現代化，裡面賣的都是水果、蔬菜、肉類等，還掛著許多火腿。

La Rambla

　　距Barri Gotic不遠就是有名的步行街——La Rambla，這段街約有一公里長，從市中心的Catalunya Square一直通到海邊的哥倫布紀念碑。街道很寬闊，中間是行人道，兩邊是車道。行人道上有許多小店、攤位，賣紀念品、花卉、冰淇淋、食物、衣服，兩旁的建築也有許多商店、餐館。路旁的麥當勞、肯德基都大排長龍，座無虛席。已近夜間十點，路上還是擠滿遊客，看來西班牙人真是悠然自得，遊客們也就入境隨俗，開懷陶醉。路旁見到Gaudi的早期作品——Palau Guell，是一個屋頂裝飾著各種色彩、形狀的尖塔，有點像狄斯奈樂園的建築。路旁還有一個四周樓房、中間廣場的Placa Reial，裡面松樹下的燈是由Gaudi設計。此地是旅客休閒與集會的地方。

Park Guell

　　Guell公園是Antoni Gaudi設計，現用於紀念他的公園，位於巴塞羅納北部，我們搭觀光的巴士，下車後還需走很長一段上坡路。到那後見到很多遊客排隊買票、進門。這個花園建築在一個小山坡上，山上草木叢生，格局幽雅。

　　正門就有兩座美麗的Gaudi型尖塔，進門之後有幾層階梯，階梯中間有一個多彩的動物塑像，這也是Guell公園的招牌裝飾，據稱象徵一個龍（Dragon），但我覺得像個四腳大青蛙、或癩蛤蟆，總之這個龍或癩蛤蟆名揚四海。

　　走完階梯進入一個大廳，裡面有86根古典型的柱子，上面都有別具風格的Gaudi雕塑作品。其頂部天花板上鑲了四個

鑲嵌圖案（Mosaic），象徵太陽。大廳的屋頂是一個平坦的廣場，四周有蜿蜒曲折、五彩繽紛的圍牆與座椅。

山腰有一個Gaudi House Museum，原為Gaudi的住所，現改為博物館，裡面陳列了許多Gaudi生前設計的傢俱，都是精工細作。再向山坡上行，沿路有許多石堆的柱子，擺設美觀和諧。雖然暑熱逼人，我還是漫步登上山頂，在那眺望整個城市與地中海，益覺巴塞羅納魅力非凡。

畢卡索博物館

巴塞羅納各方面的博物館多不勝數。我們在那裡時間有限，無法一一觀賞，只挑了自己認為重要的一個，也就是畢卡索博物館（Museu Picasso）。世界上有名的藝術館都有一些畢卡索的作品，但專門的畢卡索個人博物館並不多。巴塞羅納的畢卡索博物館收藏了4251件他的作品，較巴黎畢卡索博物館的3500件，和Malaga畢卡索博物館的233件都超出許多。

我們一大早就趕到Old Town的一個小巷子裡，見到許多人在那排隊買票，所幸我們去得早，等候一陣就進入展廳。廳內介紹畢卡索的生平，並分階段展出他的作品。畢卡索於1881年出生在西班牙的Malaga，父親是一個繪畫教師。他的藝術天分很高，加之環境的薰陶、培養，從小就顯露出其繪畫的天賦。展廳第一部分陳列了他8到19歲的作品，許多素描都筆力渾厚，油畫中的《第一次聖餐》（The First Communion）和《科學與慈善》（Science and Charity）均細膩老練，教人難以相信出自一個十幾歲孩子的手筆。其後1901-04年間，畢卡索受到一些刺激，作品多以藍和藍綠色為主，顯現陰鬱之感，被稱為

藍色時期（Blue Period），展出的有《母與子》（Maternity）和《巴塞羅納的屋頂》（Rooftops in Barcelona）等作品。接著是1904-06年間的玫瑰時期（Rose Period），這個時段畢卡索受戀愛的影響，樂觀、奔放，作品大多用鮮明的橘紅、粉紅色，譬如《Benedetta Bianco畫像》。

其後畢卡索受到非洲雕刻的影響走向立體派（Cubism），主要是由不同的角度（視點）觀察物體，將不同角度所見到的造型整合在畫面上。展廳裡陳列了《Las Meninas（the whole）》、《Jacqueline畫像》、《Les Pigeons》、《Cubist Figure》、《Minotauromachy》等名畫與許多晚期的素描。同時也展示了一些畢卡索的雕塑、瓷器。畢卡索與馬諦斯（Henri Matisse）、Marcel Duchamp被推崇為20世紀初對造型藝術（Plastic Arts）——繪畫、雕塑、瓷器、刻板畫掀起革命性發展的三位大師。他一生勤奮工作，努力不懈，創新求進，遺留了許多精華作品，也為人類藝術開啟了新的境界。

看完畢卡索的作品，令我憶起我少時見到一些畢卡索的作品，不知所云，就對先父說：「畢卡索想到什麼就亂畫一起。」先父對我說：「絕非如此！畢卡索的基本素描功夫特別好，他天賦高，努力不懈，有那麼大的成就，主要是他的基本打得紮實。做任何事都是應該從基本做起，而且努力不懈！」

尾聲

巴塞羅納數日之遊，只覺匆匆。這是一個美麗多姿、氣派恢宏、文化深厚、藝術超凡、民俗灑脫的城市，令人百看不厭、流連忘返，我希望能重回巴塞羅納領悟此旅未盡之興！

第四篇

巴爾幹半島

此行觀布萊德湖，日出雁飛霧滿天，碧水青山古堡崢，湖心孤島鐘樓秀，黎明鐘聲到客船，春夏秋冬水色有異、朝暉夕陰山巒多彩，各顯嬌柔，真好比西子，淡妝濃抹總相宜！見Postojna岩洞形式繁多，變化萬千，有深淵、河流、小丘、萬人大廳、巨柱、細絲，林林總總。斯洛維尼亞景色享譽全球，良有以也！

▎風調雨順、人謀不臧的羅馬尼亞

　　羅馬尼亞對一般中國人來說是比較遙遠、陌生的國家。老妻與我已去過十幾次歐洲，總算想到了羅馬尼亞，於是參加了一個東南歐的旅行團，初夏之際前往遊覽。

前往羅馬尼亞

　　我們從休斯頓到東南歐路途遙遠，轉了兩次飛機，花了約24小時，先抵達保加利亞。在那裡留了數日，去到Serbia又遊覽數日。最後乘車過境來到了羅馬尼亞。

羅馬尼亞地貌

　　羅馬尼亞南以多瑙河與保加利亞接鄰，北靠山脈與烏克蘭分割，西連匈牙利與塞爾維亞（Serbia），東接Moldova與黑海，位於中東與北亞進入歐洲的要道上。自古以來，希臘、羅馬、匈奴（Hun）、柔然（Avars）、突厥（Turks）、韃靼（Tartar）、蒙古等民族均曾在此爭戰、屯聚，也留下文化與血統的傳衍。其領土為24萬平方公里，人口兩千萬。緯度在北43-47度之間，與中國東北四平、哈爾濱相似，五月中旬猶感寒涼，遠處山峰尚有積雪。因受黑海及愛琴海濕氣影響，整年風調雨順，是以春夏遍地青蔥，農產豐富。

Timisoara

我們從塞爾維亞過關進入羅馬尼亞，不久就到了Timisoara。這是一個滿是中世紀建築的古城。十四世紀時，這裡被匈牙利控制，為了防禦奧圖曼帝國的侵略，開始在此建築城堡，流傳至今。我們在鎮上的步行街和Unity廣場漫步，見到市民悠閒、徜徉、飲酒，孩子們與鳥群戲耍。另有一個勝利廣場（Victory Square），乃是1989年開始示威，導致革命、內戰，推翻獨裁者Ceausescu政權的地方。是以Timisoara不僅在中世紀，也是近代羅馬尼亞具有歷史里程碑，值得紀念的城市。

丘陵、山巒、森林、牧場、田野

我們離開Timisoara，在丘陵、山巒、森林、牧場、田野間小道穿行，只見四處蒼翠青蔥、遍地牛羊，大地被油菜一染，豔金春色遍及天邊；見到一些中世紀古堡的廢墟；也見到許多廢棄的鋼鐵廠、化工廠、製造廠。抵達一個相對繁華的小鎮──Deva。那裡有許多商場，我們在一個頗具規模的購物城（Mall）裡休息、午餐。

Hunedoara城堡

Hunedoara城堡是一個非常宏偉、壯麗的城堡，我們停車後就爬坡而上，赫然就見到這座具有許多尖頂、圓塔的古堡，我們走過一座高架的石橋，進入古堡。內部寬敞、雅致。陳列了許多中世紀以來的傢俱、圖畫，還有兩間酷刑室。那天正好有拍電影的隊伍正在拍片。因為造型不凡，這古堡被許多電影

取為背景，其中較有名的為Fright和Ghost Rider 2。這個古堡是典型的哥德式（Gothic style）建築，始建於13世紀，選址在古羅馬城堡所在。其後Sigismund of Luxemburg（1387年起，Hungary and Croatia國王；1411年起，德國國王；1419年起，Bohemia國王；1431年起，義大利國王；1433到1437年，神聖羅馬帝國皇帝。）於1409年將此堡贈予羅馬尼亞王子Voicu。到了1440-1462年間，Voicu的兒子Iancu of Hunedoara和孫子Corvin將這裡改成軍事堡壘及貴族居所。Corvin後來成為匈牙利國王。是以這個古堡如今也被稱為Corvin或Hunyadi古堡。

Sibiu步行街

Sibiu是一個古色古香的小鎮，始建於1190年，當時有兩批撒克遜人（Saxon）得到匈牙利王的允許，遷此定居。其後為防禦韃靼人侵擾，修築城牆，成為重鎮。十五世紀，此地工匠雲集，並成立歐洲最早的同業公會（Guilds），這裡成為商業、貿易中心。現為羅馬尼亞著名的古文化、風情的旅遊重點。我們在大街窄巷步行閒逛，領略古風。鎮西邊的一個大廣場上遊客、市民、老少休閒、孩童戲耍。廣場邊的歷史博物館，曾是五百多年的市政大樓（Town Hall），表現了羅馬尼亞中世紀的風格。

Sighisoara

Sighisoara是在Tarnava Mare河邊山坡興建的一個古堡山城。最早在十二世紀時統治此地的匈牙利王國邀請德國商人、工匠來此駐紮，並擔任邊防，其後逐漸發展成為Transylvania

的一個重要城鎮。1676年，一場大火將整個城鎮焚毀，現有的許多建築都是以後重建的。

　　我們一團人停車後沿坡而上，見到許多尖頂的城堡，莊嚴美麗。經過大門，進入城堡，裡面十分寬闊，有幾個商店、餐館。最有名的乃是Vlad Dracul的房子，相傳是Wallachia公國國王Vlad Tepes，也就是名揚全球的吸血鬼Dracul的誕生之處。那裡有一個小型博物館，陳列了一些有關Vlad Tepes的事蹟以及吸血鬼小說的背景。這幾天我們一路見到許多有關吸血鬼Dracul的建築，聽到許多傳說、故事。這使我想到曾去江西南昌觀賞「滕王閣」，得知只因王勃一紙《藤王閣序》，一千多年來此閣重修、復建過二十九次。可見絕世的藝術作品之影響、威力舉世皆然！

吸血鬼——Dracul

　　德古拉（Dracula，或譯為卓九勒）原是1456年至1462年間Wallachia公國國王Vlad Tepes（Ţepeş，意為刺棒）。據當時奧圖曼人聲稱曾見到他下令將兩萬俘虜穿刺插在長矛上任由其死亡、腐爛。德古拉給人予恐怖、殘酷的形象。1897年，愛爾蘭作家伯蘭·史杜克（Bram Stoker）寫了一本名為《德古拉》（Dracula）的小說，小說中借用德古拉之名與城堡，虛構、描述位於羅馬尼亞的布蘭城堡（Bran、即Dracula's古堡）中的德古拉伯爵（Count Dracula）是個嗜血、專挑年輕美女下手的吸血鬼。小說後來被改編成電影，使得德古拉吸血鬼大名遍天下，成為家喻戶曉、老少皆知的恐怖怪人。

Brasov

我們於下午抵達Brasov，這是一個位於Transylvania西南邊上的古城。最先是十三世紀時德國移民到此建立的防禦與商業中心。現有人口約35萬，成為羅馬尼亞的旅遊重點之一。城區分為德國人區與羅馬尼亞區，我們隨著導遊在城內走了一圈，城中心的廣場中建有一座十五世紀的市政廳。廣場占地不小，遊客很多，孩子們戲耍，滿地鴿子爭食。廣場西南角有一座十四世紀的哥德式建築，其後在1689年遭到一次大火，燻黑了外牆，乃被稱為黑教堂（Black Church）。離廣場不遠是一座十九世紀的東正教教堂，建築特殊、精美。這幾個不同時代、不同風格的古建築，加上城邊幾處古城門，和古老的街道、巷陌，把這座古城點綴得古色古香、美輪美奐。

Bran Castle

Bran城堡建於十三世紀，當時主要是為了防禦奧圖曼帝國的侵略。傳說Wallachia國王Vlad Tepes（Dracula）曾被匈牙利人關在這座城堡裡，雖史書無據，但如今世人稱之為「Dracula's Castle」。近代19世紀瑪麗皇后（Queen Marie）曾居住於此，並將古堡整修、並裝置電燈。城堡屹立於一座堅石山崗之上。我們步行登山見到城堡，有三四個尖頂、好幾個圓形高塔，幾十間房舍高低參差不齊，莊嚴美觀。內部現為博物館，陳列的大多是中世紀及19世紀瑪麗皇后留下的木製傢俱及圖畫，代表了羅馬尼亞中世紀以來的特有風格。登頂眺望附近山巒小鎮，景色怡人。

Peles 城堡

從Bran城堡下山，車程不遠到了Peles城堡。這是一座規模宏大的近代皇宮、城堡及庭院。始建於1873-83年，後於1914年擴建，為當時羅馬尼亞王卡羅爾一世（Carol I）及其皇后伊莉莎白（Elizabeth）的夏宮；共有約170個房間，內部的傢俱、木雕、劇院、圖書室、宴會廳、樓梯等等均精美雅致、美輪美奐。外面的庭院、花草、樹木、噴水池、大理石亭台、雕像，佈局幽雅、和諧。看來當年卡羅爾和伊莉莎白頗能享受，當時羅馬尼亞猶是戰火紛飛，這二位居然不惜民脂民膏，可見老百姓日子不好過啊！

Monestery

離Peles城堡不遠有一座修道院（Monestery），我們進去參觀。這個修道院規模雖不大，但建築整齊和諧，代表東正教（Eastern Orthodox）的典型風格。基督教出現後不久，就逐漸分化成以希臘文地區為中心的東派教會和以拉丁語地區為中心的西派教會。1054年，東西兩派正式分裂，以君士坦丁堡為中心的大部分東派教會自稱「正教」，意為保有正統教義的正宗教會。因為地處東方，故又稱「東正教」；因為宗教儀式使用希臘文，故又稱「希臘正教」。而西派教會則為天主教。十六世紀馬丁·路德宗教革命後又產生出新教（Protestant）。羅馬尼亞人多為東正教，我們這許多天參觀了許多東正教的教堂，風格與天主教、新教略有不同。

羅馬尼亞人走過的滄桑歲月

早在新石器時代（Neolitic）初期的七千年前，羅馬尼亞就有先民聚落。約三千年前，Thracian部落遷此，希臘人於2700年前來到黑海（Black Sea）之濱。其後羅馬於西元一世紀征服羅馬尼亞，命名為Dacia。接續的幾個世紀直到中世紀，羅馬尼亞逐漸形成Transylvania、Moldavia和Wallachia三個公國（Principalities）。匈牙利（Hungary）在十世紀時征服、控制了Transylvania。到了十三世紀，奧圖曼帝國興起，羅馬尼亞三公國則聯合對抗其入侵。十五世紀，東羅馬帝國滅亡，許多人猶眷戀古羅馬。十六世紀時，羅馬尼亞人開始自稱Romania，也就是羅馬尼亞語的羅馬（Roman）。直到十九世紀，奧圖曼帝國逐漸衰弱，羅馬尼亞成為俄國、奧地利與奧圖曼爭戰之處，烽火連天、民生塗炭，羅馬尼亞內部也引起分裂。1862年，Moldavia和Wallachia聯合起來宣佈自治，1866年卡羅爾一世（Carol I）自稱國王，直到1877年正式成為獨立王國。一次世界大戰中，羅馬尼亞參加協約國對德、奧匈宣戰。1918年，德、奧匈戰敗，一次世界大戰結束，羅馬尼亞三公國得以重歸統一。

二戰中，羅馬尼亞因痛恨俄國，當時的總理——獨裁者揚・安東內斯庫（Ion Victor Antonescu）於1941年晉見希特勒，答應隨同德國納粹出兵進攻蘇聯並提供大量石油，以期收回被俄國侵佔的失土。史達林格勒會戰中，羅馬尼亞軍19個師列於德軍兩翼；1942年11月蘇軍在朱可夫指揮下發動100餘萬軍力首先向兩翼猛攻，羅馬尼亞及匈牙利、保加利亞等其他附

庸軍抵擋不住，急速崩潰，且有部分部隊倒戈，使得德軍全盤皆亂，最終全被包圍、戰死、投降，納粹與軸心國從此走向敗亡。羅馬尼亞在此戰中損失約十五萬兵士。但羅馬尼亞軍旋即倒戈，參加同盟國得以收復部分Transylvania故土。1947年，在史達林的扶翼之下，羅馬尼亞共產黨驅除國王邁克爾一世（Michael I），成立羅馬尼亞人民共和國（Romania People's Republic），Gheorghe Gheorghiu-Dej開始獨裁統治，閉關自守，進步有限，人民生活困苦。他掌政長達十八年，直到1965年去世。

1989革命

Gheorghe Gheorghiu-Dej去世後，Nicolae Ceausescu（齊奧塞斯庫）接任共產黨書記，開始獨裁專政。Ceausescu才識平庸，因十四歲入黨，根正苗紅，得到史達林的賞識，二十多歲就進入羅馬尼亞共產黨領導階層。他崇拜史達林、毛澤東、金日成，接任後推行史達林式恐怖統治，加強特務監視、嚴格控制輿論，封鎖外來資訊；又大量任用親人、排除異己。另外他好大喜功，大量向外國借款，做了幾項大而無當的專案，弄得民窮財盡，百姓飢寒交迫。

1989年12月19日，位於羅馬尼亞東部的小鎮Timisoara有一些民眾為反對Ceausescu政府罷黜匈牙利籍神父Laszlo Tokes事件舉行示威。當時Ceausescu出國在外，其夫人Elena，時任副總理，大權在握，斷然下令員警開槍鎮壓，打死許多市民，立即激起各地人民抗議。Ceausescu歸國加強鎮壓，數天之內全國動亂，風聲鶴唳，屍骨遍地。最終Ceausescu眾叛親離，

連逃亡中所乘的直升機駕駛員也背棄了他們夫婦，棄機而去。Ceausescu夫婦遂被捕。12月25日審判後，立即被槍決。此次事件歷時六日，據導遊說是他一生最悲慘的一段日子。至於到底有多少人民喪生，難以統計。據當時送到醫院死亡的記錄約一千人。但民間流傳死亡者高達六千。推翻Ceausescu政權後，羅馬尼亞成立民主自由政府，2004年加入北大西洋公約（NATO）、2007年成為歐盟（EU）會員。整個國家的經濟、民生逐漸改進。

Bucharest大而無當的議會宮

我們整團去參觀Bucharest最「宏偉」的建築——議會宮（Palace of Parliament）。這座建築始建於1983年，占地82英畝，高達15層，其中有五層地下室，號稱當今全世界僅次於美國國防部五角大廈的行政大樓。當時的共產黨獨裁者Nicolae Ceausescu好大喜功，在原有Bucharest的古蹟區拆毀大量古蹟而興建。六年後，Ceausescu夫婦就垮臺了。其後羅馬尼亞議會也隨之搬到這裡。

這個宏大的建築內部的地毯、吊燈及室內裝飾都十分豪華、驚人。但我的感覺乃是「大而無當」。其內涵非常貧乏，了無什物。在當時羅馬尼亞民生困苦之際，花費巨大、剷除古蹟來建造這一座象徵統治者政績輝煌、粉飾太平的玩意兒，不免令我想到歷史上不少的暴君，和當今北韓金正恩的宏大建築與飛彈、火箭。最令人深省的乃是在其中最大、最金碧輝煌的大廳——Unification Hall兩端有兩個大理石嵌板（Panel），原本設計置放Nicolae Ceausescu及其夫人Elena的巨型大理石塑

像，現成了空蕩蕩的多餘空間。其實如果效法杭州西湖岳武穆墓前秦檜夫婦跪像的先例，就在那裡放Nicolae和Elena兩個跪像，也可在歷史上取得「鑑古知今」之效！

歷史博物館

這幾天歷史博物館在整修，但開放部分。其中陳列了許多早期羅馬尼亞的金製首飾、皇冠、瓷器、盔甲，還有大理石的人像、巨柱雕塑，都是美觀精緻的藝術佳品。

民生與經濟現況

羅馬尼亞是一個具有農業、畜牧業和工業基礎的國家。工業方面有石油、石化、石油裝備、冶金、機械製造等；農業出產有小麥、玉米、向日葵、甜菜、馬鈴薯、亞麻及葡萄等水果，園藝業較發達；畜牧以牛、羊、馬等為主，而現代化養畜場日益發展。羅馬尼亞正在營造兩座中國合作的核電廠，市場上也有許多中國的手機、電器及一般日用品。

羅馬尼亞資源豐富、風調雨順，本應是個百姓豐衣足食的好地方；但自十九世紀以來，戰火紛呈、內亂不已，人民生活困苦。導遊告訴我們，他幼年時在Ceausescu共黨集權統治之下，飢寒交迫、日夜恐懼。有趣的乃是他父親在一家國際公司任職，得以經常弄到可口可樂。以致要巴結他，甚至和他親個嘴的女孩子不斷，事實上只是為了能喝到一瓶可樂，了個心願。由此可見百姓生活困苦非常。而當時四處都是密探、特務，一句話「說錯」、一段文章「寫錯」，就得被調查、拘捕。獨裁者的「紅色恐怖」使人人不寒而慄，日子不好過啊！

　　1989年，Ceausescu獨裁政權被推翻後，羅馬尼亞走向民主、自由、開放。譬如在首都Bucharest的鬧區有一家麥當勞，乃是原東歐共產國家裡的第一個麥當勞，頗受人民喜愛，也是羅馬尼亞人民得到民主、自由與開放的象徵。導遊說一般人每月的收入大概是四五百元美金。如今羅馬尼亞的民生在逐漸進步，受到歐盟的實際支援與學習到有效的管理，但也產生許多過渡期的經濟問題，還有人懷念共產時代的政府管制、低收入、較簡陋的生活方式一般人民雖飽經憂患，倒是大多樂天知命、溫文有禮。

尾聲

　　羅馬尼亞給我總的印象是：景色怡人、風調雨順、古蹟遍地、物產豐富、百姓和善、樂天知命，是個可愛的國家。羅馬尼亞的人民走過漫長、坎坷的路子，瞭解人謀不臧的苦難，深深憧憬未來，相信明天會更好！

飽經滄桑的保加利亞

前往蘇菲亞

初春之際，我們由休士頓先後轉了兩次機，約24小時的旅途，來到保加利亞首府蘇菲亞（Sofia），在空中就見到群山環抱、滿野綠茵的平原。

保加利亞位於歐洲東南的巴爾幹半島，北以多瑙河與羅馬尼亞接壤，南接土耳其、希臘，東鄰黑海，為中東進入歐洲的要衝。

蘇菲亞

蘇菲亞（Sofia）是一個山巒環抱的盆地平原，其南為海拔高達2290米的Vitosha山。五月初猶見山頂積雪。由於黑海與愛琴海帶來的濕氣，蘇菲亞雨量充足，春季滿野綠茵，自古以來是農牧的好地方。從1879年開始成為保加利亞首府，現有的大都會人口為168萬，是保加利亞第一大城，政治、經濟、文化中心。

Narodno Sabranie廣場

我們在蘇菲亞住的旅館位於Narodno Sabranie Square（廣場）。廣場中立有一座「解放者紀念塔」（Monument to the Liberators），紀念1877-78年協助保加利亞反抗奧圖曼得到獨立

的一些英雄。塔上為被世人稱為「解放者」（the Liberator）的俄皇亞歷山大二世的騎馬塑像。其下圍繞著其他許多將士。紀念碑對街是國會大廈（National Assembly），這裡是保加利亞的政治中心。第一天下午在此有很多民眾集會抗議現政府的許多執政措施，吵鬧了好幾小時。次日正逢國定假日──戰神St. George's Day，廣場四周戒嚴，樂隊、儀仗隊盛裝奏樂、旌旗蔽空，舉行遊行慶典，好不熱鬧！市民爭相圍滿街邊觀看。令我憶起童年時在臺灣，每逢雙十國慶的蔣介石閱兵盛況。

Alexander Nevsky紀念大教堂

國會大廈之後為Alexander Nevsky紀念大教堂，這個教堂始建於1882年，直到1924年完工，是為了慶祝俄國支援保加利亞獨立而建，其實也是近代俄國控制保加利亞的象徵。Alexander Nevsky是13世紀諾夫哥羅德（Novgorod）王子，他於1242年在冰凍的佩蒲賽湖（Lake Peipsi）上擊敗日爾曼Teutonic武士的侵略。這座教堂是如今巴爾幹半島上猶在使用的最大的東正教（Eastern Orthodox）教堂；占地3170平方米，由多個圓頂（Dome）建成，最高為53米，大廳可容五千人。我們進入廳內，見到其雕刻精細、壁畫鮮豔、金碧輝煌、莊嚴雄偉，不愧為保加利亞首屈一指的東正教大教堂。

俄國教堂

離Alexander Nevsky紀念大教堂不遠有一座俄國教堂。這個教堂建於1913年，主要是為當時俄國駐保加利亞使節人員、家屬而建，其規模雖不大，但設計幽美、式樣新穎、彩色簡單

醒目,是一個很漂亮、別致的小教堂。我們沿其周邊而過,拍了不少相片。

羅馬遺跡、奧圖曼清真寺、Nezavisimost廣場與黨政大樓、總統府

當地的導遊帶我們全團40人步行遊覽了蘇菲亞的城區中心。我們見到第二世紀羅馬時代留下的一些廢墟;又見到一座紅磚砌的Rotunda of Sveti Georgi,始建於羅馬時期,在第六世紀改為基督教堂,奧圖曼統治時期於16世紀將其改為伊斯蘭清真寺,並於1575年建Banya Bashi Mosque(清真寺);在Nezavisimost Square(廣場)見到聳立的蘇菲亞神紀念碑(Monument to Sveta Sofia)、前共產黨黨政大樓(Party House),以及如今的總統府。另外還經過好幾個博物館及劇場。總的來說,這些建築氣勢雄偉、莊嚴美觀,涵蓋了蘇菲亞兩千年的文化、藝術與歷史。

Holy Rila Monastery、鄉間田園風光

我們前往距蘇菲亞近兩小時車程的Holy Rila Monastery(修道院)。這一程經過的均是綠茵滿野的丘陵、山巒,一片田園風光。屢過小鎮,房舍樸實、農作青蔥。有一小鎮房頂煙囪被大鳥用樹枝堆成頗大的鳥巢。我們見到公、母兩鳥站在巢上,悠然自得。據說這些大鳥每年春季來此,產卵育一到兩隻幼鳥,秋季就飛往非洲過冬。次年春天即返回,找回原來的那家煙囪築窩,年復一年,從來都是回到原來的煙囪,從未有錯。這飛禽的智慧令人讚佩。

修道院位於深山中的山谷裡。最早是第十世紀時，St Ivan of Rila獨自跑到此深山中茹毛飲血，領悟神韻。多年後引來許多弟子在此修行。其後得到皇家、教會支援，在此建成修道院。十一個世紀以來經歷了艱辛，特別是第十五世紀奧圖曼人徹底銷毀此修道院，但在修道士及國內外基督教友、皇族大力支援下，一直保持不斷，使成東正教在保加利亞的精神象徵，同時在保加利亞復國運動中為恢復固有文化、文字、預言、風俗與歷史起了極重要的帶導作用。

我們見到山谷中修道院高樓林立，美觀幽雅。其中保存了許多珍貴的文物。據聞此處最多時有上千個修道士。但如今已不再開放運行修道，僅作為歷史的紀念與宗教精神的象徵。

歷史博物館

我們去參觀位於Vitosha山麓的歷史博物館。這個博物館展示了出土的保加利亞史前時代的文物，特別是當時的石器、玉器、金、銅器，作工精細，手藝不凡。可見保加利亞的原住民很早就進入金、銅器時代；也展示早期Thracians人留下的遺跡、羅馬時期的雕刻、人像，基督教的發展、演化。關於保加利亞人的淵源也提供不少資料、做了許多解析，陳列了許多保加利亞人與斯拉夫人的風俗、衣裝、金器等等，其後奧圖曼帝國伊斯蘭教的建築、文化風格，直到近代保加利亞人奮鬥求獨立的過程，以及直到蘇聯解體，保加利亞走向民主、自由的路徑。這是一個很有檔次的歷史博物館！

遠古時期

　　因受中東早期文明的影響，7500年前的新石器時代，保加利亞就有農耕的聚落，6000年前開始使用金屬，是歐洲文明發展最早的地區之一。

Thracians

　　從3000年前起，保加利亞的居民主要是Thracians，形成許多部落，與希臘文化交流頻繁；但沒有文字，也沒有成形的王國；其後被馬其頓（Macedon）征服，亞歷山大去世後，馬其頓分裂衰亡。

羅馬時期

　　西元前二世紀起，羅馬逐漸取代馬其頓對保加利亞的統治，也一再引起Thracians的反抗。其中規模最大的一次抗爭發生在西元前73-71年的角鬥士（Gladiatorial）之戰，一位名叫Spartacus的Thracians人原參加羅馬軍隊，因故被販賣為奴隸作為角鬥士。他為自身與Thracians人憤怒不平，遂喚起民眾反抗羅馬殖民政府，一時聲勢浩大，擁眾12萬，與羅馬大軍堅持對抗長達兩年。最終被Crassus帶領的羅馬軍消滅，Spartacus及眾多Thracians將士均被釘在十字架上酷刑犧牲。1960年好萊塢將這樁為自由而奮鬥的悲壯史跡搬上銀幕——《Spartacus》（臺灣譯為「萬夫莫敵」，由巨星Kirk Douglas、Jean Simmons、Laurence Olivier、Peter Ustinov主演，轟動全球。特別當時正值毛澤東三面紅旗，民不聊生之際，臺灣國府大力宣傳作為

「反暴政、爭自由」的史詩。

西元第四世紀，羅馬君士丹丁大帝（Constantine the Great）建立東都Constantinople（拜占庭、Byzantium），並開始尊奉基督教，Theodosius I大帝於第四世紀末頒佈基督教為羅馬國教。其後羅馬逐漸衰弱，野蠻人（Barbarian）如西哥特人（Visigoths）、匈奴人（Huns）等不斷侵入。羅馬朝廷只得承認既成事實，讓野蠻人入境定居。

斯拉夫人與保加利亞人融合而成王國

在第六世紀，原居東北歐的斯拉夫人（Slavs）大批南遷，成為保加利亞的主要居民。一個世紀後，原居中亞的突厥支系（Turkic）的保加利亞（Bulgars）部落在Khan Asparuh領導下（加多幾種不同說法），渡過多瑙河（The Danube）以Pliska為中心都城漸漸佔據了斯拉夫人的統治地盤，也得到拜占庭的承認。保加利亞的統治者吸取斯拉夫人的文化、採用斯拉夫文，使得兩個民族融而為一，形成新的保加利亞民族。865年，保加利亞王Khan Boris宣佈基督教為國教，同時任用Kliment和Naum兩位說斯拉夫語的教士，創立新保加利亞字母用於傳佈基督教福音。保加利亞成為一個製作基督經典的中心，也被稱為巴爾幹半島的新文化中心。保加利亞王國於Tsar Simeon在位時（893-927）勢力達到頂峰，領土東到黑海、西至愛琴海，鄰塞爾維亞（Serbia）、南接拜占庭，北連基輔。

由盛而衰亡

其後保加利亞內部紛亂、一再與拜占庭、塞爾維亞鬥爭，

幾興幾落。1240年，蒙古大軍橫掃巴爾幹，其後保加利亞只得在蒙古韃靼與拜占庭扶翼下圖存。十四世紀初，突厥族支系奧圖曼興起，逐漸侵佔拜占庭，於1354年在歐洲立足，先將保加利亞控制為附庸，後於1393年攻陷保加利亞皇城Veliko Turnovo，殺死國王Ivan Shishman，保加利亞至此國亡。

奧圖曼統治、民族復興

奧圖曼於1453年攻陷Constantinople，消滅東羅馬，統治大部分的巴爾幹半島。統治期間，大力破壞保加利亞文化，強迫保加利亞人放棄基督教，轉奉伊斯蘭教。保加利亞經歷了四百多年國土淪亡、文化盡喪的悲慘歲月。直到十八世紀末，保加利亞人開始恢復祖國的運動，得到俄國、奧國及其他列強的支援，加之奧圖曼逐漸衰敗，保加利亞終於1886年宣佈重歸獨立復國。

二十世紀兩次世界大戰、共產黨

二十世紀初，巴爾幹半島戰亂頻起，保加利亞在列強爭戰中圖存不易，兩次大戰最初都站錯邊，其後又倒戈，但下場均很淒慘，沒撈到好處。第一次大戰後民窮財盡、內戰又起；而第二次大戰後被淪為蘇聯的傀儡政權，近半世紀封閉自守、進步有限。

蘇聯解體、走向民主、自由

1989年蘇聯解體，保加利亞走出封閉，1991年舉行全民選舉，共產黨（BSP，Bulgarian Socialist Party）依然取得勝利。

2001年，舊皇族Simeon Saxe-Coburg-Gotha組織無意識形態的新黨執政，其後雖執政黨更換頻繁，但政局相對穩定。2004年，保加利亞參加北大西洋組織（NATO）；2007年加入歐盟（EU），現總人口為710萬，出產以農業為主，食品加工為其主要工業，另外也積極發展電子工業，邁向政治、經濟的穩定與發展。

尾聲

保加利亞雖為小國，但風調雨順，是個好地方。因地處歐亞十字路口的巴爾幹半島，歷史上亞洲民族入侵歐洲多次經此，帶來戰亂、血緣與文化。近世紀以來，一戰、二戰及淪為蘇聯附庸，人民飽受蹂躪，可謂飽經滄桑，現逐漸進步，邁向穩定發展。但其山川風貌、歷史文物以及淳樸民俗令我留戀忘返！

▌歐洲火藥庫——塞爾維亞

塞爾維亞（Serbia）是前南斯拉夫的主體，位於歐洲東南巴爾幹半島，是人類文明的重要十字路口，近世紀以來戰火紛飛、動盪不已，有歐洲火藥庫之稱。久聞那裡風景優美、人文豐富，初夏之際與老妻萬里迢迢，前往攬勝。

前往塞爾維亞

我們先飛到保加利亞首都蘇菲亞。徜徉數日後離開，到達與塞爾維亞的交界，過關花了約一小時，遂進入了塞爾維亞，一路山巒起伏、田園青蔥翠秀，末春之際，此地猶十分寒冷。不久我們抵達了Niš小鎮。

Niš

堡壘

Niš位於Nisava河畔，自古以來是巴爾幹半島和歐洲的交通要衝。羅馬君士丹丁大帝（Constantine the Great）於272年誕生於Niš（時稱Naissus）。他是一個雄才大略的君主，在位31年，鞏固軍政、穩定內部、發展經濟、改革社會、政制，建立東羅馬－拜占庭（Byzantium）的首府，後改稱君士丹丁堡（Constantinople），使得第五世紀西羅馬滅亡後，東羅馬得以繼續延綿了一千年。君士丹丁大帝對羅馬、西方以及全人類最大的貢獻乃是於313年頒佈法令承認基督教（Christianity）

在羅馬為合法，使得基督教得以傳播四方，奠定了西方的宗教、思想中樞。由於地理位置重要，Niš歷經拜占庭、匈奴（Huns）、柔然（Avars）、突厥（Turks）、奧圖曼多次戰火、多次重建。1723年，奧圖曼帝國在此修築了一座堡壘，保存至今。我們在雨中前往Nisava河畔的Niš堡壘參觀，這是一座白色石砌，十分美觀的堡壘，顯示歷史上Niš曾扮演的重要角色，也留給後人對羅馬君士丹丁大帝的追懷！

叉子紀念碑

距古堡不遠的河邊裡有一個「叉子紀念碑」，其原委是十二世紀時北方的野蠻民族在Frederie帶領下與拜占庭作戰，進攻Niš但相持不下，最後議和罷兵。在和談會議中，Frederie發現拜占庭人用叉子配合刀子切肉進食。而野蠻民族當時只知用刀而從來沒見到、想到用叉子進食。從此這些野蠻人就開始用叉子進餐，並將此法傳至全球。

顱骨塔

在Niš城中有一座顱骨塔（Tower of Skulls）。1809年5月，塞爾維亞人在Niš附近的Čegar山反抗奧圖曼軍，結果戰事不利，塞軍領袖Stevan Sinđelić引爆自殺，同時炸死眾多塞軍及攻擊的奧軍兵士。事後奧圖曼為震懾塞爾維亞人，將Stevan Sinđelić與其兵士共952人的頭骨鑲在一個15英尺高的石塔上。現成為塞爾維亞爭取民族自由的象徵，每年有三到五萬遊客前來憑弔。

納粹紅十字集中營

在Niš有一座納粹時期名謂紅十字的集中營（The Crveni Krst、Red Cross）。這個集中營的規模雖遠不及奧斯瓦辛（Auschwitz-Birkenau），也名不見經傳，但是號稱唯一沒來得及被納粹燒毀滅跡，能保持原狀的集中營。納粹蓋世太保（Gestapo）於1941年夏開始於此興建，原計劃作為押解猶太人、塞爾維亞人、羅馬尼亞人以及吉普賽人的中轉站（transit camp、Durchgangslager）。但到是年九月乾脆改成集中營。次月就有兩三百住在Niš的猶太人被關押在此。接著就送來塞爾維亞各地的囚犯。11月初，納粹開始在此殘殺壯年男囚犯。1942年1月，塞爾維亞黨人（Serbian Partisans）發動攻擊，營救出少數被押猶太囚犯，但納粹於二月開始陸續將在押囚犯送到附近的Bubanj山集體殘殺，受害者最多一天超過百人。當時有147個在押犯人組織反抗，其中15人逃亡成功，但42人越獄未遂遇害。事後納粹一方面將原有的鐵絲網外加蓋高牆，同時變本加厲，大量屠殺囚犯，強迫羅馬尼亞囚犯挖坑，掩埋受害者屍體。是年春季，納粹將在押的婦女、幼童轉運到Belgrade近郊的Sajmište集中營，在那裡送進毒氣室（Gas Vans）集體屠殺。這個集中營運行了三年多，直到1944年10月保加利亞軍及塞爾維亞黨人解放Niš。據估計，在此曾關押過三萬五千人，其中約一萬人遇害。

我們一團二十人前往參觀，首先見到高聳的圍牆，進入營區，只見一棟三層龐大的灰色牢房。我們到牢房內見到當年關押囚犯的隔間，簡陋擁擠。室內展示了一些遇害者的相片及說

明，令人望之心酸。牢房外有一棟黃色的軍營，乃是當年納粹看守囚犯的兵士居住之所。其旁有防守用的小炮、鐵絲網和瞭望台等，七八十年過去了，人們還是能感到當年此處的陰森恐怖及囚犯的悲慘下場。當日來參觀的人群不少。前事不忘、後事之師。誠望人們從這個悲慘的歷史中學習教訓，使歷史的悲劇不再重演！

塞爾維亞人走過來的路

遠古

塞爾維亞位於東南歐巴爾幹半島，在歷史上一直是歐亞非三洲人種、文化、貿易交匯之地。約40-53萬年前的遠古時期此地就有人居住。約9500年前的新石器時代，在Belgrade附近產生了支配東南歐的Starčevo和Vinča文化。進入鐵器時期，Thracians、Dacians和Illyrians人在此生息。

希臘、羅馬

西元前第四世紀，希臘人侵入Serbia南部；亞歷山大（Alexander the Great）帝國在此建Kale-Krševica城，為其最西北的據點。西元前第三世紀，Celts的Scordisci部落在此組成部落邦國，在如今Belgrade和Naissos建城堡為都。羅馬於西元前第二世紀開始侵入、征服Serbia，在此先後建立Moesia、Pannonia、Praevalitana、Dalmatia、Dacia和Macedonia諸省。Sirmium（如今Sremska Mitrovica）曾為羅馬四大都城之一；並且有十七位羅馬皇帝誕生在Serbia，其中以君士坦丁（Constantine the Great）最為著名。他是第一個承認基督教合法的羅馬皇帝。西元395年，

羅馬分裂，大部分的Serbia歸屬東羅馬（拜占庭），僅西北少部分為西羅馬統治。

塞爾維亞建國、衰亡

西元六、七世紀斯拉夫南部人（South Slavs）大批地遷入Serbia，在第八世紀建立了塞爾維亞大公國（Serbian Principality）。但也有部分今日的塞爾維亞領土當時被拜占庭和保加利亞兩帝國所統治。西元870年，塞爾維亞皈依基督教。1166-1371年間，塞爾維亞進入Nemanjić王朝（dynasty），領土不斷擴張，成為王國（kingdom），也暫短稱為帝國（empire）。但其北部的Vojvodina被匈牙利王國統治。其後塞爾維亞內亂、分裂、衰退，導致在1389年的Kosovo之戰中被興起的奧圖曼帝國擊敗，最終塞爾維亞的腐敗政權在1459年被奧圖曼帝國征服。大批的塞爾維亞人逃往西方及北方。

奧圖曼統治

塞爾維亞被匈牙利及奧圖曼帝國征服、亡國後，在十六世紀民間反抗不斷，並曾在Jovan Nenad領導下暫短地復國。同時哈布斯堡王朝（Habsburg）也曾三度進攻奧圖曼，在塞爾維亞中部建立塞爾維亞王朝（Kingdom of Serbia）。直到十七、十八世紀Vojvodina、Northern Belgrade重歸哈布斯堡王朝的匈牙利統治，而塞爾維亞的其餘部分依然屬於奧圖曼。在奧圖曼統治下，信仰基督教的塞爾維亞人受到極大的迫害，有一些人不得不放棄基督教而歸順穆斯林教，許多人逃亡脫離奧圖曼統治區，塞爾維亞文化遭到嚴重摧殘，人口大量外流。但反抗奧

圖曼暴政的運動一直未息。

革命與獨立

從1804到1815年，塞爾維亞革命暴動延續了十一年，其後逐漸從奧圖曼統治中取得自治權，最終在1867年由於列強的干涉，塞爾維亞得以脫離奧圖曼而獨立。1882年成立塞爾維亞王國，國王是Milan I。

巴爾幹之戰

1912年，塞爾維亞聯合希臘、保加利亞、蒙特內哥羅（Montenegro）組成巴爾幹聯盟（Balkan League），一起對抗奧圖曼，發動第一次巴爾幹戰爭（First Balkan War），除伊斯坦堡（Istanbul）及附近少許領土，基本上將奧圖曼帝國驅出歐洲，塞爾維亞佔領了Raška and Kosovo。接著於1913年，巴爾幹聯盟內訌，保加利亞向塞爾維亞、希臘進攻，又激起羅馬尼亞、奧圖曼趁火打劫，是為第二次巴爾幹戰爭（Second Balkan War）。結果保加利亞大敗，塞爾維亞在短短兩年中雖損失兩萬多兵士，但擴地80%，人口增加50%，遽然成為可能統一巴爾幹所有南斯拉夫人的新興強國，對奧匈帝國產生威脅。從十九世紀的反抗奧圖曼帝國到二十世紀初巴爾幹兩次戰爭，巴爾幹半島政治局勢複雜，戰亂不已。

一次世界大戰與第一南斯拉夫

1914年6月28日，奧匈帝國皇太子Archduke與其夫人Sophie前往塞拉耶佛（Sarajevo，當時為奧匈帝國統治，現為Bosnia

and Herzegovina的首都）訪問中，被自稱南斯拉夫Young Bosnia
成員的年輕人Gavrilo刺殺身亡。立即引起歐洲政局危機，奧
匈帝國發出通牒要求塞爾維亞嚴懲元兇，遭到塞爾維亞拒絕。
在得到德國的支援下，奧匈帝國於1914年7月28日出兵塞爾維
亞，緊接著俄國、英、法、義大利等歐洲各列強紛紛介入，演
發成第一次世界大戰。一次世界大戰中，塞爾維亞參加協約國
（Allied Powers）對抗同盟國（Central Powers），戰爭激烈、
殘酷，兵士死亡24萬4千人，全國人口損失70萬，約為戰前的
六分之一。但由於奧匈帝國的瓦解，塞爾維亞兼併Vojvodina、
Montenegro等地，於1918年12月1日宣佈成立Serbs、Croatia
（克羅地亞）和Slovenes王國，其國王是彼得一世（Peter I）。
彼得一世之子亞歷山大宣佈改國名為「南斯拉夫」，史稱「第
一南斯拉夫」。1934年，亞歷山大在Marseille被刺身亡，其子
彼得二世（Peter II）即位，其堂兄保羅王子（Prince Paul）掌
政。南斯拉夫內部矛盾激化，克羅地亞成立自治區（Banate of
Croatia）。

第二次世界大戰與第二南斯拉夫

第二次世界大戰初，南斯拉夫極力保持中立。但因戰略位
置重要，軸心國沒有放過它，1941年軸心大軍紛紛侵入南斯拉
夫，匈牙利、保加利亞、義大利及克羅地亞、如今阿爾巴尼亞
及蒙特內哥羅，將其肢解，德國也扶持Milan Aćimović和Milan
Nedić傀儡政權控制軍事佔領區。當時塞爾維亞的反抗勢力有
Draža Mihailović領導的Chetniks和狄托（Josip Broz Tito）領導
的Communist Partisans。他們有時聯盟對付軸心國的統治；有

時雙方交戰不已。軸心國在塞爾維亞進行過幾次的大屠殺；同時約一萬六千名原居塞爾維亞的猶太人被集體殘殺。

二戰後期，盟軍開始反攻，邱吉爾考慮到防止蘇聯戰後在東歐的擴張，曾提議盟軍在巴爾幹半島登陸進攻德國腹地。但由於補給、運輸等問題，美國堅持由英倫海峽開發西戰場。塞爾維亞得以免除更慘烈的戰火。狄托及其領導的共產黨在內戰中逐漸取得上風，1944年9月他們配合蘇聯紅軍開始進攻Belgrade，11月光復該城，狄托得以控制南斯拉夫。首先他將皇族統治推翻，建立南斯拉夫社會主義共和國（The Socialist Federal Republic of Yugoslavia），包括：Bosnia and Herzegovina、Croatia、Macedonia、Montenegro、Serbia和Slovenia六個共和國，另加：Kosovo和Vojvodina兩個自治省。

狄托當政期間，整肅、屠殺異己高達六、七萬人，實行南斯拉夫共產黨（the League of Communists of Yugoslavia）的一黨專政及個人獨裁，史稱第二南斯拉夫。

狄托

在Belgrade市內有一所南斯拉夫歷史博物館，其中最重要的部分乃是狄托（Tito）之墓。狄托是二戰時反抗納粹的共黨領袖、英雄，戰後成為南斯拉夫的獨裁者。但他於1948年與史達林決裂，拋棄蘇聯控制，開始南斯拉夫自己的經濟發展，並走向中立。其後進行改革，與美國、西歐互市。他執行獨裁統治長達35年，1980年在Slovenia的Ljubljana去世，享年88歲。後世對他的評價功過參半，他脫離蘇聯、史達林，使南斯拉夫走向世界；進行改革，尋找自己的經濟發展道路，人民受惠。

但另一方面他執行獨裁，殘殺異己，好大喜功，造成其身後南斯拉夫經濟窮困、內亂紛呈、戰事頻起、迅速分裂，民生塗炭。

南斯拉夫解體與塞爾維亞共和國

狄托統治期間，擺脫蘇聯史達林的控制，走向中立，並得到美國及大西洋公約組織的支援。1980年5月，狄托去世，南斯拉夫政局開始動盪。各共和國之間矛盾深化。1989年，Slobodan Milošević當政，欲削減科索沃（Kosovo）和Vojvodina兩自治省的許可權，激起其他共和國的不滿，導致Slovenia、Croatia、Bosnia and Herzegovina、Macedonia和科索沃紛紛宣佈獨立，南斯拉夫僅剩塞爾維亞與蒙特內哥羅（Montenegro）。接著Croatia和Bosnia內部種族矛盾產生內亂，塞爾維亞介入，提供支援。聯合國進行對塞爾維亞禁運，造成塞爾維亞經濟崩潰。從1990年開始，塞爾維亞進入多黨政治，但Milošević及其共產黨不肯放手，引起人民不斷抗議。

1998年，由於阿爾巴尼亞游擊隊（Kosovo Liberation Army）和南斯拉夫軍警（Yugoslav security forces）在科索沃衝突，引起科索沃之戰（Kosovo War）。結果北大西洋公約組織與美國出面，使塞爾維亞於次年從科索沃撤軍，並由聯合國執行科索沃行政。2000年，塞爾維亞舉行總統選舉，群眾紛紛示威要求Milošević歸政於民，Milošević終於被逼下臺，終止了南斯拉夫的閉關自守。新執政的Democratic Opposition of Serbia（DOS）宣佈南斯拉夫有意加入歐盟的民主反對派。2003年、南斯拉夫聯邦共和國（Federal Republic of Yugoslavia）改名為塞爾維

亞與蒙特內哥羅。但正值此時，塞爾維亞總理Zoran Đinđić被刺身亡，政局再度緊張、混亂。2006年5月，蒙特內哥羅舉行公民投票（Referendum），通過宣佈獨立。繼之科索沃議會（Assembly）於2008年2月宣佈脫離南斯拉夫獨立。至此塞爾維亞共和國成為前南斯拉夫僅存的繼承政權。面積為七萬七千平方公里，人口僅七百萬。塞爾維亞於2009年12月正式申請加入歐盟，2004年1月成為歐盟會員。

貝爾格萊德

我們離開Niš，在田園、山巒中走了好幾小時，於黃昏時分抵達貝爾格萊德（Belgrade）。這個城是從1840年以來塞爾維亞的首都。現城市人口為180萬。其中的古城（Old Town）——Stari Grad中保留了許多自奧圖曼帝國時期以來的古建築，建築莊嚴美觀。從十九世紀開建築新城，如今Knez Mihailova大街成為商業、文化、市政中心。我們住的旅館叫MOCKBA，是一個歷史悠久的豪華旅店，位於鬧區，附近有許多步行街，街上布滿商店，逛街的旅客、市民絡繹不斷，至深夜猶是燈火通明，熱鬧非凡。

Kalemegdan堡壘

Kalemegden堡壘位於多瑙（Danube）和Sava兩河交匯之處的山坡上。自古以來這裡一直是巴爾幹半島上最重要的要塞之一。從最早的塞爾特人（Celts）就開始在此建堡壘防守，其後中世紀塞爾維亞許多統治者、奧圖曼帝國、奧匈帝國均持續修整、擴建，形成一個結構龐大、複雜的防禦系統。我們進入堡

壘區，見到幾道門牆、內部占地廣闊，樹木參天。在山崖上臨江眺望，景色壯觀，頗有一夫當關、萬夫莫敵之感。

St. Sava大教堂

St. Sava是十六世紀塞爾維亞東正教的創始人，於1595年被奧圖曼人俘擄、燒死，對塞爾維亞人十九世紀的復國運動起了極大的影響。從1930年開始，塞爾維亞在St. Sava殉難之處建造了一個規模宏大的紀念教堂。後因二次世界大戰而停頓，1984年重新開啟建造。我們去那裡參觀，雕刻非常精緻，莊嚴宏偉，內廳的拱頂高達80米，為巴爾幹最高的東正教教堂。現部分內廳還在修建中。

多瑙河與Sava河航行

我們在黃昏時分乘船在多瑙河與Sava河上航行。多瑙河一邊緊靠市區，另一邊是一個人煙稀少的島嶼；Sava河兩岸均為鬧市。我們穿過幾座新、舊大橋，見到江上停泊了許多船隻。多瑙河水勢旺盛，急流不息。據導遊說正常情況下不會凍結，但今年初寒冬，氣溫持續在冰點之下超過25天，以致整個河面結成厚約半米的冰，滿江皚皚，寒風逼人。兩度經過兩江交匯之處的Kalemegden堡壘，在河中仰望益覺龐大、壯麗，無怪乎千百年來驚濤裂岸，戰事不斷，多少英雄總被雨打風吹去！

Skadarlija區晚餐

Skadarlija區距我們的旅館不遠，我們隨著導遊在黃昏時分步行經過那裡，那一帶酒吧、書店、小販、演出者、餐館屢屢

皆是。街邊、廣場擠滿了年輕人和旅客。夜間熱鬧非凡。我們去一家餐館晚餐，菜餚可口、居民歡歌起舞，昂然自得！

美軍火箭轟擊中國駐南斯拉夫大使館事件

1999年5月8日，中國駐南斯拉夫大使館突遭美軍火箭轟擊，當場打死三人、傷二十餘人。美國政府一再道歉，聲稱為火箭失誤所致。此事件激起廣大中國人民的激憤，但中國軍方表示沉默。多少年來此事廣被世人談論，但疑竇未解。有一種說法是當時科索沃衝突引起戰爭，北約及美國轟炸南斯拉夫，其中一架美國新型隱形飛機F-117意外被擊落在南斯拉夫境內。中國為了解美國飛機的機密，透過南斯拉夫得到部分飛機殘骸，將其祕密放在駐南斯拉夫大使館內。但該殘骸上有追蹤信號，美國得知後為防止軍事機密外洩，遂用火箭轟擊中國大使館。事後雙方三緘其口，益增眾議。我們車經過當年的出事現場，現已改為日本駐塞爾維亞大使館，是一棟白色建築，位於一個大圓環邊，地形突出，目標顯著，無怪乎當年美軍火箭正中。

籃球、足球、民風

塞爾維亞人多魁梧雄壯，喜好、風迷運動，以籃球、足球、排球、網球、手球、水球最為風行。曾獲得兩次世界盃、三次歐洲盃籃球冠軍；並得到兩次奧林匹克籃球亞軍。其次網球方面，Novak Đoković曾獲得12次Grand Slam冠軍，並在2011、2012、2014、2015四年排名世界第一。民風積極，憶苦思甜，奮發求上，以塞爾維亞歷史、文化為榮，享受生活、憧

憬明日。

經濟

　　塞爾維亞為發展中的國家。經濟主要來源是服務界，占
60%；其次是農業，占24%；再次為工業，占16%。2008年全
球的經濟風暴使得塞爾維亞負債高達年國民所得的70%。現逐
漸恢復。塞爾維亞土地肥沃、氣候適中、農產豐富、畜牧發
達，外銷大量農產品。其中以梅子、木莓、向日葵、甜菜、大
豆、馬鈴薯、蘋果、豬肉、牛肉、家禽、牛奶等為主。塞爾
維亞也有許多葡萄園，製酒業發達。主要的工業為汽車、礦
產、非鐵金屬、食品加工、電子、醫藥、服裝等等。近十多年
來引進了許多外國投資，譬如FIAT、Siemens、Bosch、Philip
Morris、Michelin、Coca-Cola、Carlsberg，另外俄國的能源公
司，Gazprom和Lukoil也提供大量投資。近年中國也在塞爾維
亞大量投資，華為在此有龐大的營業系統，另中國協助建大型
核電廠等專案。近年旅遊業蒸蒸日上，世界各地民眾紛紛來
此，對塞爾維亞經濟起了顯著的改善。

尾聲

　　塞爾維亞地處要衝、自古爭戰、遷徙頻繁，近代列強侵凌
交加、內部矛盾重重，無怪乎被稱歐洲火藥庫。唯山川秀麗、
風調雨順、滿野蒼翠、農牧發達、文化悠遠、古蹟遍地、工業
殷實。人民積極奮發，以塞爾維亞歷史、文化自傲，憶苦思
甜、享受生活、憧憬未來。塞爾維亞是個值得留戀的地方！

劫後餘生的貧困小國
──阿爾巴尼亞

　　五十多年前我從臺灣初到美國，十分好奇地常去學校圖書館看人民日報。當時毛主席發動的「文化大革命」正搞得如火如荼，對內批、鬥，打倒「走資派」；對外幾乎斷絕了所有外交。倒是只剩一個阿爾巴尼亞（Albania）的「霍查同志」（Enver Hoxha）成了毛主席的鐵桿哥兒們，打得火熱，並肩「橫掃一切牛鬼蛇神」。半個世紀轉瞬而過，毛主席與霍查同志均早已作古，只是阿爾巴尼亞一直令我難以忘懷。仲夏之際，與老妻踏上旅途，前往阿爾巴尼亞去訪問這個劫後餘生的窮困小國。

三架飛機的地拉那首都機場

　　由休斯頓出發，到西歐轉一次機，共約十多小時就見到阿爾巴尼亞青蔥的海岸平原與東面連綿的山脈。飛機很快著地，見到這個「首都機場」，算上我們剛到的這一架，就總共只有三架孤零零的民用客機。搭上計程車向地拉那（Tirana）市區進發。令我憶起上世紀七零、八零年代去北京時走的機場公路（如今稱為機場輔路），正巧也是17公里就進入市區。

Bulevardi Deshmoret e Kombit大道

　　我們的Rogner旅館坐落在Bulevardi Deshmoret e Kombit 大

道旁。這是一很體面的大街，也是地拉那市區的精華所在。據導遊告訴我們，在1991年之前的共產黨控制時期，這條街的大部分是「禁區」。因為這裡是阿爾巴尼亞共產黨中央大樓、祕密特務大樓以及其他重要政府機構所在，戒備森嚴，當時一般老百姓不得進入。如有意圖或不慎闖入，則格殺勿論。

我們旅館的對面就是當年的阿爾巴尼亞共產黨中央大樓，現已開發作為政府辦公室；不遠就見到當年的祕密特務大樓，當年老百姓稍不謹慎，就會被抓到這裡，能活著出去就不容易了。

附近有一個公園，其中留有三個小型碉堡（Bunker）。這是當年霍查同志告訴百姓，蘇聯、美國、南斯拉夫及其他鄰國隨時將要攻擊阿爾巴尼亞，教全國「備戰」而弄出來的荒唐玩意，據統計當時在小小的國家裡挖了八十萬個碉堡。公園裡的碉堡是小型的，每個只能容一到兩人。我們在附近的城區及出城的田野裡又見到很大的堡壘，而且地下都挖了許多地道。這和當年文化大革命時毛主席呼籲的「深挖洞、廣積糧、備戰、備荒」頗為相似，無怪乎當年是「鐵桿子哥兒們」。

大道旁還有一個非常壯麗，金字塔型的建築，乃是1988年為歌頌霍查的豐功偉業而建的霍查博物館（Enver Hoxha Museum），這是一座別有風味的建築。現已報廢，也不知改作何用，只得放在那裡讓人們「憶苦思甜」。

大道的北頂端為當年重要集會的廣場，現已改為德瑞莎修女（Mother Teresa）廣場。後有一小丘，前面是阿爾巴尼亞大學，山後為一很大的公園。我清晨細雨中散步登丘，見到滿園蒼松、花卉，其後有一澄清的大湖，環境幽雅。

斯坎德培廣場

大道的南端為斯坎德培廣場（Scanderbeg Square），這裡是地拉那的市區中心。這個廣場經常舉行一些活動節目，我們去時正佈置了許多商務廣告、孩童遊樂裝置以及飲食攤位，顯得十分熱鬧。廣場中央屹立著阿爾巴尼亞民族英雄斯坎德培騎馬的銅像。廣場四周有一個小公園和幾棟政府大樓，幾個古老的建築，還有一棟畸形高聳的爛尾高樓。最古老的則是一座1794年奧圖曼時期留下的清真寺。據說這是本城唯一保留下來的清真寺，因為在霍查當政期間禁止宗教信仰，寺廟與教堂大多被摧毀。

歷史博物館

廣場旁邊是歷史博物館。我們進去參觀了約兩小時。這是一所很有檔次的博物館，把阿爾巴尼亞的地理、歷史、風情陳敘得井然有序。

阿爾巴尼亞人走過來的路

阿爾巴尼亞（Albanian）族主要分佈在南歐巴爾幹半島（Balkans），現總共有七百萬人，主要在阿爾巴尼亞，另外在科索沃（kosovo）、馬其頓（Macedonia）、希臘和義大利等國家也有分佈。

阿爾巴尼亞共和國（Republic of Albania）位於歐洲東南的巴爾幹半島，西隔亞得里亞海（Adriatic Sea）和奧特朗托海峽（Strait of Otranto）與義大利相望，南與希臘接壤，東臨

馬其頓，東北是科索沃，北接黑山（Montenegro），總面積僅28,748平方公里，人口只有約三百萬，其中阿爾巴尼亞人占97%，其他還有一些希臘人、馬其頓人及黑山人。

阿爾巴尼亞人的祖先是印歐民族的伊利里亞人（Illyrians），三千多年前遷移到巴爾幹半島棲息，西元前六世紀成為希臘殖民地，後於西元前二世紀成為羅馬的一部分。四世紀末為東羅馬（拜占庭、Byzantium）帝國統治。1415年起被奧圖曼帝國（Ottoman Turks）統治近500年。

1912年第一次巴爾幹戰爭後，阿爾巴尼亞在奧匈帝國的扶植下宣佈獨立，在第一次世界大戰期間先後被奧匈、意、法軍佔領；其後在二戰中先後被義大利法西斯和德國納綷佔領。當時阿爾巴尼亞是個落後的農民國家，有80%的人不識字。1944年底，霍查領導的共產黨抵抗軸心國成功，阿爾巴尼亞獲得解放。1946年，阿爾巴尼亞人民共和國宣佈成立，後改稱阿爾巴尼亞社會主義人民共和國。在霍查執政期間，積極追隨蘇聯史達林一黨專政的獨裁統治，堅持封閉、極端的共產制度。是東歐所有國家中最後結束共產黨一黨專政的國家，直到1990年才開始推行政治和經濟的改革。

1990年代，科索沃戰爭中有數十萬阿爾巴尼亞族及其他族的難民湧入阿爾巴尼亞，引起極大的經濟恐慌。1997年，阿爾巴尼亞因民主黨政府行政失誤而引起大規模騷亂，演變成內戰，最終被由法國、西班牙、希臘、土耳其、羅馬尼亞、奧地利、丹麥等8國組成的和平部隊平息。2009年4月，阿爾巴尼亞加入北約，標誌阿爾巴尼亞完全成為西方陣營的一部分。2014年6月，歐盟已接納阿爾巴尼亞為歐盟候選國。

三個歷史人物

　　阿爾巴尼亞曾有三個歷史人物，值得一書。

民族英雄斯坎德培

　　斯坎德培（Scanderbeg）原名Gjergi Kastrioti，為阿爾巴尼亞眾多部族中的一個王子，被送到奧圖曼皇族做人質，得以學習到伊斯蘭文化及軍事才能。他帶領奧圖曼軍隊作戰立下累累戰功，深得奧圖曼皇族讚賞，給予亞歷山大（Alexander）的尊號，阿爾巴尼亞文稱為「斯坎德培（Scanderbeg）」。1443年，他在Serbia的Niš作戰中，突然帶領一些阿爾巴尼亞兵士叛變，開始反抗奧圖曼對阿爾巴尼亞諸部族的侵略。其後組織League of Lezhë，領導並統一了阿爾巴尼亞各部族，抵抗奧圖曼，在二十多年中擊敗奧圖曼軍隊二十五次，使得阿爾巴尼亞免於奧圖曼的統治，得以獨立自主。他於1468年在Lezhë病逝，安葬在那裡。他的兒子們不肖，不久阿爾巴尼亞諸部族陸續被奧圖曼分化、消滅。

　　斯坎德培至今猶為阿爾巴尼亞人尊為他們建國的民族英雄。阿爾巴尼亞國旗上繪有一隻黑色的雙頭雄鷹，此乃當年斯坎德培的印章，是以雄鷹是民族英雄斯坎德培的象徵，故此阿爾巴尼亞也有「山鷹之國」之稱。

聖女德瑞莎

　　聖女德瑞莎（Mother Teresa）是阿爾巴尼亞人，1910年出生於當時屬於奧圖曼帝國科索沃州的斯科普里（今馬其頓共

和國首都Skopje）。十八歲時遷往愛爾蘭，後又遷往印度，在印度度過其後半生。她在加爾各答創立羅馬天主教仁愛傳教會，為患愛滋病、痲瘋和結核者提供居所，運營粥廠、藥房、診所、兒童及家庭諮詢機構、孤兒院及學校。2012年這一機構在全球133個國家活動，修女數目超過4500人。德瑞莎在宗教慈善事業的貢獻為舉世敬仰，曾獲得1979年諾貝爾和平獎。2016年9月4日德瑞莎被天主教會封聖，9月5日（其過世日）成為其聖日。德瑞莎是阿爾巴尼亞人引以自豪的歷史人物，現地拉那設有德瑞莎紀念廣場；另外地拉那的機場也以德瑞莎命名。

大烏龍霍查

霍查在阿爾巴尼亞可謂一個「負面人物」，因為阿爾巴尼亞的人民受夠了他的苦頭！他出生於1908年。1941年開始領導阿爾巴尼亞勞動黨抵抗法西斯義大利和納粹德國佔領軍，後建立阿爾巴尼亞社會主義人民共和國，直到他1985年去世，獨裁統治阿爾巴尼亞長達44年。霍查的政治觀點和主張被稱為霍查主義，乃繼承史達林主義的衣鉢，宣佈消滅國內一切宗教、稅收和內外債，還宣稱阿爾巴尼亞為「世界上第一個無神論國家」和「世界上唯一的社會主義國家」。他在國內排除政治異己，打倒多個「反黨集團」，殘酷地清洗大批黨政軍幹部。最終連跟隨他多年的副手穆罕默德・伊斯梅爾・謝胡（Mehmet Ismail Shehu）因提議改革，也被他逼著自殺。死後被譴責指為美國、英國、南斯拉夫和蘇聯的「多國間諜」，是「過去阿黨內一系列反黨案件的總頭子」、「阿爾巴尼亞最危險的叛徒

和敵人」。他的下場和林彪別無二致。接著謝胡的家人、部下及身邊人員都受到了牽連，分別判處死刑和長期徒刑。霍查認為南斯拉夫、蘇聯、中國這三個國家都走向修正主義道路，變成了「社會帝國主義」國家，他極力反對國外的「帝、修、反」，分別在1960年代至1980年代初陸續斷絕與這三個國家的來往，進行封閉所有國境行動。

導遊告訴我們，在霍查統治下，沒有私營商業、私人汽車、私人住房；禁止宗教，廟宇、教堂拆毀一空。市面蕭條、鄉村淒涼。全國挖滿堡壘、坑道，製造飛彈、飛機，罔顧人民飢餓。沒有任何言論自由，人民隨時有被逮捕殘殺的可能。他們過的日子就和今日北韓一樣。當時流行一個笑話，霍查對大家說：「不要怕沒有東西吃，要知道在走向理想的共產主義的前途是光明的，但道路是曲折的，必須堅忍地經過『吃草階段』。」這和太平天國後期，洪秀全告訴大家，上帝賜給他們「甘露」（野草）吃，頗為相似。獨裁者為了一己的錯誤意念和死抓權力，總是想盡欺騙百姓的花樣。

Kruje山城

Kruje是到阿爾巴尼亞旅遊必去的景點，位於距地拉那二三十公里之北的山邊。這裡是阿爾巴尼亞的「龍興之地」，伊利里亞人的Albani部落中世紀時在此定居，於1190年建立第一個阿爾巴尼亞的公國——Principality of Arber。其後Kruje成為阿爾巴尼亞王國（Kingdom of Albania）的都城。十五世紀初期，Kruje被奧圖曼帝國攻陷。1443年，斯坎德培聯合阿爾巴尼亞諸部落，組成League of Lezhë，收復Kruje。斯坎德培在此

抵抗了二十五年，奧圖曼軍隊三度圍攻Kruje，均被擊退。斯坎德培去世後，奧圖曼第四次圍攻，攻陷該城。二十世紀初，阿爾巴尼亞人在Vlore反抗奧圖曼統治，宣佈獨立。Kruje成為內戰中爭奪的重鎮，戰火不斷。二戰期間，這裡成為反抗義大利、德國法西斯組織的中心。

我們由地拉那乘車前往，約一小時抵達山邊，見到橘黃頂的房屋依山滿布，這所山城的確美麗迷人。中世紀留下的城堡高聳於山崗，雄偉壯麗。我們徒步上山進入城堡，瞭解到這個城堡的確有一夫當關、萬夫莫敵之勢，無怪乎當年奧圖曼三度進攻均功虧一簣。城堡內遺留了一些中世紀的文物，有一處貴族的住房，還有一所紀念斯坎德培的博物館。時值初夏，滿園鮮花盛開。在山嶺上眺望四處山巒、平原、河溪，山青水秀，令人心曠神怡。

我們在旅途中經過一個只有三萬人的繁華小鎮——Fushë-Krujë，這裡本為窮鄉僻壤。2007年6月10日，美國總統小布希（George W. Bush）來此訪問半日，使得本鎮名享全球。如今在鎮上立有一座小布希的揮手屹立銅像。

Shkoder小鎮與山崗古堡

我們在離開阿爾巴尼亞前往黑山的最後一程經過Shkoder小鎮，在那裡徜徉數小時，並午餐、休息。這裡有一所很大的清真寺，據說是沙烏地阿拉伯贈送的。有一條步行街，滿是商店、餐館、飲食攤販，遊客不斷。可見阿爾巴尼亞人發展旅遊十分積極。小鎮附近的一個小山上有座中世紀的城堡，氣勢非凡。這裡是十五世紀時阿爾巴尼亞人抵抗奧圖曼的最後據點，

在斯坎德培死後又堅持了11年，抵擋奧圖曼十萬軍隊的圍攻，最終於1479年陷落。這座堡壘令人懷念當年阿爾巴尼人保衛家園英勇奮鬥不懈的精神。

吃豬肉的伊斯蘭教徒

阿爾巴尼亞的居民中59%是伊斯蘭教徒，17%是基督教徒，剩下的是其他教徒和無神論者。導遊告訴我們因為經過許多世紀的混合，加上共產黨四十多年禁止宗教，當地人對宗教並不太認真。譬如他是伊斯蘭教徒，而他的妻子卻是基督教徒。我問他吃不吃豬肉？他笑著對我說：「阿爾巴尼亞的伊斯蘭教徒沒有不吃豬肉的！」

民生與經濟狀況

據估計，2018年阿爾巴尼亞的人均國民所得（國際匯率）為5,319美元。平均淨工資約為每人450美元／月，為歐洲最不發達和經濟落後的國家之一。這是我近年去過的國家中工資最低的國家。經濟收入有40%來自農業。我們在旅途中見到蔬菜、水果、麥子遍地，種類繁多的水果攤到處都是。這幾天吃到的蔬菜和橄欖十分可口。工業只占國民所得的10%，包括水力發電、石油、天然氣及礦產。其他均為服務業，近年大力發展旅遊，2017年有四百萬觀光客，收入占國民所得的12%，每年都不斷增長。近年引進一些外國投資，譬如中國就買了地拉那首都機場的產權，協助阿爾巴尼亞改進基礎建設。我們在旅途中經過幾個城鎮中，都顯得市貌繁榮，人民純樸、和善、歡樂。但現經濟成長緩慢，每年僅約3%。主要的問題

在於行政腐敗及人才外流，這是諸多以往的共產國家在轉型中的通病。

尾聲

　　阿爾巴尼亞山青水秀，古堡壯麗，人民純樸和善，近世以來飽經風霜，其後在霍查四十多年的統治下民不聊生。近二十多年可謂「劫後餘生」，逐漸恢復。這些純樸的百姓最能瞭解暴政帶給人們的悲慘，大家「憶苦思甜」，渴望改善生活，但猶有漫長的道路。

　　子曰：「苛政猛於虎」，良有以也！

黑山森林深谷美麗奪人

　　黑山（蒙特內哥羅，Montenegro）是個很小的國家，面積僅有13,812平方公里，原為南斯拉夫的一部分。我們遊歷完阿爾巴尼亞後，沿著Skadar大湖邊的山道進入黑山，只見路旁高山聳立、松林郁蔥，始知名副其實，謂之「黑山」。

深谷、森林、湖泊

　　黑山國境70%為高山、森林，景色之美主要在於深谷（gorge）、森林與湖泊。我們進入黑山國境不久就沿著Moraca Gorge邊的山道而行，次日我們又進入Tara Gorge，路兩旁均為青蔥森林與峥嶸峻嶺。這裡的石灰岩山嶺奇形怪狀，靈秀、壯麗，引人遐思。沿路深谷中溪水碧綠、清澈，忽而平緩、忽而急湍，青山細水，風景如畫。

　　我們去了兩個高山湖泊，一個是Biogradska Gora National Park中的Lake Biograd，另一處是Žabljak小鎮附近的Black Lake（Montenegrin: Crno jezero）。這兩個湖均為松林、高山環抱，湖水澹澹，山林竦峙，靜謐幽雅，有如仙境，令人陶醉。

　　Tara Gorge旅途中，我們在一個名為Durdevica Tara小村落停留。那裡是一個旅遊景點，有一座高聳的大橋跨過深谷，橋的對岸有一個中世紀留下的古教堂，村裡有許多販賣紀念品、零食的小店，也有幾個餐館。在大橋上眺望兩旁深谷、溪水、山巒，巍峨多姿。最吸引旅客的乃是村裡有兩台跨谷滑索

（Zipline），旅客們抓住吊索，臨深淵驚險，呼嘯而過抵達對岸山崗，再搭車返回。我們團組許多人都去乘坐滑索，十分開懷。

這裡到處均為原始森林，許多樹都有三四十米高，粗大需幾人合抱。幾年前我們去中國最大的林區——大興安嶺，徜徉幾日卻沒能見到如這般的巨木。可見黑山的環保做得非常好！

Moraca寺院

我們去位於Kolasin鎮附近，Moraca山谷中的Moraca寺院（Monastery）參觀。這個寺院是黑山最重要的東正教（Orthodox）寺院之一。始建於1252年，後經多次修復。其主體是一座白色的教堂——Church of the Dormition，四周住房、庭院建築諧和、雅致，布滿鮮花、綠茵。想到當年在此深山谷中交通困難，補給缺乏，在此建造及生活均不容易。傳教士修道虔誠的精神令人敬佩。現還有一些修道士常住，他們種植水果、青菜，飼養雞、羊，自力更生，與世隔絕，怡然自樂。來此的旅客絡繹不絕，我們在那裡停留良久才離去。

Kolasin旅遊小鎮

我們在Kolasin小鎮過了兩夜。這是一個歷史悠久的小鎮，為16世紀奧圖曼人所建，其後一直是當地人與奧圖曼激戰之所，1878年歸屬黑山。一戰及二戰中，此地飽經戰火，人民死傷慘重。二戰中曾為黑山反抗法西斯的戰時首都。現有人口約三千，成為一個旅遊中心，來此到山谷、國家公園遊覽、漂流、登山、滑雪的旅客絡繹不絕。鎮上有一個古色古香的小廣

場，四周布滿商店、餐館；鎮四周有許多橘紅頂的民房。我們的旅館位於鎮中心，建築奇特、美觀。

黑山人走過來的路

西元前一千多年，伊利里亞人（Illyrians）遷到巴爾幹半島的黑山（蒙特內哥羅）棲居。西元前三世紀時被羅馬征服。西羅馬帝國衰落以後，黑山落入哥德人之手，後來拜占庭帝國（Byzantium、東羅馬帝國）重新將黑山納入版圖。第六、七世紀起，斯拉夫人來到此地，和當地先民融合，建立城邦。1042年，杜克里亞（Duklja）公國從拜占庭帝國獨立，並由羅馬教皇封為王國。12世紀，杜克里亞成為塞爾維亞大公國的一部分。14世紀中期，黑山的澤塔（Zeta）公國脫離了塞爾維亞的控制而獨立，後建都於Cetinje。

15世紀起奧圖曼帝國征服了巴爾幹半島大部分地區，澤塔於1498年被征服，併入奧圖曼帝國，但依然有洛夫琴山等地區保持獨立。1516年，黑山成為一個由親王主教（Vladika）統治的政教合一的國家。直到1852年，黑山公國放棄政教合一，成為王國。1876年黑山向奧圖曼帝國宣戰，在1878年的柏林會議中正式被承認為獨立國家。1910年，尼古拉一世正式稱王，建立黑山王國。

一戰中黑山加入了協約國，但被奧匈帝國佔領。1918年又被塞爾維亞等協約國佔領。一戰結束後，加入由塞爾維亞、斯洛維尼亞、克羅地亞聯合組成的第一南斯拉夫。1939年二戰爆發，1941年4月，義大利佔領黑山，1943年德軍取代義大利的佔領，1945年第二次世界大戰結束，黑山成為由五個民族共組

的南斯拉夫社會主義聯邦共和國的一員。

1990年代，共產黨政權倒臺，南斯拉夫聯邦各國紛紛獨立，唯有塞爾維亞、黑山兩國未獨立分離。後黑山共和國內在獨立議題上一直有紛爭，直到2006年，黑山舉行公民投票，正式宣佈獨立，並正式加入聯合國。2017年6月，黑山加入北約。

黑山現有人口約65萬，其中黑山人為44.5%、塞爾維亞人（Serbs）28.7%、波士尼亞人（Bosniaks）8.6%、阿爾巴尼亞人（Albanians）4.9%、克羅地亞人（Croats）0.9%，以及13.6%的其他民族。主要的宗教是東正教（Eastern Orthodox），占總人口的72.07%，天主教（Catholic）3.44%、基督教（Christian）0.42%、伊斯蘭教（Islam）19.11%，以及7%的其他宗教及無神論者。可見這巴爾幹半島小國種族與宗教都很複雜。

經濟

據估計，2017年黑山的人均國民所得（國際匯率）為6,424美元。平均淨工資約為每人550美元／月，這比阿爾巴尼亞要好一些，但還是屬於貧困國家。黑山目前的經濟以服務業支撐。在2007年，製造業和農業則分別占17.6%和10%，服務業卻占國民生產總值的72.4%。製造業主要是鋁材、鋼鐵業，其次是農產品加工。服務業中的旅遊業是黑山之經濟命脈。2007年約有一百萬觀光客，到2017年翻了一番，有兩百萬旅客，其中94%是外國來的遊客。

中國一帶一路工程

在Moraca山谷的兩度旅途中，我們見到中國工程隊正在修

建的高速公路。這個公路由塞爾維亞（Serbia）的首都貝爾格勒（Belgrade）穿過山脈，通到黑山的海岸。在跨越Moraca山谷的部分建有三個高約兩百米的大橋，工程艱巨、壯觀。我們在附近又見到中國工程隊的施工營地，規模很大。據聞中國還在阿爾巴尼亞（Albania）和斯洛維尼亞（Slovenia）購買了兩個首都飛機場。可見中國的一帶一路的工程積極輸出人力、物力與技術；同時協助這些國家發展基礎建設，帶動經濟。

首都Podgorica

我們搭車出了Moraca深谷不久就見到位於Zeta平原的Podgorica。這裡是當今黑山的首都、工業和商業中心，人口約19萬。城的北面留有古羅馬時期城堡的廢墟；奧圖曼統治時期在此築城堡，鎮守長達四個世紀；二戰及1990年代南斯拉夫內戰中屢遭轟炸，滿目瘡痍。近年來重建、恢復，城市發展迅速，有許多現代的建築。城內交通擁擠，我們穿城而過。

Cetinje

Cetinje是黑山的古都，十五世紀時，澤塔（Zeta）公國的Ivan Crnojevic在此築城建都，使此城成為黑山文化發源之地，也形成東正教之中心，直到1946年Podgorica被定為新都。但如今Cetinje猶為黑山的第二都城以及歷史古蹟所在。我們去參觀了建於1701年的Cetinje修道院（Monastery），如今猶保持完好，其附近有一座當年皇室的教堂，周圍為一公園。另外還有一棟像城堡的皇宮，乃是Petar II Petrović-Njegoš建於1838年，現作為博物館——Njegoš Museum Biljarda。我們進去參觀，見

到許多留下的傢俱、圖像及其他遺物，瞭解到一些19世紀黑山的歷史。這些文物相當珍貴。

科托古城與懸空長城

科托（Kotor）位於科托海灣（Kotorski Zaliv）的東南角。西元四到五世紀，拜占庭（Byzantium）帝國在此築城堡。這個古城堡呈三角形，一面臨海灣，一面是護城河，低端背靠Lovcen山。城牆從平地延伸到265米高的山上，有如懸空長城。這個險要的城堡頗有一夫當關，萬夫莫敵之勢，在1537年與1657年兩度抵擋了奧圖曼的進攻。其後也阻止了法國拿破崙的攻城。

如今古城內部建築及城牆大部分均保持很好，成為來黑山旅遊的重要景點。科托也成為商業、工業及教育中心。城堡內有許多橘紅頂的房舍、教堂、鐘樓，古老的小巷曲折蜿蜒，擠滿了遊客。我們在古城漫步、休息多時。

海灣風景無限好

離開科托，我們沿著四個海灣——Kotorski Zaliv、Risariski Zaliv、Tivalski Zaliv、Hercegnovski Zaliv緩緩而行。這些海灣均為亞德里亞海（Adriatic Sea）的內海，沿途右靠山巒，左臨碧海。原野青蔥，房舍儼然，海島稀疏，遠山茫茫，舟楫點點，風景無限好。過了小鎮Herceg Novi不久，我們就離開了黑山，進入克羅地亞（Croatia）。

尾聲

　　黑山松林郁蔥、高山聳立、深谷蜿蜒、溪水碧綠，風景如畫；科托古城、Cetinje故都，建築雄偉、文物豐富；海岸山巒、碧海、原野、房舍、海島，舟楫，風景無限好。經濟雖尚落後，但旅遊發展積極。喜建中國一帶一路工程壯觀、有成！

風景、人文迷人的克羅地亞

克羅地亞（Croatia）以其美麗的自然景觀和豐富的人文風物聞名全球。仲夏之際，我們在遊覽過阿爾巴尼亞、黑山之後，沿著迷人的亞德里亞海岸過境進入克羅地亞。

三個古城

我們在此次克羅地亞的旅途中先後遊覽了三個古城：Dubrovnik、Split和Trogir。這三個古城建於不同的時期，代表了克羅地亞各時代的文化、風情，基本上都保持得很好，成為克羅地亞人文景觀的重點，每年都吸引了幾百萬的遊客。

Dubrovnik

Dubrovnik是地中海著名的旅遊勝地，也是克羅地亞最重要的人文景觀，近年來此的旅客多達每年三百萬人。1979年被列為世界文化遺產（World Heritage Sites）。

我們在城西邊海濱的一個豪華旅館住了兩夜。這個旅館依海濱斜坡而建，建築新穎、規模宏大，旅客眾多；面對大海、礁島、燈塔，舟楫點點、海天一色，在那觀日落，景色無限好！庭院內的海邊浴場擠滿許多遊客，海水清澈、涼爽，令人舒暢、愜意。

我們數度到城區的舊城（Old Town）遊覽，最先導遊帶大家乘車到附近海岸的懸崖高峰俯瞰整個Dubrovnik，新城、古

城、古堡海港、群島、青山、蒼海，美麗非常，令人陶醉，橘紅的房舍與海上點點潔白舟楫增添靈秀。

我們抵達古城，只見人山人海，巨石城牆莊嚴雄偉。該牆始建於第十世紀，十三世紀時改建，後經多次擴充。牆全長1,940米，最高部分為25米。上世紀90年代慘遭戰火，但破損現已復修完好。過石橋，由正門——Pile Gate進入古堡，見到15世紀建的泉水塔（Big Fountain of Onofrio），沿著Stradun大道而行，這裡是古城的中心，擠滿旅客，許多賣紀念品、飲料、食物的攤販以及招攬生意的旅遊公司，令人感到人氣旺盛、熱鬧非凡。大道盡頭是一座中世紀的教堂——Church of St. Blaise。Blaise是Dubrovnik和Republic of Ragusa的守護神。該教堂原建於十四世紀，為羅馬式（Romanesque style）建築，後在1667年大地震時受損慘重，接著在1706年的一場大火中全部焚毀。1714年，重新改建為如今的巴羅克式（Baroque style）教堂。

城堡出口的大門旁屹立著一座高聳的鐘樓。出了城堡大門就是港口，這裡是古代繁華的商港，如今許多遊覽船隻在此進出。港口南部半島的頂端為聖約翰堡壘（Fort of St. John）。我們漫步到那觀外海、聽海濤浪聲，遙望海拔數百米的山峰上的古城牆、堡壘，景色不凡，也令人感到當年建城之艱難。

第二日黃昏，我們乘船在外海航行，當日雖海浪洶湧、航行顛簸，但一程盡覽古城、山崗堡壘以及Dubrovnik全城，不虛此行。

Neum of Bosnia and Herzegovina

離開Dubrovnik後，我們沿著海岸山巒而行，一路青山綠水，海上島嶼連綿，舟楫點點，偶過小鎮，房舍整齊美觀，亞得里亞海岸風景迷人。在旅途中有一段20公里的海岸屬於Bosnia and Herzegovina，這也是該國唯一的出海口。我們在Neum鎮上的一家旅館、商店停留，那裡擠滿旅客。商場掛了許多個國家的國旗，居然見到五星紅旗和青天白日滿地紅旗並肩而立，很有意思。在陽臺眺望海灣及岸邊小鎮，風光無限好。

Split

Split是一個繁華商港、造船廠和工業城，現為克羅地亞第二大城。西元前第三、第二世紀，希臘人在此建城。但這個城的興起則是第三世紀時羅馬皇帝戴克里先（Diocletian）在這裡建造皇宮，從此奠定了Split作為重要城市的規模。

戴克里先雄才大略，是羅馬中期的中興君主，起自布衣，244年誕生於羅馬Dalmatia省的一個平民家庭。其後從軍，因戰功成為羅馬皇帝Carus麾下的騎兵統帥。在進軍波斯的戰爭中，Carus不幸被雷劈死，其子Numerian在歸途中被人謀害身亡，戴克里先被擁立稱帝。他就位後首先擊敗Carus另一個兒子——Carinus，後對外用兵擴大疆域，並積極進行法律、行政、財稅、軍事改革；將羅馬分為東、西兩部以利統治；並大力鎮壓、殘殺基督教徒（Persecution of Christianity），鞏固政權，使羅馬度過危機，西羅馬得以再延續約150年，而東羅馬則直到15世紀才滅亡。他在位21年（284-305年），晚年身體

逐漸衰弱，於61歲時（305年）自動宣佈退休；並在Split營造皇宮。退休後他回到Split，以種菜自樂，於311年去世。他的豐功偉業和功成而退在歷史上留下典範。

我們抵達Split後立刻去參觀皇宮。這個皇宮為一正方形的城堡，城牆高聳，有15個瞭望塔，四個大門：金門、銀門、鐵門和銅門。原臨海而建，因地勢變化，現離海港已有數十米之距。屋頂多為橘紅色，美觀整齊。我們由金門進入內部，見到當年的拱形大廳和遺留的橫樑木樁，建築技術水準絕佳。中心部位的大教堂——Cathedral of St. Domnius原為戴克里先的陵墓——The Mausoleum of Diocletian。後於1217年被改建為大教堂，有許多拱柱及一座高聳的鐘樓。現為皇城內最美麗的建築，也是Split的招牌景點。Baptistery of St. John原為皇宮內的朱庇特（Jupiter）神廟，第八世紀改為聖約翰教堂。皇城內現有一些住家，小巷及商店，庭院也修飾得十分得體。基本上這個羅馬時代的皇宮保存得很好，是個十分珍貴的古蹟。我們到海邊大道漫步、觀賞，港口有許多遊覽的船隻，旅客絡繹不絕。街邊盡是休閒的攤子，我們在那裡休息，觀看世界盃足球賽的現場轉播。

Trogir

我們離開Split，車行不久就抵達Trogir。停車後步行過橋就到了Trogir島上。這個島不太大，長約400米，最寬約200米，總面積不到0.1平方公里，但風味十足。圍繞整個島的水上停滿了各式各樣的私家小艇、旅遊船及遊輪，海邊清風帶來幾許魚腥味。大多建築都是古色古香的羅馬－歌德式（Romanesque-

Gothic）及中世紀建築。13世紀建造的羅馬式聖勞倫斯大教堂
（St. Lawrence's Cathedral）是本島的招牌景點。海邊聳立著14
世紀末建造的古堡——Kamerlengo Castle，其北面為始建於15
世紀，並於19世紀初擴建的St. Mark's Tower。城牆和城門建於
13世紀，現有部分保存。另外Cipiko Palace是15世紀Cipiko家族
建造的宮殿。The Loggia and Clock Tower是島上重要的集會場
所，始建於14世紀初。其旁的鐘樓象徵Trogir的滄桑歲月。小
城故事多，真一點不假！

Plitvice Lakes國家公園

　　Plitvice湖舉世聞名，是克羅地亞自然景色的代表，也是來克
羅地亞旅遊必去的名勝。在300平方公里的山巒中，從海拔503米
到636米之間布滿了層層相疊的十六個湖泊。最大的湖——Kozjak
面積為0.82平方公里（203英畝）；而最小的湖——Buk只有0.001
平方公里（0.25英畝）。水深從1米到47米不等。由於連綿山脈
溪水傾瀉，終年湖水盈溢。

最大的瀑布群組

　　我們整團抵達公園內的旅社後，立即搭車前往景區觀賞。
數分鐘後就到了景區進口，在那裡的懸崖邊的平臺就看到下
面深谷的瀑布、四周青蔥的山巒以及川流不息的山澗溪水。這
是景區內最大的瀑布群組，景色壯觀、幽雅，遊客擠滿沿山小
道。有一些年老體衰的團員，因為不堪山路上下，看完這個重
要的瀑布景觀後就搭車返回旅社休息。
　　大部分的團員則沿著下坡小徑，蜿蜒下山到深谷。那裡人

山人海，都在仰望著由數十米高山頂傾瀉而下、千絲萬縷、萬馬奔騰的大瀑布群。隆隆巨響、霧水漫天、人聲吵雜，別有風味，旅客爭著拍照。瀑布下的小湖——Novakovića brod是景區海拔最低之湖，雖僅有0.004平方公里，卻是彩色鮮豔，四周草木茂盛，山澗溪水急湍不息。

看完山谷底的大瀑布群後，我們沿著山崖攀登木階、走過水上棧道（Foot bridges），緩緩上行，經過Kaluđerovac、Gavanovac、Milanovac三個小湖。這一路旅客不斷，見到平湖謐靜碧綠、溪水急湍如絹、瀑布群組叢叢、湖邊芳草萋萋、山林鬱蔥多姿。還見到水中群魚游弋，添增湖光生氣。約一小時，近兩公里的徒步，最終抵達Kozjak湖畔。

最大的湖——Kozjak湖

Kozjak湖是景區最大的湖，水深達47米，是由冰川造成，湖面一平如鏡，水色碧綠潋艷。我們搭乘電動船在湖上徜徉十多分鐘，四周青山綠林，了無人煙，謐靜無比。抵達湖西南碼頭，又一部分團員登岸先回旅社。剩下二十餘人繼續步行登山觀景。

誰怕？一蓑煙雨任平生

這一程近四公里，要一直向上爬高101米，近兩小時，一些老年體衰的隊友均已止步。老妻與我原也有幾分猶豫，但念及勝景難逢，遂跟著年輕人繼續登山。我們沿著Gradinsko、Galovac、Okrugljak、Ciginovac等幾個湖，最後越過最高達海拔636米的Proscansko湖。這幾個湖較Kozjak大湖之下的三四個

湖面積大得多，因之湖光視界遼闊，經過好幾組龐大的瀑布群，壯觀異常。風吹水滴、雲霧，加之陣雨，薄衣盡濕。但大多時候卻是晴朗日曬，仲夏炎熱。青山環繞、奇岩迭起、山色空濛、碧湖幽媚、溪水滾滾、草木多姿，我們徜徉其間，有如畫中行。見到湖中許多水鳥、鱒魚、梭子魚（Pike），安詳自得，這裡是動物的天堂。

歲月不饒人，我們隨著年輕人，雖一直掉隊落後，但總算走完這四公里的登山之途；加之日曬炎熱，已是汗流浹背，疲憊不堪。此行的確意義非凡，令我憶起蘇東坡的《定風波‧莫聽穿林打葉聲》：「莫聽穿林打葉聲，何妨吟嘯且徐行。竹杖芒鞋輕勝馬，誰怕？一蓑煙雨任平生。料峭春風吹酒醒，微冷，山頭斜照卻相迎。回首向來蕭瑟處，歸去，也無風雨也無晴！」這首詞寫盡我們此程登山遊湖的意境！

總的來說，Plitvice湖的景色可謂：山岩崢嶸、草木鬱蔥、層疊秀水、碧湖瀲灩、溪流如絹、瀑布煙霞，聞名世界，名不虛傳也！

克羅地亞今昔

克羅地亞位於中歐、地中海和巴爾幹半島交會之處，首都為札格雷布（Zagreb），領土面積為56,594平方公里，包括亞得里亞海沿岸一千多個島嶼。現總人口約415萬人，多數為克羅地亞人，人民主要信仰天主教。克羅地亞民族自西元7世紀遷移至此，於9世紀時建立了兩個公國，後於925年成為王國，維持了近兩個世紀的主權國家。1102年，併入了匈牙利。1463年開始，克羅地亞與奧圖曼帝國展開近百年的戰爭。1527年，

克國議會推選哈布斯堡王朝的奧地利國王——斐迪南一世為克羅地亞國王，隨後約四百年裡，克羅地亞的統治權在匈牙利與奧地利之間多次易手。1918年，第一次世界大戰結束，奧匈帝國解體，克羅地亞成為南斯拉夫的一部分。

克羅地亞——塞爾維亞戰爭

南斯拉夫聯邦自狄托於1980年5月去世後，對局勢逐漸喪失了控制力，內部長期累積的各種弊端接連爆發。1991年6月，克羅地亞正式宣佈從南聯邦獨立，引起南斯拉夫人民軍、塞爾維亞克拉伊納軍隊與克國部隊的武裝衝突，最終在1991年末引爆了「克羅地亞獨立戰爭」。在聯合國調停介入下，克國境內的戰事逐漸平息，但克羅地亞政府與「塞爾維亞克拉伊納政權」之間的問題一直無法解決。克軍於1995年8月發動「暴風行動」，動員10萬大軍迅速瓦解了塞族政權，結束其境內的軍事對抗。1995年，克國與塞族政權簽訂合約，結束與聯邦軍在原南斯拉夫其他地區的戰事，也收復大部分的失地。1998年1月，聯合國駐克羅地亞行政當局將權力移交克國政府，克羅地亞正式完成了全國統一；2013年7月1日，加入了歐盟。

我們在旅途中聽聞到許多當年戰爭帶給百姓的慘痛故事，也見到一些烽火留痕。

經濟

2018年，克羅地亞人均所得為13,958美元，人均購買力平價為$25,295美元，平均月工資約為每人1,000美元。克國經濟以服務業為主，在2015年時約占國內生產總值69.1%，工業則占

26.7%，農業僅占4.3%。工業以造船、食品加工、製藥、資訊科技、生化與木材加工為主。現其經濟猶存在許多問題：司法體系受到壓抑、公共行政效率低、國債過高，以及貪腐問題等等。

旅遊業

克羅地亞自獨立戰爭結束後，旅遊業快速發展，在克羅地亞的經濟扮演非常重要的角色，約占國民生產總值中的20%，現每年有七百萬旅客造訪，其中以德國、斯洛維尼亞、奧地利、捷克和義大利最多。

世界杯足球

當我們於7月2日抵達Dubrovnik之時，正逢克羅地亞足球隊在世界盃賽中擊敗丹麥，進入最後八強。那天克羅地亞舉國歡騰，大街小巷人們都在談論、矚目足球賽。電視裡不停地重播當日的球賽，討論即將到來的準決賽與決賽。歐洲人對足球之風迷及其團隊精神令人感佩。此次克羅地亞最後晉級與法國決賽爭冠軍，這在歷史上是少有的小國進入決賽的例子，引起全國振奮和全世界的驚歎！

領帶

克羅地亞是領帶的發源地。中世紀時，克羅地亞的男人在出征前由妻子或女朋友繫一個方巾在脖子上，以示對他們的支援和鼓勵。17世紀的「三十年戰爭」期間，克羅地亞是法國的盟友，他們的兵士戴的方巾引起巴黎婦女們的興趣，從而推廣到全世界，變成現在的領帶。

尾聲

三天的克羅地亞之旅匆匆而過，卻是那裡的山岩崢嶸、草木郁蔥、秀水層疊、碧湖瀲灩、溪流如絹、瀑布煙霞、海岸蒼翠、島嶼連綿，舟楫點點、海天一色；還有Dubrovnik雄偉的古城、Split莊嚴的戴克里先皇宮以及Trogir兩千多年的小島港口，都在我腦海中縈繞難忘！

▌湖光明媚的斯洛維尼亞

　　斯洛維尼亞（Slovenia）是原南斯拉夫最北端的一個領區，上世紀90年代獨立成為一個國家。這裡位於阿爾卑斯山麓，山巒秀麗、湖泊如碧，加之石灰岩洞壯觀、奇特，是個美麗的小國。

Postojna岩洞

　　我與老妻結束克羅地亞（Croatia）旅途後，搭車經過田野、山丘，進入斯洛維尼亞。首先就去參觀Postojna岩洞，這是斯洛維尼亞最吸引觀光客的景點之一，每年約有50萬個遊客來此參觀。岩洞外的停車場停滿了各型車輛、巴士，附近的餐館、旅社擠滿了旅客。

　　導遊告訴我們，這個岩洞主要是Pivka河及其支流的水滲入地底，將石灰岩地層溶蝕而成。這個過程已經歷了三百萬年，現還在持續發展中。附近還有許多不相聯通的石灰岩洞。根據探測，這個岩洞總長為24公里，現僅有局部的5公里多整理開放。

　　最早有關此岩洞的文字記載出現於17世紀史學家Johann Weikhard von Valvasor的溶洞研究報告——《Karst Phenomena》。但在溶洞裡發現有1213年的古羅馬文字、圖案雕刻。可見在中世紀時，附近的居民已找到這個岩洞。1819年，奧國皇帝Francis I來此參觀，從此這個岩洞公諸大眾，成為斯洛維尼亞的主要景點。

我們團組整隊進入岩洞，洞內十分涼爽，常年溫度只有攝氏8-10度。大家首先搭乘小火車在洞內曲折急駛十分鐘，走了3.2公里。沿途都是各色各樣的鐘乳石（Stalactite）和石筍（Stalagmite）。抵達終點後就隨著岩洞裡的導遊步行，時行時停、上下蜿蜒地走了一個多小時，經過約1.8公里滿布著大大小小、奇形怪狀的鐘乳石、石筍的岩洞。

這個岩洞的特點在於形式繁多，變化萬千，有深淵、河流、小丘、萬人大廳、巨柱、細絲，林林總總。洞內雖然暗無天日，但還是有一些生物，特別是一種無色的娃娃魚（Olm、Proteus Anguinus）。牠們能在完全沒有光線的環境下生存，以吃微小生物為生，而且可以許多年不吃東西；牠們的祖先怎麼會跑到這個幾乎與外界隔絕的地下？這真奇妙。我們曾去過世界最長的Mammoth Cave、巨大的Carlsbad Cavern、美麗多姿的桂林岩洞，以及其他許多石灰岩洞。但平心而論，Postojna岩洞不比任何享譽全球的石灰岩洞遜色。

布萊德風景區

參觀過Postojna岩洞後，我們前往布萊德（Bled）景區。當晚下榻於距離斯洛維尼亞首都盧布亞納（Ljubljana）只有55公里的布萊德鎮。這個小鎮位於朱利安阿爾卑斯山（Julian Alps）麓的布萊德湖畔，始建於第11世紀，現約有五千居民。但遊客絡繹不絕，乃是斯洛維尼亞最著名的景區之一。

中世紀小鎮——Radovljica

黃昏時分，我們團組去了布萊德鎮附近的中世紀小鎮

——Radovljica，這也是一個只有五千多居民的老城。鎮上的老教堂建於13世紀，中世紀時期本鎮一直是僧侶與貴族居住之處。鎮裡的許多房舍、小道猶保持中世紀的風味。鎮中心有一個小廣場，正在準備露天的演唱會，老城新曲，相映成趣，非常熱鬧。我們在鎮旁河邊的餐館晚餐，品嚐當地的名酒、烤香腸，還觀賞斯洛維尼亞傳統的舞蹈，大家盡興而歸。

布萊德湖

　　第二天一大清早，我們就去遊覽布萊德湖（Lake Bled）。首先登上坐落在峭壁上的布萊德古堡（Bled Castle）。這個古堡始建於第十世紀，最老的建築是羅馬式的高塔（Romanesque tower），其後陸續加建了許多文藝復興式（Renaissance style）的房舍。房頂均是橘紅色，在青山、碧水間顯得分外秀麗。庭院、文物都保持完好，其中有一個小博物館，描述這個古堡經歷的滄桑歲月。在古堡的陽臺鳥瞰布萊德湖，湖水如碧；四周山巒、森林、平原、小鎮，景色和諧、柔美，使人頓覺心曠神怡。布萊德湖是享譽全球、名列前茅的美麗湖泊，是一座冰蝕（Glacial）湖兼構造（Tectonic）湖，長2,120米，寬1,380米，面積1.45 km²，最大深度30.6米，海拔高度475米。在湖中有一個小島——布萊德島（Bled Island），島上有一座白牆、橘頂，並有高塔鐘樓的教堂。這個天然加以人工修飾的小島，可謂布萊德湖的畫龍點睛之作。

　　我們離開古堡，就到湖邊搭船去島上。這種船沒有馬達，完全由年輕少年划槳，名為Pletna Boat。減少了污染，也保持了湖上的寧靜。船夫都很風趣，對這個湖的掌故瞭若指掌。據

他們說湖中魚很多，最大的鯰魚有一百磅重。這個島很小，登岸後大家盤梯而上，見到聖母蒙召升天教堂（Church of the Assumption）與鐘樓高塔。別小看這個蕞爾小島，在西元前第11到8世紀的史前時代就有古人居住。島上出土了124座墳墓，證明在西元第9到11世紀，島上曾有斯拉夫人（Slavic）棲息。根據文獻，早在1142年島上已建有羅馬風格的教堂；1465年重建、擴充一些哥德式建築，包括鐘樓和主要聖壇。教堂內飾有中世紀壁畫和17-18世紀歐洲風行的巴羅克（Baroque）繪畫，現存的教堂是建於三四百年前的十七世紀末。在中間的鐘樓高達52米，內有99級臺階。如今這個教堂成為舉行婚禮的搶手場所。

教堂裡面掛著一根粗繩，以便旅客敲擊鐘樓頂的巨鐘。旅客紛紛排隊，順序敲響洪鐘。我們隊裡年紀最大的88歲老先生也排隊久候，起勁地拉繩鳴鐘。在教堂外觀賞碧藍平湖、青蔥山景、高聳古堡及雅致小鎮；湖上舟楫點點，益增湖光靈秀。

臨布萊德湖，又見到許多不同時節的該湖景色相片，春天百花盛開、夏日草木茂盛、秋季層林盡染、嚴冬冰凍白茫；朝暉夕陰、水色有異、山巒多彩、各顯嬌柔。不禁令我想到北宋。蘇東坡的《飲湖上初晴後雨二首·其二》：「水光瀲灩晴方好，山色空濛雨亦奇。欲把西湖比西子，淡妝濃抹總相宜。」如果用蘇老這首詩來形容布萊德湖，我覺得是非常恰當的。只是西湖雖美，但比起布萊德湖，還是望塵莫及的！

離開布萊德島，搭上Pletna Boat回程，在湖上不停地聽到島上鐘樓傳來深沉而洪亮的鐘聲，又令我憶起唐代張繼的《楓橋夜泊》：「月落烏啼霜滿天，江楓漁火對愁眠。姑蘇城外寒

山寺，夜半鐘聲到客船。」這布萊德泛舟，真可謂：「日出雁飛霧滿天，碧水青山古堡崢，湖心孤島鐘樓秀，黎明鐘聲到客船！」只是我曾去過蘇州寒山寺，那裡的古剎和舊運河故道的景色真「非常一般」，是不能與布萊德湖、島同日而語的！

Bohinj湖

　　Bohinj湖位於Triglav國家公園的東南角，距布萊德鎮約30公里。我們車行近一小時抵達湖的東邊的Ribčev Laz小村，見到這個狹長的冰蝕湖四周被高山環抱，一個古老的石拱橋橫跨該湖唯一的出口河流——Jezernica Creek，溪水清澈見底。橋的北端為一白色哥德式建築的古老教堂——Church of St. John。我們在湖邊徜徉，見到野鴨在水面蕩漾，群魚在水中游弋，許多遊客在湖中游泳、划船。我們沿湖向西而行，見到湖邊紮滿營帳，來此露營的人真不少。經過Ukanc小村，這裡有一條索道登往高山上的Vogel景區。那裡是夏季越野步行及冬季滑雪的勝地。湖的西盡頭有幾個旅館，環境幽雅。我們步行越過Savica河。這是Bohinj湖唯一的進口河，溪水潺潺，彩色迷人。

中世紀村落

　　歸途中，我們經過兩個中世紀的小村落——Stara Fužina和Studor。一路只見房舍儼然、教堂屢屢、鮮花滿閣、良田綠野、農作景然、羊犬相聞、居民和善、怡然自樂，真有如世外桃源！

出土的世界上最早的車輪

車輪的發明是人類文明的一大里程碑。車輪的前身是製陶用的輪子，古人用它成批製作陶器。考古學家發現在6400-6500年前留下的古代兩河流域的Uruk遺址（如今伊拉克境內）中有一個帶有輪子的模型和「貨車」的壁畫。但如今世界上最早的車輪實體是2002年在斯洛維尼亞都城盧布亞納之南20公里的Ljubljana Marshes出土。這個車輪半徑為72公分，由梣木（Ash wood）製作，一起發現的124公分長的車輪軸乃是用橡樹木製造，現均存於盧布亞納城市博物館（Ljubljana City Museum）。這個車輪的發現證實斯洛維尼亞的文明發展很早，斯洛維尼亞人引以為榮。

斯洛維尼亞人走過來的路

斯洛維尼亞毗鄰阿爾卑斯山，西接義大利，西南靠亞得里亞海（Adriatic Sea），東部和南部被克羅地亞包圍。東北與匈牙利，北與奧地利交界。總面積為20,273平方公里，全國人口約205萬人，88%屬於斯洛維尼亞族，71%的居民信仰天主教，首都及最大城市是Ljubljana。在遠古時代，斯洛維尼亞地區的居民為古塞爾特人（Celtics）及古伊利里亞人（Illyrians）。羅馬帝國於一世紀時開始對該地進行統治，建立了許多城市。從6世紀起，斯拉夫人開始遷徙至此，7世紀時興起了第一個斯洛維尼亞族國家，即卡拉塔尼亞（Duchy of Carantania或Karantanija）公國。其後受由東方遷來的阿瓦爾人（Avars、柔然）的威脅，於745年和巴伐利亞人（Bavarians）

結成聯盟，隨後他們承認法蘭克人（Frankish）的宗主權，並於西元8世紀接受了基督教。14世紀時斯洛維尼亞大部分成為哈布斯堡王朝（Habsburg）的領地，該王朝即奧匈帝國的建立者。1918年，奧匈帝國在第一次世界大戰中戰敗，旋即崩潰。斯洛維尼亞成為塞爾維亞人、克羅埃西亞人和斯洛維尼亞人聯合組成的王國的一部分。王國於1929年更名為南斯拉夫王國。第二次世界大戰時斯洛維尼亞大部分由義大利墨索里尼法西斯及德國希特勒納粹所兼併，戰後又以加盟共和國的身份重歸南斯拉夫。

南斯拉夫時期的斯洛維尼亞是六個加盟共和國中最富裕的一個。南斯拉夫領導人狄托於1980年逝世後，斯洛維尼亞政府開始自行進行一系列的政治、經濟改革。1991年6月25日，該政府擅自宣佈獨立。南斯拉夫隨即派兵向其宣戰，但十天內便停戰撤退，雙方基本沒有傷亡，史稱十日戰爭。1992年，斯洛維尼亞被歐洲共同體承認為獨立國家，並接納其加入聯合國，2004年3月又加入了北約組織，5月1日得以加入歐盟，在2007年1月正式啟用歐元，2007年12月21日成為申根公約（Schengen Agreement）會員國。

經濟狀況

斯洛維尼亞在東歐經濟轉型國家中的經濟名列第一，人均所得（GDP-Nominal Per Capita）為27,535美金，GDP-PPP Per Capita則為36,566美金，每人平均月工資為1,300美金。由於斯洛維尼亞位於貿易要道，又有良好的交通，幾乎三分之二的人從事服務業工作，其中以旅遊業居首。主要的工業為汽車、電

子零件、藥物、燃料及家用器具等。能源方面有石油、水力及核能發電,另外太陽能及風力發電正在發展中。人才外流的問題沒有其他原南斯拉夫國家和阿爾巴尼亞嚴重。導遊開玩笑地說:「只是跑了一個(指Melania Trump)到美國白宮去了。」

旅遊業發展蓬勃

斯洛維尼亞擁有優越的自然風光與人文景觀,地理位置在歐亞非的十字路口,交通方便,氣候適中,成為旅遊觀光的勝地。2017年約有500萬觀光客。其中140萬是本國遊客,350萬來自外國,而外國遊客以歐洲人最多。我觀察到他們的旅遊服務的確做得非常好,無論是交通安排、旅館設施、景點環境與接待等等都十分周全。使得他們的遊客不斷增加,旅遊發展前途無量。

尾聲

我們從布萊德搭車約三小時到義大利的威尼斯,在那搭機飛返美國。此行觀布萊德湖,日出雁飛霧滿天,碧水青山古堡峙,湖心孤島鐘樓秀,黎明鐘聲到客船,春夏秋冬水色有異、朝暉夕陰山巒多彩,各顯嬌柔,真好比西子,淡妝濃抹總相宜!見Postojna岩洞形式繁多,變化萬千,有深淵、河流、小丘、萬人大廳、巨柱、細絲,林林總總。斯洛維尼亞景色享譽全球,良有以也!

第五篇 東非島嶼

羅島山明水秀、鳥語花香；房舍儼然、雞犬相聞；朝暉夕陰、風起雲湧；碧海蒼天、星辰燦然；月起日出、海天染紅；童叟和睦、淳樸道實；與世無爭、怡然自樂。是我一生所見比陶淵明的《桃花源記》所述更為真切的「世外桃源」！

天堂的原版──毛里求斯

馬克吐溫曾說：「上帝先創造了毛里求斯（Mauritius），
然後再照樣創造了天堂。」老妻與我久想去那裡看看。正巧企
昭表妹與先知兄在當地三十載事業有成。遂承他們安排前往攬
勝。我們由休士頓飛迪拜（Dubai），然後轉機去毛里求斯。
近年由於石油界不景氣，去迪拜的飛機不大，而只有約三四成
滿。卻是由迪拜去毛里求斯的可容500人的兩層空客380型機，
擠得坐無虛席。令我體會到如今毛里求斯乃是全球旅遊的重點
之一。

Flic en Flac旅館

先知與企昭替我們安排了一個由他們朋友經營的旅社，事
實上是一個公寓。共有三個臥房，客廳、廚房、洗手間齊備。
該公寓位於毛島中部西海岸的Flic en Flac，附近有幾個餐館、
酒吧、小商場，很熱鬧。離海邊也只要走五分鐘，那裡有很長
的沙灘及松林。我有幾天清晨去海灘漫步，臨海風、觀浪濤、
拾珊瑚，十分愜意。我們在那住了六天，非常愉快。

火山群

毛里求斯是八百萬年前火山爆發造成的島嶼，其後珊瑚礁
（Coral Reef）逐漸在四周形成，中部山巒逐漸風化、腐蝕、
下沉，形成島嶼周邊的環形珊瑚礁（Atoll），及島與環形珊瑚

礁之間的潟湖（Lagoon）、白沙灘。

我們在住處附近每天經過的幾座山巒——Mt. Du Rempart、Trois Mamelles Mt.、Mt. St Pierre、Tamarin Mt.都是神工鬼斧、奇特秀麗，近看成嶺側成峰。公路兩旁盡是蔗田、遍地青蔥。海邊的潟湖碧綠清晰，海中環形珊瑚礁浪濤連天。我想就是這套組合使得馬克吐溫驚歎，稱此島為「天堂原版」。

我們到島中部去看Trou aux Cerfs火山口，這是一個直徑超過千米以上的古火山噴口，其周圍和噴口內部均長滿樹木。那裡有幾處瞭望台。除了觀看火山噴口，還俯瞰到西部的群山及海岸，以及北面的城鎮。毛里求斯的風光一覽無遺。

下山後，我們到Gymkhana高爾夫球場的俱樂部用午餐，那裡鮮花遍地、鳳凰木（Flamboyant Tree）盛開，火紅耀目，景色宜人。

毛里求斯今昔

毛里求斯島位於印度洋西部南緯約20度，距非洲大陸東南約2,000公里，面積為1865平方公里。它與Rodrigues、Réunion及其他幾個珊瑚礁島組成毛里求斯共和國（Republic of Mauritius），這個國家的總面積也只有2,040平方公里。

現有最早有關毛里求斯的文件記載是阿拉伯水手們於975年來到此島，並稱其為「Dina Arobi」。到了航海大發現時期，葡萄牙人開啟通往印度的航海後，於1507、1513年兩度來到這個島。當時島上沒有原住民，葡萄牙人也沒有在此建立據點。

1598年，荷蘭艦隊登陸此島，並命名為Mauritius。荷蘭人最初四十年只是用此島作為前往印度及印尼的暫時避風港。直

到1638年才建立長期性的據點、港口。次年開始在島上種植甘蔗、椰子、煙草、稻米、槐藍（Indigo），飼養鹿、家畜，並開發島上的烏木（Ebony）。但經營得並不順利，二十年後（1658年）就撤離了。六年後（1664年）又捲土重來，只惜十一年後（1675年）的一次巨大颱風（Cyclone）將整個島徹底搗毀，荷蘭人重建乏術，最終在1710年全部撤離。

1715年，法國人來到毛里求斯，建路易斯港（Port Louis）及殖民政府機構，建製糖廠，持續大力開發。

其後法國大革命爆發，拿破崙與英國海上爭霸。1810年，英國攻佔本島，從此毛里求斯成為英國在印度洋及歐亞航道上的重鎮。但1869年蘇伊士運河開通後，毛里求斯在歐亞航行的地位逐漸減少。

1968年，毛里求斯宣佈獨立，但猶為英國領區。1992年，毛里求斯正式獨立，成立共和國（Republic of Mauritius）。現毛里求斯總人口為130萬，其中68%是印度移民，另外有27%非洲移民、3%中國後裔及2%白人；有52%印度教徒、32%基督教徒、15%回教徒、0.4%佛教徒及其他。毛里求斯獨立後經濟發展迅速，以旅遊、紡織業、蔗糖及金融服務為主。近年在通訊、海產、醫療、再生能源等方面也吸引了大批外資。前年（2016年）來此的外國旅客達150萬人，現還持續增長。據估計2018年的個人國民所得（GDP-nominal Per capita）為12,527美元，GDP-PPP Per capita高達20,909美元。

路易斯港（Port Louis）

路易斯港是毛里求斯的首府、主要港口及政治、文化

中心，是一個很現代化的城市。我們先登上附近的炮臺山
（Priest Peak）山頭，俯瞰整個城市、港口及周圍的居民區，
山下還有一個跑馬場。山頂的古堡是法、英時期為防衛港口而
建，現尚保留原樣，並陳列了幾個古炮。城區繁華，高樓林
立，海港邊的Caudan Waterfront有幾個大旅館及商場。

城區有一個中國城。最先來到毛里求斯的中國人是1740年
一批被綁架到Sumatra，然後放逐到此的。其後直到1826年才
有客家人移民到此。現毛里求斯華裔居民約兩萬人，許多經商
有成，擁有大商場、豪華餐館。我們曾到Quatre Bornes附近海
邊的一個中國餐館晚餐，那裡是一所豪華花園飯館，有十分美
麗的庭院以及上千個位子的餐館。另外我們去北部，見到華人
經營的龐大的商場——Grand Baie La Croisette Shopping Mall。
可見毛里求斯華人經商致富的一斑。

一帶一路成績斐然

近年來，中國政府在宏偉的「一帶一路」政策下，協助毛
里求斯經濟發展，替當地建了一條貫穿南北、五六十公里長的
高速公路、一個足球場及一座嶄新的國際機場。

現從北京、上海、成都等城市每週都有直飛班級往返。國
內來此旅遊、經商的人士絡繹不絕。如今毛里求斯與中國貿易
興盛，在島上約80%的日用品都來自中國。這裡的中國人與當
地居民都深受其惠。

山區探幽

毛里求斯的山區位於島的西南部，最高峰為828米的Piton

De La，山上有幾個半人工湖。師傅駕車帶我們前往山區探幽。我們到了Vasco湖邊，在那眺望這個全島最大的湖泊，周圍盡是青蔥松林。離湖不遠有一個淨化廠，將湖水處理後輸送各地供居民飲水。

途中經過約80米高聳的印度教濕婆（Shiva）及梵天（Brahma）塑像，吸引了許多遊客，也有很多印度教徒到此膜拜。附近不遠有一個印度教的廟，據說這裡每年到節慶有幾萬印度教徒在此聚會、祈福。可見毛里求斯的印度教徒是島上最主要的居民。

我們經過山中占地遼闊的植茶園。毛里求斯出產的茶葉全從這裡生產，而且出口行銷世界各地。我們參觀了其中的茶園博物館及做茶工廠。

山腰有一個小動物園，其中毛里求斯特有的鱷魚是此處的招牌。

另外我們到峽谷裡的Black River Gorges國家公園，那是一個占地廣闊的原始森林。老妻與我在碎石小道上走了一小時，兩旁均為幾十米高聳樹林，隱約可見左右山巒，偶見探幽而來的遊客。

動物園特有風味

毛里求斯地處偏僻，不在印度洋流主道上，是以島上有許多特有（endemic）動植物，譬如有一種的大鳥——Dodo。這種鳥有一米高，重達23-39磅，有點像鴕鳥，也不能飛行，可惜現已絕種。另外有大烏龜、白獅子及一些特有的魚類等等。我們花了半天去參觀一個頗具規模的動物園——Casela World of Adventures, Cascavelle。其中比較有特色的是和加拉巴哥（Galapagos）群島的巨龜相似的大烏龜。大烏龜在園內爬行、休息，還有一隻浸在泥水坑裡。野生園裡有犀牛、斑馬、鴕鳥等等。還有一處白獅子園，人們可進園中去撫摸馴服的白獅子。最有趣的乃是有一座四五米高的木臺，人們登臺去餵長頸鹿。

西南海岸壯麗迷人

遊完動物園後，我們到西南部先看了一個瀑布——Chamarel Fall。這是一個在山谷、叢林中，高近百米的狹長瀑布，十分壯觀。其次我們參觀了附近的一個多彩灘——Chamarel Coloured Earth，乃是由於腐蝕、風化造成的多彩、起伏小丘，與新疆喀納斯附近的五彩灘相似，美麗、奇特。

我們沿著西南海岸，經過L'Harmonie和Les Salines，見到一片製鹽池。這裡是以往毛里求斯民用食鹽的生產地。

我們抵達海邊山腰的一個瞭望站——Petite Case Noyale lookout，在此北望L'Harmonie和Les Salines半島、Tamarin山，南望海濱伸出的Le Morne半島及其上的方塊山——Le Morne Brabant。這是一個峻峭壁立、形如點將台的美麗山巒。成為許多書籍、雜誌及廣告上代表毛里求斯的招牌景點。海中Ile aux Benitiers、Ilot Malais等大小島嶼歷歷在望，遠處潟湖環島白浪連天，夕陽西下、雲霧半遮，壯麗迷人。

Grand Baie海灣、Malheureux海角

我們到島的北部，那裡有一個海灣——Grand Baie Bay。Grand Baie小鎮是一個旅遊中心，街道繁華，商店、餐館遍

佈，海鮮攤販屢屢；海灣裡停放了許多私家小遊艇，海邊白沙灘環繞。

接著去最北端的海角——Cap Malheureux。1810年英國人在此登陸，從法國人手中奪取了毛里求斯。海角邊有一個紅色教堂，四周百花盛開，我在那撿到一個鳥窩，做工精緻，但據說是被母鳥拒絕入洞房的廢品。海邊為沙灘及火山岩。在那向北遠眺Coin de Mine、Ile Plate、Ile Gabriel三座離島，前者為一長型平島，中國人稱之為「棺材島」。後兩者較遠，隱約浮現海中，別有風味。

南岸景色美不勝收

有一天我們沿著南部的海岸攬勝。先到了所謂「天涯海角」的Gris Gris。這裡面對南方滄海、碧水，一邊是漫長沙灘，一邊是火山噴岩的懸崖峭壁，海濤裂岸，美麗非常。在南海岸徜徉，遠望又見Le Morne山。

天然橋觀海濤，憶老影片——《惡魔島》

最後我們去天然橋（Natural Bridge），很奇怪的乃是這個景點居然沒有公路可通。我們在甘蔗田中滿地火山岩碎石的破爛道路上緩緩而行，尋路前往，也看到稀疏的遊客駕車而來。我們的車子很小，不適於越野，經過一陣掙扎，總算找到了目的地。這個景點非常壯觀，主要是火山岩的懸崖，在那眺望，滄海無極，峭壁竦峙；海風襲人、洪波湧起；驚濤裂岸、捲起千堆浪頭。那裡有一座因海水腐蝕造成的天然石橋，奇特美麗。海浪不斷湧入天然石橋之下，進入一個有溶洞的小海灣。

在那聽海聲隆隆、海濤洶湧而來、隨波而返，堪為奇景。

見到岸邊屢屢被遊客拋棄的椰子，令我憶起四十多年前我曾看過一部由Steve McQueen和Dustin Hoffman主演的電影——《惡魔島—Papillon》，其中敘述兩個受冤枉的終身犯人被放逐到一個荒島。Steve McQueen一直想逃出去，經常在一個小海灣的懸崖上觀察海流，發現丟到小海灣的椰子經過反覆的波濤，最終都漂向大海遠去。他遂弄了一大堆椰子，包紮成一個很大的漂物。他邀請Dustin Hoffman一起乘椰子包逃出這個荒島，但Hoffman膽怯，認為漂到大海中終歸一死，還不如在那荒島上過日子。最後McQueen將大包的椰子從五六十米高的懸崖丟到波濤洶湧的海灣裡，與Hoffman長擁而別，跳下海裡，扒住椰子包，在波濤中起伏良久，終於緩緩流向大海。他回到巴黎，成為一個有自由的人。而Hoffman則在那荒島上了其殘生！

這個電影給我很大的啟示，人必須下決心，肯冒險犯難，才能走出自己的道路！我看到的這個毛里求斯的懸崖、海灣真和《惡魔島》中荒島的驚濤裂岸的懸崖、海灣像極了！我遂撿起地上的一個椰子丟到四五十米下的海中，見到那小小的椰子不斷地在海濤中翻滾，最終經過天然橋之下，慢慢地漂向大海！

美麗的Ile aux Cerfs小島

我們第四天花了一整天去東部海邊。先乘車到一個小港——Trou d'Eau Douce，在那登船向南航行，這一帶的潟湖十分美麗，當日天氣晴朗，溫度適中，海風迎面怡人。到達一個河口，我們換乘小艇沿河而行，河岸草木青蔥，有一些別墅，

最後抵達河的源頭，那是一個落差十多米的瀑布，頗具風格。返航回到來時的船，向北行程中停船，大家下水游泳，海流很急，但在水中十分舒服。

船上午餐後我們就駛向Ile aux Cerfs小島。在航行中，經過一些珊瑚礁，水手們拿出一根魚竿，甩線釣魚（Trolling Fishing）。我遂借來一試，未料沒多久就釣到一條約七磅重的王魚（Kingfish）。這次釣魚很輕鬆舒暢。

我們抵達Ile aux Cerfs，這是一個很小的離島，四周沙灘環繞，潟湖綠海如碧，一條小溪貫穿島中，魚群、海星、海膽、海參、珊瑚滿目皆是。許多遊客在淺海游泳、戲水。我們也脫了鞋子，在柔細的沙灘漫步。島上並無住戶，但增設了一所商店及公共設施。這天來此的旅客真不少，其中很多是由大陸來的年輕人。此地的詩情畫意將留給這些新婚男女難忘的回憶。我們在島上徜徉兩小時餘，最後搭船回到Trou d'Eau Douce，返回旅社。

乘風破浪釣旗魚

毛里求斯的海域有許多種大型的魚類，譬如藍旗魚（藍馬林魚、Blue Marlin）、黃鰭金槍魚（Yellowfin Tuna）、虎鯊（Tiger Shark）等等，當然還有其他許多體型較小的魚類。我從沒有釣過這類的大魚，這次機會難得，於是打算安排一次出海釣大魚。

據企昭說在此出海釣魚包船費用昂貴，而且海上風浪很大。我有一天清晨早起，到海灘散步，一面撿拾海灘上的碎珊瑚，一面眺望海景，正好遇到一個當地的居民，我問他在海邊

可不可以釣到魚，他告訴我出海釣到魚的機會多些。原來他就是帶人出海釣魚的師傅，他出的價錢也很公道。我遂與他談妥，過幾天一天清早，老妻與我就搭上他的漁船駛向外海。

這艘船上有一人駕船，另一人負責替我們放線釣魚。我們從船上放下六條約50米到100米的線，用的魚餌是帶鬚的大型人工魚餌，線是130磅。船走到距岸有十五公里的海域，那天天氣很好，但海浪很大，我們的船在海中顛簸很厲害。海水深藍，波濤起伏，我們一直在海上打轉。偶見許多鳥群，師傅告訴我們那裡會有小魚。因為我們志不在此，也就沒有在那停船下鉤。海面偶見一兩艘船隻，可能也是在釣魚的。師傅換了幾次線。我們在海上走了四小時，卻一直沒有大魚上鉤。近午時分返航。此次雖沒能釣到魚，倒也領略到乘風破浪在遼闊的大海中尋捕大魚的滋味，的確不同凡響。

尾聲

在毛里求斯一周時間，領略了：神工鬼斧、奇特秀麗的山巒、美麗的潟湖與潔白的沙灘、懸崖峭壁和海濤裂岸、蒼茫大海及隱約浮現的離島；滿島蔗田、遍地青蔥、百花爭放；瀑布、彩灘、曠野、珍獸；乘風破浪釣旗魚，最是陶醉。欣見中國一帶一路成績斐然，人民受惠，毛里求斯昌盛富足！

世外桃源——羅德里格斯島

　　十月中旬，老妻與我趁去毛里求斯遊覽之便，特地安排了三天去屬於毛里求斯國的羅德里格斯島（Rodrigues）看看。卻沒料到這個與世隔絕的小島乃是我一生所見比陶淵明的《桃花源記》所述更為真切的「世外桃源」！

初遇愛德華先生

　　老妻與我一早由毛里求斯搭乘小型飛機，在印度洋上向東飛了一個半小時，在空中就見到碧綠、豔麗的潟湖（Lagoon）圍繞著整個羅德里格斯島。一個巴掌大的小機場，有兩架來去的小飛機，帶來、運走不少各國的旅客。拿了行李，就見到來接我們的愛德華先生（Mr. Edward）。愛德華先生是一個高頭大馬、面貌粗獷的非裔大漢。剛見到他時覺得他不太能說英文，這令老妻與我都有些擔心，這幾天光靠他可能就會一問三不知，搞不清楚這個島到底有什麼名堂了。上了他的老舊運貨車（pick-up）也教我們心裡涼了一截，看樣子這幾天也是「出無像樣之車」了。

愛德華先生的豪宅

　　愛德華帶我們離開機場，走上起伏的山路，兩旁住家稀落，了無人煙。不久抵達一所有三層樓的白色鑲藍邊、十分體面的洋房。愛德華告訴我們，這就是他的家，其中有六間房子

作為民宿接待遊客，他花了六年建造這所豪宅，造價約10到15萬元美金；而約一英畝的地是政府所有，他每年花50元美金的租金，租期為二十年，到期再延長二十年。我們這幾天都住在這裡，附近沒有餐館、麥當勞等，是以一日三餐都是愛德華和他太太招待。他們做的菜簡單可口，別有一番風味。同我們一起住在愛德華民宿的還有幾位遠道而來的旅客。他們已來此多日。愛德華的客房清潔整齊，用具齊備。每間房子都沒有鎖，因為這裡的人是從不用鎖的。當然也就夜不閉戶了！

山明水秀、鳥語花香

這棟豪宅坐落在一個山谷頂上，我們下車面對寬闊的山谷和遠方碧綠的大海，景色壯麗，令人有心曠神怡之感！與愛德華相處一陣，才知道他的英文詞彙雖不太多，但只要他慢慢說，你仔細地聽，才知道他風趣十足。他今年66歲，祖先來自非洲馬達加斯加島，有馬來、非洲的血統，已在羅島落戶許多代。他有十個兄弟姐妹，三個子女、四個孫兒，大多健在，都住在羅島；他的父親現已90歲，猶身體健壯、行動敏捷。

愛德華的房前有一院落，裡面長滿花卉。羅島地處南緯20度，10月中旬正是此地春滿花開，鳥語花香之際——處處鮮花盛開，可謂芳草鮮美、落英繽紛；到處都看到五色六色的飛鳥，處處聞啼鳥。

房舍儼然、雞犬相聞

愛德華的庭院占地頗大，其中養了四條狗、兩條豬、一隻美麗的大山羊和許多雞，生氣盎然。距他幾十米遠有另一棟很

不錯的房舍,是他弟弟的家。院裡也種滿了花;同樣也有條大狗和許多雞。這些雞有被關在籠子裡的、有在地上跑的,有大的,也有許多初生的小雞。我先拿餅乾餵牠們,後來愛德華的兒子給我玉米餵雞,很快牠們都成了我的朋友。最初狗一直對我大吼,過了一陣也把我當成「自己人」,不再對我吼了。這裡的狗一夜都在叫,公雞整天都在啼,真是像桃花源記中所說的「雞犬相聞」。

朝暉夕陰、風起雲湧

這裡的天氣幾乎每天都是「晴、時多雲、偶陣雨」。上午經常晴朗,到了下午雲朵飛揚,偶爾下陣小雨。初夜微風怡人,午夜以後疾風大作,寒氣襲人。朝暉夕陰、風起雲湧、周而復始、天地行健!

碧海蒼天、星辰燦然

愛德華與他弟弟院落的前方為一約四分之一英畝、突出的高崗平臺,也屬於他每年50元美金租地的範圍之內。黃昏之際,我在此眺望碧海蒼天,遠處海天一色、小島連綿、海岸曲柔、雲朵飄逸;山谷房舍稀疏、炊煙裊裊、牛羊點點、人車少見。

有一夜,愛德華告訴我次晨五時餘,太陽將由海中升起。他的院落正對東方,乃是觀日出的最佳所在。我乃於凌晨兩三點就早起出外,此時寒風襲人,清爽無比。舉頭見天上星斗閃閃萬千、銀河清晰橫天,壯哉!我欲尋找北極星,久久未能認明。不知是被雲霧遮掩,還是在此南半球難以觀察?

月起日出、海天染紅

　　我不斷觀察星辰，已近四時，突然見到天邊呈現一朵黃色光彩，最初以為是海上船隻，再候少時，只見一輪上弦新月冉冉而起，海面益漸明亮。我曾在世界各地多次東望月出、西望日落，或東望日出、西望月落，都是在陰曆十五左右、滿月之際；但從沒有想到要在新月之際看「日隨月起」的景色。這次真是個意外的奇遇。不多久，東方已現紅彩，約五時見旭日從海中脫穎而出，海天一為染紅，美麗壯觀！

羅島今昔

　　羅島位於毛里求斯（Mauritius）之東560公里，南緯19.5度。島的東西長約18公里，南北寬約6.5公里，總面積為108平方公里；為150萬年前形成的火山島，但早已停止噴發，最高峰為海拔389米，位於中部的Limon山。島及四周均為珊瑚礁（Coral Reef）沉積，是以造成美麗非凡的潟湖（Lagoon）、許多小島以及三十多個岩洞。

　　雖然早在12世紀的阿拉伯文件中就有關於羅島的記載，但由於海流及季風的關係，自古以來此島沒有原住民。1528年，葡萄牙探險家D. Diogo Rodrigues發現這個島，從此就定名為Rodrigues島，但葡萄牙人並沒有在此設立據點。

　　1601年後荷蘭人來此，但務農失敗，也就沒有繼續據守了。18世紀時法國人來此開發畜牧與農業。直到1809年，英國人打敗法國，強佔羅島。

　　1968年，羅島參加毛里求斯獨立；2002年成為毛里求斯的

一個自治區。羅島現有居民約四萬人，大多是從非洲馬達加斯加島移民而來，多信仰基督教，這與毛里求斯以印度移民，信印度教、回教為主有所不同。

羅島的經濟主要仰仗毛里求斯，其本地產業主要是旅遊、漁業、農產和畜牧，另外還有一些手工產品。這裡與毛里求斯最大的不同是沒有種甘蔗，倒是到處都是芒果等果樹。近年來旅遊業發展很迅速，前年（2016年）有七萬遊客來此觀光，看情勢以後會不斷增加。

首府——Port Mathurin

第二天一早，愛德華駕車帶我們去首府——Port Mathurin鎮參觀，並送他太太去那裡上班。愛德華的家在島的西南，Port Mathurin在島的東北海岸，但距離不到十公里。我們先經過島中部兩三百米的山嶺，見山谷青蔥翠秀，房舍儼然。然後經過Baie Du Nord，沿著到北部的海岸公路而行，沿途都是碧綠的潟湖，豔麗柔和，遠處海中小島秀麗怡人，淺水中紅樹林連綿不斷。經過幾個村落，海邊與山頭點綴著稀疏、整齊、有序、各式各樣的房舍，到處都見到鮮花盛開、芒果遍地。還經過一所頗大的監獄。不過愛德華告訴我們這個監獄裡只有25個犯人。

Port Mathurin是一個很小的鎮，但非常熱鬧，政府機構、郵局、銀行、醫院、餐館、市場排滿在幾條街上。我們去市場看看，有許多編織的工藝品，香料及此地有名的青辣椒醬。碼頭很小，據說如今到此的遊輪很少。海邊有一個小公園，在那有賣新鮮魚的小販。他們一大早出海打漁，弄了不少鮮魚在此

零售。公園裡還有賣椰子的，我們買了幾個椰子，飲新鮮椰汁很爽快。見到海邊有幾個釣魚的人，他們連魚竿都沒有，只用手拿線。可見這裡的魚很好釣。

全島的交通中心──Mont Lubin小鎮

歸途中，我們經過全島的交通中心──Mont Lubin小鎮，這裡是通往島的東、南、西、北各處公路的交點，正好在全島最高峰──Limon山旁，在鎮旁俯瞰，整個羅島盡收眼底。鎮上有一個學校，幾家商店。這次替我們安排來羅島的Mr. V的家就是鎮上最顯眼的一棟樓房。

中國人慘澹經營有成

和在毛里求斯相似，羅島也有一些中國後裔在此已好幾代，大多經商有成。譬如Mr.V，除了在Mont Lubin鎮上有個商店，在愛德華住的山崗之下靠海邊的Petite Butte村落又開了一個店，是附近居民必去的據點。他的生意做得很好，我們特地去拜訪他兩次，謝謝他的安排。他很客氣，送飲料給我們，還給了我一份很好的羅島詳圖。

海水淡化

羅島沒有穩定的河流，一般飲水、灌溉和其他用水來自儲藏雨水、鑿水井和海水淡化。愛德華帶我們去參觀了一座在海邊的海水淡化廠。淡化後的水用硬橡皮管輸送到各家住戶。

蜂蜜廠

羅島鳥語花香，是養蜂做蜂蜜的好地方，愛德華帶我們去參觀了一個位於山谷之中的養蜂廠。裡面擺了許多小蜂房，我們買了一瓶製成的蜂蜜。

懸掛吊橋

在島的南部有一個山谷，兩旁懸崖，相當壯觀，在那建了一座一百來米長的懸掛吊橋，只是現在已不准行人通過。我們經過那裡，停車觀賞，的確是個美麗壯觀的一景。

石灰岩洞與大烏龜

羅島現已發現的岩洞多達三十餘個，但開發能讓人參觀的只有兩個。Caverne Patate就在離愛德華家不遠的Petite Butte，愛德華開車帶我們去，那段路很爛，地面石頭高低不平，這時我們才知道他那輛老舊的貨車真管用，沒有這種車子是走不了這段爛路的。這個岩洞很長，有1100米，而且洞穴很大。只是還沒有築好人工的棧道，我們跟著導遊，拿著手電筒在洞裡慢慢地觀賞。因為地面高低起伏很大，有的地方潮濕路滑，洞內十分悶熱。我們花了一小時多，走了六百多米，見到幾處很寬闊、高大的穴室，奇形怪狀的通道，以及巨大的鐘乳石。

我們又去了Francois Leguat Reserve，那裡有一個小的博物館，介紹本島的地貌與生物，園內有一個岩洞——Grande Caverne，這個岩洞有六百米長，人工棧道修築完好。導遊帶我們參觀，見到許多非常漂亮的鐘乳石以及結構奇特的岩石。

這是一個難得一見的石灰岩洞。

出了岩洞，我們去參觀大烏龜園。據博物館內的說明，這裡的大烏龜是人們聽了達爾文的建議，從離此約兩千公里之北的Seychelles遷此繁衍的。園內有八百餘隻烏龜，特別有幾個大籠子是用來培養幼龜的。最重要的乃是其中有一個峽谷，其中放養了三百隻大烏龜。我們在那裡見到成群的大烏龜擠在一起睡覺。其中最大的一隻名叫Lucas，90歲，重150公斤。大家都爭著與牠合影。說實話，這個大烏龜園比加拉巴哥群島（Galapagos）上的大烏龜園還更值得一看。

海岸沙灘、奇岩、潟湖，有如仙境

三天裡，愛德華帶我們幾乎把所有可以走到的公路都走了，連許多不太能行車的崎嶇小道他也帶我們走了不少。車子可以走到的海岸，我們都去了。羅島為一火山島，圍繞著一圈珊瑚礁，島的四周均為潟湖；海灣崎嶇，或為平坦沙灘、或為奇岩峭壁，均秀麗奪目。潟湖中島嶼斑斑，與碧海相映，益增靈秀。

我們經過Grande Montagne小鎮，不久就見到東部的Saint Francois海灘。全島最美麗的海灘應屬從Saint Francois到Petit Graviers這一段的海灣，沙灘、火山岩，加添了連綿的松林，優柔諧和，有如仙境；海風迎面、浪濤洶湧，氣勢恢宏。

過了Saint Francois，愛德華的貨車在崎嶇的小徑緩緩而行，稀疏的村落盡是紅、黃、藍、紫爭豔，盛開的花朵；芒果、木瓜、香蕉、荔枝遍地。島中的山嶺為火山噴岩和石灰礁岩，因腐蝕而成各形各式，與豔麗海天相襯，有如畫境。

　　說實話，這裡的景色堪與舉世聞名的大溪地Bora Bora島媲美，更是添增了無比的靜謐。我們經過南部海岸的Mourouk、Coco和Port Sud Est，見到許多五顏六色的船拖曳傘。據愛德華說，世界各地的人都到此迎風拉傘，經常有國際拉傘比賽。

與世無爭、怡然自樂

　　我們第一次去首府——Port Mathurin時，見到公園裡有六七個人圍成一圈，吃點心、炸魚、喝酒，擺龍門陣，悠閒自得。我與他們打招呼，他們個個親切地與我搭訕。第二次我們再去時，還是見到那六七個人，吃喝、擺龍門陣。他們不知有漢，無論魏晉，怡然自樂，生活得無比愜意！

　　事實上我們在島上見到的人都是淳樸和善，誠實無欺。愛德華的民宿沒有鎖，他告訴我這島上沒有人家需要鎖門。我們到每個地方，愛德華都見到他的朋友，興致沖沖地與他們搭訕、歡笑。他告訴我，這島上大多的人他都認識。張家長、李家短，都清清楚楚，大家和睦相處、守望相助、無猜無忌。

尾聲

　　在羅島三天愉快的遊覽匆匆而過，愛德華駕車送我們去距他家不遠的機場，依依不捨而別。總的來說，羅島山明水秀、鳥語花香；房舍儼然、雞犬相聞；朝暉夕陰、風起雲湧；碧海蒼天、星辰燦然；月起日出、海天染紅；童叟和睦、淳樸道實；與世無爭、怡然自樂。是我一生所見比陶淵明的《桃花源記》所述更為真切的「世外桃源」！

第十八篇

東南亞

佛教塔、寺金碧輝煌、文化燦爛;湖光山色、水上人家、人間難覓;民俗淳樸、安貧樂道、悠然自得;史路悠長、戰爭和平、盛衰滄桑;最是伊洛瓦底江壯麗流長、滋潤大地、孕育蒼生,緬甸是個可愛的地方!

▌永遠不變的伊洛瓦底江流水
──和平與戰爭同在的緬甸

前言

　　一個多世紀以來，緬甸（Myanmar、Burma）歷經戰亂紛陳、極權統治、內政腐敗、閉關自守、民生凋敝，成為世界上最封閉、落後的國家之一。近幾年來緬甸民主、自由風潮風起雲湧；改革開放，欣欣向榮；緬甸終於重歸走向世界、也贏得全球的贊助與支援。緬甸的旅遊業在短短十年之際擴展約十倍，成為舉世矚目的一朵奇葩！我與老妻也就隨著這旅遊風潮前往探奇。

永遠不變的伊洛瓦底江流水

　　由香港經過三小時的飛行抵達仰光；在空中就見到伊洛瓦底江如巨蟒蜿蜒、三角洲上百川奔海的壯麗奇觀。令我體會到緬甸雖經歷悠長的滄桑歲月，但永遠不變的依然是伊洛瓦底江的流水，它滋潤了此地的沃土、繁衍了世世代代的子民、也孕育了緬甸的文明。伊洛瓦底江（Ayeyarwady、Irrawaddy）流域面積涵蓋了62%的緬甸領土，掌握了緬甸大部分的航運及灌溉系統，乃是該國最重要的母親河。

緬甸人走過來的路

緬甸三面環山阻隔，氣候主要受印度洋濕氣、海風影響，3月到6月中為乾燥暑期；6月中到10月是雨季；11月到2月較為涼爽。緬甸主要是個農業國家，森林覆蓋率達50%，以硬木和貴重的柚木最出名。工業有碾米、木材、石油開採、小型機械製造、礦產等。礦產有錫、鎢、鋅、鋁、石油、剛玉及玉石，其中紅寶石及翡翠享譽全球。

緬甸現有人口六千多萬，其中68%是緬族（Bamars），其次9%為撣族（傣族、Tay），以及130多個少數民族。西元前200多年（中國戰國及秦代），當時雲南少數民族紛紛遷徙避難。驃族（Pyu）離開雲南來到伊洛瓦底江上游流域安寨屯墾，逐漸形成分散的城邦。西元九世紀初，原居緬甸東北唐朝及南昭統治地區的緬族南下擊潰驃族城邦，先後建立蒲甘（Bagan、1044-1287年）、東固（Taungoo、1531-1752年）、貢榜（Konbaung、1752-1885年）三個統一緬甸的王朝。直到1858年淪為英國殖民地。

二戰期間，昂山將軍（Aung San）引領日本侵入緬甸，其後在日本扶持下成立傀儡政府，「宣布獨立」。日本投降前夕昂山倒戈，與英人談判，取得緬甸獨立。但昂山在正式獨立前，訪英歸來後不久被刺身亡。民間流傳被英人謀害一說。緬甸獨立後雖開始實行民主體制，但政治實權均被當年隨昂山引領日軍侵緬而形成的軍事集團掌握。其後吳奈溫（Ne Win）將軍乾脆發動政變，開始實行所謂「緬甸式社會主義」的獨裁軍事統治，倒向蘇聯、反華，閉關自守，直到1988年被逼下臺。

吳奈溫下臺後，其親信丹瑞（Than Shwe）將軍繼續執行獨裁
軍事統治。2011年丹瑞退位，緬甸政局開始轉變。2015年舉行
全民大選，昂山蘇姬所領導的全國民主聯盟（全民盟）取得執
政權。昂山蘇姬反對其父黨羽的軍事獨裁，為緬甸民主改革奮
鬥多年，贏得大多人民的擁護。但她實力有限、缺乏政治經
驗，一般百姓對她能否壓制起自其父的軍界老舊勢力，解決民
生經濟問題，多表懷疑。

戰爭與和平

　　緬甸有130多個少數民族，自古以來交戰不已。英國殖民
時期為分化緬甸，英人促使大部克欽族信仰基督教，二戰後成
為反抗政府的主要勢力之一，另外果敢區的國民黨殘軍後裔及
其他族群為了自身利益與地盤，加之美國、中國、印度等國的
介入，與政府軍主要在東北以密支那為首府的克欽邦時戰時
和。但政府軍也無心、無力徹底消滅地方叛軍。最近美、中報
導緬甸內戰升級，但我們在仰光、曼達勒等地見到的報導，似
乎根本沒有戰爭這回事，老百姓也毫不關心，一片天下太平的
景象。看來這種戰爭、和平同在的狀態將長久保持下去。

仰光

　　仰光（Yangon）是緬甸第一大城、主要海港。從十九世紀
英國殖民開始，經二戰後獨立直到2006年，這裡均為緬甸的首都
（現首都是位於仰光、曼達勒之間、伊洛瓦底江畔的Naypyidaw
小鎮）。
　　仰光最古老、最有名之一的建築乃是佛教塔Sule Pagoda

（Stupa），始建於西元前230年，其中供奉了佛陀釋迦牟尼的一根頭髮。十一世紀時期此地為孟族政權（Mon）統治，又建立佛教塔──Shwedagon Pagoda。我們前往Sule與Shwedagon參觀，兩處都是佛塔成峰如林、金碧輝煌、宗教與藝術氣氛濃厚。前往膜拜的民眾多如過江之鯽。

緬甸89%的人民均信仰上座部佛教（Theravada、小乘），人民溫文有禮，安貧樂道。男女都用一塊布圍成裙子（Longyi），簡單涼快。在廟裡見到童男、童女列隊拜佛。在市區也見到一些衣裝華貴的車、馬、人群列隊，原來是父母送子女去修道院開始修練。

市裡有英國殖民時期的市政府、法院等許多建築，氣勢雄偉、莊嚴美觀。其旁為Maha Bandula公園，其中高聳著緬甸獨立紀念塔。市區沒有太多高樓及像樣的高速公路。老百姓大多買日本或韓國車，城內塞車嚴重無比。我們到仰光河畔，見到運輸、商務發達。那裡的中國城占地廣闊，商店林立。

蒲甘

緬甸佛教盛行，可謂三步一小廟、五步一大寺。但佛寺、佛塔之多、之美、之奇，首推蒲甘（Bagan），這裡也是旅遊緬甸的首選。在約50平方公里、稱為蒲甘古蹟區（Bagan Archeological Zone）內遍地皆是佛塔（Stupas、實心的祭塔）、佛寺（Pagodas、Temples、有房室的廟宇）。這裡是緬甸最早的王朝──蒲甘王朝（Bagan Kingdom、1044年－1287年）的首府，在這兩百多年期間，此地曾建造了一萬多座佛寺、佛塔。至今尚留下約兩千兩百座。

看起來這些塔、寺似乎是「千篇一律」；但細觀之下，才知各有其時代背景、獨特造型與藝術價值。譬如Ananda Temple是一座白壁金頂、壯觀美麗的建築，夾雜了孟族及希臘的風格。廟裡的東、南、西、北四方有四座不同的佛陀金身立像。室外許多野獸、獅子的塑像作工精細、栩栩如生。Shwezigon Pagoda是一座全金色、高達160英尺的佛塔，主塔為拱圓形，附有許多白色、金色的小塔。庭院中有釋迦摩尼觀生、老、病、死而悟道的樓亭。

另外還有是蒲甘地區建築最為龐大、宏偉的Dhammayangyi Hpaya佛廟、最高聳的Htilominlo廟宇，以及Manuha Hpaya、Mimalaung Kyaung、Mingalar Zedi等等都是結構複雜、雕刻精緻的塔、寺，許多正在整修，可見這些古剎不僅作為古蹟，也一直讓百姓供奉膜拜。

我們於黃昏時分抵達Shwesandaw，這是一座紅棕色加雜白色磚砌的佛塔，有三層正方臺階、最上為錐形佛塔。攀階而上到了頂層，見到擠滿的遊客。這裡是蒲甘觀日落最佳之塔，登此四望，遠近成百上千、大大小小、各式各樣的佛塔、佛寺盡收眼底。遠處伊洛瓦底江迷茫在望。夕陽緩緩西下，光彩萬千，身臨其境，令人不禁有「青山古剎依舊在，幾度夕陽紅」之感。此景寫盡了蒲甘的輝煌與滄桑。

我們住的旅舍位於伊洛瓦底江畔的古皇城內，晚餐露天臨江，見江水悠悠、舟楫屢屢、遠山茫茫、佛塔隱約，美哉、伊洛瓦底江！

Popa Taung Kalat步行山

　　次日我們前往Popa Taung Kalat步行山。沿途看到農夫爬上十來米高的棕櫚樹取樹汁，用來製糖、造酒。花生、芝麻、向日葵是此地主要產物，百姓多賴此為生。婦人頭上頂了一大堆水果、蔬菜在叫賣。在路上見到中型車載滿旅客，車頂放滿行李，還坐著旅客。經過很長一段路，路旁站了一堆堆悠哉的叫花子。參觀了一個小村落，家家都曬果子和陶土。一個老太婆拿一種樹葉很快就做成煙捲，抽起來很是得意。炎夏日曬，人們用一種樹桿磨成黃色粉末，塗抹在臉上，不太雅觀，但護膚管用。

　　Taung Kalat步行山是一座由火山爆發造成的玄武岩（Basalt）獨柱山峰，山頂建有一座佛寺（Taung Kalat佛教寺院），需步行777階到山頂。這幾天進了不少佛塔、佛寺，都得脫鞋、襪。有些塔、寺缺乏修整，地面高低不平，光腳走在上面，不太好受。所幸這些階梯都有遮蔭棚頂，緩緩而行，總算到了山頂。

　　這個廟宇布置得十分堂皇，有好幾個佛塔。前來祈拜的民眾擁擠不堪，各國的旅客也絡繹不絕。這裡野猴子很多，向人要吃要喝，十分兇悍。在山峰四望，頗有「登東山而小魯」之感。接著我們到對面Popa高山上的一個餐館午餐，在那遙望Taung Kalat步行山，俯瞰四周山巒、丘陵、平原，遠處村落稀疏、塔寺點點，令人心曠神怡。

曼達勒

　　從蒲甘只二十多分鐘飛行就抵達曼達勒（Mandalay）。這

裡是緬甸最後一個王朝——貢榜（Konbaung）王朝從1859到1885年滅亡，26年間的首都。雖然在此建都時間很短，但當時的皇城（Golden Palace）有2公里長、2公里寬，外加64米寬的護城河，規模宏大無比。只惜二戰期間日軍殘暴，堅持巷戰毀城，使此珍貴古蹟化為灰燼，現作為軍營。日據時代，由於戰爭、勞役，緬甸百姓死亡約25萬人。日本軍閥造孽，罄竹難書！

我們參觀了Shwenandaw Monastery，這個修道院原由皇城內遷移到城外，得以倖免於日本人的摧殘。這棟建築的木雕精細美觀，可想當時的皇城必為金碧輝煌的藝術瑰寶。乘車上到皇城附近的曼達勒山（Mandalay Hill）頂的Sataungpyei佛寺，整個曼達勒城盡收眼底，四周佛塔、佛寺遍佈，護城河內的皇城鬱鬱蔥蔥。

我們去了一所龐大的修道院，裡面有一千多個年輕和尚在那學習、修行。宿舍、講堂都十分整潔。他們每天早上五點起床，五點半早餐，學經、工作後，十點半午餐，直到夜間就寢都不再進餐。我們參觀了餐廳和廚房，規模比我當兵時軍營伙房大得多。看到伙夫們正在燒菜，原來緬甸的和尚吃的都是大魚大肉。他們的伙食費每天由民間人士施善捐贈，約四千多美金。緬甸人信仰佛教之盛可見一斑。

我們住的旅館位於城西伊洛瓦底江邊，見到許多住在船上的百姓，這與中國南方以前的「蜑民」很相似，還見到許多居住在河邊的貧戶。他們的生活條件和我在印度孟買見到的貧民窟別無二致，望之令人心酸。

Pahtodawgyi佛塔

在曼達勒最重要的旅途之一乃是「航行於伊洛瓦底江上」。從旅館旁的碼頭登船，這艘船有十幾米長，但僅我、老妻加上導遊三個乘客。江面在此有兩公里多寬，除了在Inwa有新、舊兩座大橋，曼達勒一帶的人們過河均用行船。西岸為沙洲，視野遼闊，一望無際，江上來往船隻不斷。當日天氣雖熱，但江上清風徐來，舒暢怡人。

一小時餘抵達Mingun，就望見龐大高聳的Pahtodawgyi佛塔。這個磚砌佛塔是貢榜王朝的Bodawpaya（1745-1819）王所建。動用了全國的資源與奴工，建造了近二十年，卻只完成了三分之一，也就是50米高。勞民傷財激起全國人民的怨憤，Bodawpaya只得宣布停工。經過兩百多年的風霜、地震，這個巨塔已是裂痕累累。其前的兩隻大石獅也塌裂僅剩屁股。其旁建有全白的Hsinbyume佛塔、金頂的Settawya佛塔，和一個90噸重的銅鐘。這個景色令我想起舒柏特的「未完成交響樂」（Franz Schubert's Symphony No.8 - Unfinished Symphony）。雖未能完工，但依然驚人、壯觀。更有趣的是這和雄才大略、好大喜功的漢武帝頒《輪台罪己詔》頗為相似。這個佛塔是個絕妙的勸君改過的「立此存照」。

U Bein橋

U Bein橋是來緬甸遊客必去的景點。該橋建於1849-1851年，長1200米，有1089個木樁，全用柚木（Teak wood）建造。當時的貢榜王朝（Konbaung period）建都在位於曼達勒11公里

之南的Amarapura。為了便利首都交通及防禦，國王命令市長
U Bein建築這條位於Taungthaman湖上的長橋。

我們在黃昏時分去到橋邊，換乘小船渡湖到對岸登橋，
在橋上徜徉約半小時。這個木橋非常別致，正值旱季，橋面距
水面有十幾英尺高，但兩岸猶是綠茵青蔥，據說到了雨季，湖
水上漲幾乎到橋面。這木橋持續了近兩百年，走在上面不覺晃
蕩，還可以走自行車。橋上、湖面的旅客非常多。天邊潔白鷺
鷥翱翔，湖上群鴨戲耍，水面點綴著綠色斑斑的浮萍，五花十
色的遊船蕩漾其間。岸邊有一白色佛寺，不遠處屹立著一棵巨
大的枯樹，一輪旭日緩緩西垂。此景美極，可謂：「綠野、老
樹、群鴨；長橋、湖水、平沙；古剎、輕風、鐵馬；夕陽西
下，樂遊人望天涯！」無怪乎堪稱緬甸的招牌景點之一。

Inle湖

從曼達勒搭機飛抵Heho，乘車去Inle湖。這裡位於緬甸
東部的撣邦（Shan State），居民均為撣族。此處是薩爾溫江
（Thanlwin、怒江）流域，地貌、風俗與仰光、蒲甘、曼達勒
截然不同。乘車經過丘陵，翻過山嶺，進入平原，約一小時抵
達Inle湖上游的河道，我們登上小船。

小船在兩岸青蔥、滿布種植的水道中疾駛，馬達聲嘹亮，
激起震耳浪花。兩岸多是「人工浮島」，用水草堆成，其上
種植蔬菜、水果等農作。不久我們進入廣闊的湖面，「浩浩湯
湯、橫無際涯」。湖東、西為連綿山巒。湖中屢見遊客、居民
船隻或迎面而來、或超越而過；湖上三三兩兩捕魚的漁夫划
船、撒網，間雜著幾許挖水草添浮島的工人。幾乎每個人都十

分悠閒、愜意。這裡的湖光山色令人寫意舒暢、心曠神怡。

Inle湖形如一個長胡瓜，南北為22公里，在我們去的所謂「夏季」（三月到六月初），東西最寬處為11公里，總面積約240平方公里。在六月底到十月的雨季時，湖水上漲十多英尺，湖面也擴大很多。

小船經過一個水上人家的「村鎮」，水道巷陌彎彎曲曲有好幾公里長，市場、旅舍、飯館、廟宇、工廠、加油站，應有盡有，景氣興旺。家家都種植了蔬菜、水果，都有小船。據說這湖區有一百多個村落、十五萬居民。我們去參觀了造紙、織布、造船、製漆、鐵器等工廠，都是很原始的手工製作，但簡單實用。雖然湖水取之不絕，但因農作污染，現居民飲用水均為井水，緬甸各處地下水資源豐富，近百米深的地底大多有水質優良的水層。我們幾次見到老百姓鑽飲用水井。

我們的旅舍是一座水邊的度假村（Resort）。佈局別致、環境幽雅，房後對著湖水。觀黃昏日落，美景難遇；夜間聽鳥鳴、蟲啼、獸吼，領略大自然風味。

我們去參觀了「五日一會」的市場，這和中國的「趕集」很相似。湖區遠近的漁民以及遠山的居民或駕船、或搭車、或步行，都來此做買賣。河道上擠滿了幾百艘小船，河邊、岸上排滿了各式各樣的攤販：日用品、紀念品、電器、手機、肉類、鮮魚、蔬菜、水果，林林總總，無所不有。我發現他們40%的人有手機，大多是用華為。他們的食物種類很豐富，我見到市場上賣一種「紅螞蟻」，用樹葉包上一堆紅螞蟻，不管是活的、還是死的，一大口就下肚。據導遊說這種紅螞蟻蛋白質高、味道不錯，當地居民非常喜歡吃。要我嚐嚐，我不敢。

　　總的來說，Inle湖可謂「屋舍儼然、水道交通、雞犬相聞、黃髮垂髫、怡然自樂」，真是個世外桃源！

尾聲

　　佛教塔、寺金碧輝煌、文化燦爛；湖光山色、水上人家、人間難覓；民俗淳樸、安貧樂道、悠然自得；史路悠長、戰爭和平、盛衰滄桑；最是伊洛瓦底江壯麗流長、滋潤大地、孕育蒼生，緬甸是個可愛的地方！

▌欣欣向榮的星馬泰

　　初春之際，前往新加坡參加老妻的同學會，搭乘遊輪在星馬泰遊覽約一週。此行雖為舊地重遊，但見各處十來年進步不少，令我增加許多見聞。

新加坡

　　馬來人在此很早就有聚落。最早在西元第三世紀，中國書籍就有新加坡的記載，當時被稱為「蒲羅中」。但一直沒有形成一個重要的商港。十五世紀初，鄭和下西洋多次在滿剌加（麻六甲）停泊，只是航行中經過新加坡附近海域。直到1819年，英國人Stamford Raffles來此為英國東印度公司（British East India Company）建立了貿易轉口港，開啟了英國對新加坡的殖民。由於其地理位置特殊，新加坡在第二次世界大戰以前一直是大英帝國在東南亞最重要的戰略據點。1942年至1945年間，新加坡曾被日本占領三年半之久，其後回歸英國管理，1959年成立自治邦，1963年加入馬來西亞成為一個州，稱為新加坡州（簡稱星州）。1965年8月9日，新加坡退出馬來西亞，獨立建國。

中國城——牛車水

　　我們由臺北飛抵新加坡。這個城市清潔整齊，處處是鮮花。我們住在中國城——牛車水。這一帶有許多中國商店、餐

館和廟宇，新舊建築交錯。新加坡現有人口560萬，其中四分之三為華人，其次馬來人有14%。在牛車水可以體會到新加坡的多元人文、宗教氣息。

濱海灣花園

　　濱海灣花園（Gardens by the Bay）是新加坡「花園城市」的極致表現，位於新加坡濱海灣中央，於2012年落成，占地101公頃，興建於填海土地上，毗連濱海蓄水池。我們於黃昏時分到那裡遊覽，瞭解到這座花園內涵可不少，包括南花園、濱海東花園、濱海中花園、植物冷室、擎天大樹、園藝展覽花園以及蜻蜓湖和翠鳥湖。花園裡擁有大量的熱帶花卉、色葉植物，顯示了高檔次的熱帶園藝和園林藝術。

　　擎天大樹是由18個樹形結構的建築組成，高度介於25至50米。這些獨具一格的垂直花園通過垂直展示的熱帶攀緣植物、附生植物和蕨類植物，構思卓越、製作靈巧。擎天大樹的「樹冠」白天可以遮陰。入夜，五彩燈光和投射多媒體將這座垂直花園打扮得妖嬈多姿。兩棵擎天大樹之間有空中步道相連，方便遊客從不同的角度欣賞濱海南花園的美景。我們在那裡徜徉入夜，見到特別編排的巨樹叢林間聲光表演，精彩絕倫！

　　此外濱海灣花園旁聳立的濱海灣金沙酒店（Marina Bay Sands）於2010年6月23日正式開放營業。這個酒店耗資40億英鎊，擁有觀光平臺、豪華賭場等高檔次設施，號稱當今世上最昂貴的酒店；位於其頂部的金沙空中花園（Sands Sky Park）將三座濱海灣金沙酒店的57層（高198米）的大廈連為一體，並有個長150米的無邊際游泳池（infinity swimming pool）。在

這座占地一公頃的空中綠洲上，匯集了蒼翠綠蔭、雅致露天花園、美饌餐廳。賓客們可以在游泳的同時，俯瞰新加坡的城市景觀。這座奇特、高聳的建築物在新加坡很多區域都能見到，也成為當今新加坡的招牌景點。

花柏山

花柏山（Mt. Faber）位於新加坡南部，總面積達56.46公頃，山頂海拔105米，是新加坡的最高峰。山上的花柏山公園建於60年代，並在1994年開始重新整修，是個風景秀麗的花園。

我們於清晨搭車前往花柏山山頂，在那裡鳥瞰新加坡港口、聖淘沙島和新加坡南部的其他島嶼，以及市內林立的建築群，景色十分美麗。遠望印度尼西亞和馬來西亞隱約在望。當天登山的旅客絡繹不絕，大多是來自大陸的旅行團。

西馬來西亞

馬來西亞（Malaysia，大馬）原由前馬來亞聯合邦、沙巴、沙撈越及新加坡於1963年9月16日所組成的聯邦制、議會民主制、選舉君主制和君主立憲制國家，後來新加坡在1965年8月9日退出聯邦，並獨立建國。目前馬來西亞全國共十三個州，包括馬來亞半島十一州（西馬來西亞）及位於婆羅洲北部的沙巴、沙撈越兩州（東馬來西亞），另有三個聯邦直轄區（吉隆坡、布城及納閩），全國面積共329，845平方公里。人口超過3,100萬，90%在西馬來西亞。

馬來西亞的國教雖然為伊斯蘭教，但憲法規定人民享有宗教自由的權利，是以也有許多佛教、基督教新教、天主教、

印度教、錫克教等教徒；種族方面十分多元，馬來西亞除了11.8%原住民之外，有50.1%馬來裔、22.6%華裔、6.7%印度裔及8.8%其他種族。以前長期存在民族間的糾紛，近年來有所改進，政府強調民族和諧與多元文化。

根據1957年7月2日正式宣佈的《馬來亞聯合邦憲法》，為聯邦國會君主立憲制國家，沿襲大英帝國的政治傳統。1963年馬來西亞成立後，繼續沿用。馬來西亞國家元首為最高元首，由九個馬來州屬的馬來統治者在統治者會議中選出，任期5年；其他四州則由州元首統治，並未參與這個最高元首選舉。最高元首依首相的建議行使其職權，並擁有任命首相、拒絕批准和解散國會等裁量權，同時也是武裝部隊名義上的最高統帥。

在1970年代以前，馬來西亞的經濟以礦產與農業為主，是世界最大棕櫚油、橡膠、錫的生產國之一。後轉型朝向多領域。從1980年代，石油等工業與高水準的投資漸成主導。華人佔有馬來西亞70%的市場資本。現政府大力推動旅遊業，已成為馬來西亞的第三大的外匯收入來源。

吉隆坡

吉隆坡（Kuala Lumpur）是馬來西亞的首府，我們參觀了好幾處名勝、景點。

黑風洞

黑風洞位於市區近郊的石灰岩山巒中。洞前矗立著一座巨大的鍍金印度大佛戰神穆魯干（Kartikeya、Murugan）塑像，高達140米。戰神穆魯干是濕婆（Shiva）和雪山神女（Parvati）的

幼子，主掌戰爭與勝利。許多印度教徒來此膜拜，遊客也是絡繹不絕。佛像前的廣場上有許多鴿子，還可以看到許多印度教的神像及彩繪。黑風洞的石灰岩溶洞寺廟群包含三個主洞及20多處較小的洞穴。其中最大的一個是神廟洞（又稱光洞），從廣場要爬272級台階才進入神廟洞，沿著巨大的洞穴往裡走，見到100多米高的寺廟天花板及裝飾精美華麗的印度教神龕，還有許多神靈塑像。到了洞後面見到陽光從洞頂射進洞中，給人豁然開朗之感。

舊皇宮

舊皇宮是以前國王的皇宮，現為國家元首定居所在。我們經過那裡，在外面見到皇宮占地遼闊、建築宏偉、庭院幽雅，大家留影而去。

雙峰塔

雙峰塔（Petronas Twin Towers），又稱佩重納斯大廈、國家石油大廈、國油雙塔、雙子塔及雙子星塔等，是兩棟位於吉隆坡市中心的摩天大樓。該建築曾經是世界最高的摩天大樓，直到2003年10月17日被位於臺北市的臺北101超越。雙峰塔樓高452米，共有88層，大樓表面大量使用了不鏽鋼與玻璃等材質。雙峰塔是吉隆坡的地標及象徵。我們經過那裡，停車拍照。

獨立廣場

獨立廣場位於市中心的蘇丹阿布都‧薩馬德大廈前。1957年8月30日午夜，英國國旗在此降下，馬來西亞國旗首次升

起。廣場的南端有一個95米高的旗桿,是世界上最高的旗桿之
一。如今每年8月31日的國慶遊行在此舉行。

獨立廣場原名雪蘭莪俱樂部草場(Selangor Club Padang),
為板球場地,廣場周圍是許多有歷史價值的建築物。建於1897
年的蘇丹阿布都・薩馬德大廈俯瞰獨立廣場,是最顯著的地標
之一。雪蘭莪州祕書處設此,後來改為最高法院。荒廢多年
後,現在為遺產、文化和藝術部所在地。此外還有都鐸式風格
的雪蘭莪皇家俱樂部、國立歷史博物館(原渣打銀行大廈)和
紀念圖書館、

聖公會聖瑪利亞教堂、一座一百多年歷史的哥德式建築,
和吉隆坡火車總站等。

檳榔嶼

檳榔嶼(Penang)是一個離岸很近的島嶼,居民中42%是
華人。遊輪在那停泊一天,我們乘纜車登上檳榔嶼最高峰、
海拔833米的升旗山。那裡氣候涼爽宜人,在那眺望檳城和海
景。山頂上建有一座花園,種植熱帶植物和花卉。初春之際,
百花盛開,美麗怡人。

我們又到極樂寺遊覽。這座寺廟已有一百多年歷史,寺廟
依山傍海,占地廣闊,是馬來西亞和東南亞規模最大、建築最
宏偉的華人佛寺。該寺五彩繽紛的建築鱗次櫛比,多以花崗石
砌成,最主要的建築為樓高七層的萬佛塔以及全球最高的八角
亭觀音閣。吸引了眾多本地與海外佛教徒前來朝聖,我們在那
裡見到旅客絡繹不絕。

回到城區後,我們參觀了一所中國文化博物館,這裡原本

是一個中國富商的住家。他因開錫礦發了大財，留下這所豪宅，現開放作為博物館。裡面陳列了許多百多年前的傢俱與文物。

蘭卡威

蘭卡威（Langkawi）位於馬來西亞和泰國交界稍南，屬於馬來西亞，由104個小島組成，距馬來亞海岸約30公里。這裡的景色清爽、秀麗。我們登岸，乘纜車到Gunung Mat Chinchang山頂，眺望四方，景色不俗。又到Kilim Karst Geoforest Park觀賞自然風光和一些鳥類、猴子。

泰國

布吉島

我們的遊輪最北的一站是布吉島（Phuket），在那裡停留兩天。布吉島位於印度洋的安達曼海（Andaman Sea），是泰國境內最大的島嶼，是世界知名的熱帶觀光勝地。多年前曾專程來布吉遊覽，這次舊地重遊，只覺此地進步不少，四處擠滿遊客，顯得欣欣向榮。

佛教寺與岩洞

我們去Chalong佛教寺廟遊覽，這是一座典型的泰式佛寺，有好幾棟樓房大殿，庭院樹木、花草滿園。次日我們又去了一個巨大的石灰岩洞，以前是僧人修行的地方，裡面有許多佛像。四周有許多長尾猴。

James Bond島與水上人家

我們搭車一個多小時,離開布吉島到了太平洋岸的攀牙灣(Phang Nga Bay),再乘船遊覽。這一帶有一百多個石灰岩小島,景色和桂林相似。其中最有名的是James Bond島,由兩個小島加上一個豎立的柱狀奇岩組成。1974年James Bond電影以此作為背景,將此島聲名傳遍全世界。我們在James Bond島附近觀賞一陣,見到許多遊客划小船穿越水中的岩洞,頗有風味。回程中我們到一處頗具規模的水上人家參觀、休息。

2004年大海嘯

2004年12月26日,一場發生在印尼蘇門答臘附近海域的海底地震引起了嚴重的海嘯,海嘯席捲泰國、馬來西亞印度洋海岸,包括布吉島,根據統計在災難中布吉一帶共有250人喪生,布吉島西的幾個主要海灘都受到極其嚴重性的破壞。浩劫之後,泰國政府十分重視受災地區的重建工作,大力推行各項政策恢復當地旅遊業的發展。同時也設立了東南亞地區第一套海嘯預警系統以防未來海嘯再度發生。

克拉運河計畫

在我搭車前往太平洋邊的攀牙灣時,不由想到泰國的「克拉運河計畫」。這是指在泰國克拉地峽處挖掘一條運河溝通太平洋與印度洋。早在17世紀就有關於開鑿這條運河的動議。100多年前的曼谷王朝五世王朱拉隆功提出開鑿克拉運河,打通太平洋與印度洋間海運航道的構想。但當時的科技、經濟條

件都不足。接踵而來的一戰、二戰、冷戰和印支戰爭更使得泰國難以顧及此事。近年來，開鑿克拉運河的議題又重被人們提起，並真正開始了紮實的研究論證。特別是中國在一帶一路政策之下，有意參與此項計畫。

擬議中的泰國克拉運河，全長102公里，400米寬，水深25米，雙向航道運河。運河開通之後，船舶可由中國南海經泰國灣，再穿過運河，進入安達曼海，直出印度洋，不必走麻六甲海峽，航程至少縮短1100公里，可節省2-5天航行時間，大型油輪每趟航程預計可節省18萬英鎊左右的費用。這許多天我在泰國、馬來西亞和新加坡，與當地居民多次談到有關泰國克拉運河的事，他們都認為勢在必行，但也許還得等一二十年時間。

尾聲

星馬泰地處中南半島南端，太平洋與印度洋之交，為世界最主要的航道之一，港口繁榮、商務發達，華人眾多，宗教多元。沿海各城市風貌各異，印度洋岸與太平洋岸景色截然不同。近年經濟復甦，各處顯得欣欣向榮。

▌風調雨順的沙撈越

　　馬來西亞分為東馬和西馬兩部分，西馬是在馬來西亞半島，而東馬則位於婆羅洲北部的沙撈越（Sarawak）和沙巴（Sabah）兩州。東馬地理位置在北緯1到5度之間，這裡沒有颱風、地震、海嘯。每年11到2月為雨季（Monsoon），是以可謂「風調雨順」的海岸、山巒和熱帶雨林綜合地貌，與西馬大不相同。老妻與我趁星馬泰之遊後特地飛往沙撈越的古晉，在沙撈越徜徉多日。

沙撈越

　　沙撈越州位於婆羅洲西北，東北與沙巴州相鄰，兩州中間為汶萊這個獨立國家，而其南與印尼加里曼丹接壤，現有人口約270萬。在沙撈越發現有距今四萬多年前的人類居住遺跡。西元八至十三世紀，沙撈越就與中國有貿易往來。十六世紀時這一地區開始受到汶萊帝國（渤泥國）的控制。1841年，英國探險家詹姆士・布魯克（James Brooke）從汶萊手中取得沙撈越在今古晉一帶的統治權，成為獨立王國，並逐步將版圖擴張至今天的範圍。沙撈越在1941-1945年被日本占領，戰後又被劃給英國成為了直轄殖民地，直到1963年7月22日才取得自治權；同年9月16日，沙撈越與北婆羅洲（今沙巴）、新加坡（在1965年被驅逐出聯邦）和馬來亞聯合邦（今馬來西亞半島或西馬）組成馬來西亞聯邦。

沙捞越蕴藏著大量自然资源，特别是胡椒、木材、棕榈油和石油、天然气，有大量的出口贸易，其他还有制造、能源和旅游等产业。

古晉

古晉是沙捞越的首府，市区人口约32万，加上市郊共66万，是沙捞越最大的城区。古晉市区有14万马来人，12万中国人以及其他伊班人等30多个不同的民族群体。华人主要是在郊区的客家人和在城区的福建人组成，讲福州话、闽南话、客家话、潮州话、广东话和海南话。华人很早就来到沙捞越谋生，多经商、经营杂货店、餐饮、伐木、建筑、渔业等，在社会上颇有经济地位。

虽然马来西亚是以伊斯兰教为国教，但仍属于宗教自由的国度，本地华人多信奉佛教、道教、基督新教、天主教等等。

河景與海鮮

我们住的旅馆正对著沙捞越河，对河是高耸美观的国会大厦（State Legislative Assembly Hall），远处是新建的横跨沙捞越河大桥。夜间大桥之上及沿河两岸灯火鲜艳、河上舟楫往来不绝，景色怡人。我们夜间到河边散步，但觉古晉民风淳朴，人民生活较悠闲，节奏缓慢。古晉靠海，海产丰富。我们旅馆附近有一处海鲜大排档，享负盛名，我们两度去那里晚餐。海鲜种类繁多可口，吸引了许多游客。

紅毛猩猩園

　　紅毛猩猩（Orangutan）是人類的「近親」，和長臂猿（Gibbons）、大猩猩（Gorillas）、黑猩猩（Chimpanzees）同屬類人猿科（Hominoidea）。在1千930萬到1千570萬前，紅毛猩猩從類人猿科分支出來，但根據DNA分析，紅毛猩猩和人類有97%是相同的。紅毛猩猩只生長在蘇門答臘和婆羅洲及附近島嶼，屬於獨特（Endemic）動物，分成Sumatran（蘇門答臘）Orangutan、Bornean（婆羅洲）Orangutan和Tapanuli Orangutan三種。據估計，現在沙撈越和沙巴的原始森林裡約有1萬3千隻紅毛猩猩，但人能看到的，除了在特別的園區，機會微乎其微。紅毛猩猩非常珍貴，有些不法之徒到深山中槍殺母猩猩，獵取幼猩圖利。以致紅毛猩猩園乃是到沙撈越和沙巴旅遊必去的景點。

　　我們在古晉附近參觀了一個紅毛猩猩（Orangutan）園。這個猩猩園是在幾平方公里大的原始森林裡圈閉飼養。其中有24隻紅毛猩猩，各取了名字。在森林裡裝置了許多繩索讓猩猩攀爬。還安置了一個飼養木台，園丁定時送去許多香蕉、木瓜等水果，有些猩猩就會去那裡就食。旅客們走到有護網的區域觀賞。我們隨著眾多遊客步行登坡，見到五隻紅毛猩猩到木台拿東西吃，在附近的樹上攀爬，很有意思。

長屋

　　我們在古晉附近的旅途中見到許多當地的「長屋」（Longhouses）。導遊特地帶我們去參觀了一處有32個家庭的

長屋。這些長屋是居住在沙撈越、汶萊及印尼所屬的西加里曼丹（West Kalimantan）的伊班人（Iban People，Sea Dayaks）特有的建築。伊班人是一個尚武的部族，和臺灣部分的原住民相似，他們以前曾有除草（獵人頭）的習俗。伊班人為了團結防禦敵人攻擊，將許多家的住房連成一長串，後來的家庭逐漸加長。這和福建永定的客家人建造土樓禦敵有相似之處。

我們進入長屋，見到很長的走廊與大廳，而每一家都有自己的門戶，門前的大廳也屬於這家人。大廳外還有一長串的陽臺，他們在此曬胡椒、清理蔬菜。附近乃是他們的胡椒、蔬菜及果樹園。我們還見到一家人留下的幾顆當年「除草」得來的人頭。看來伊班人的生活很清苦，但他們內部守望相助，非常團結、和諧。

胡椒

胡椒（Pepper）對人類的歷史曾有極重要的影響。胡椒原產地為印度，古代最重要的產地是印度西南部Malabar沿海（如今Kerala State）。在近年出土的古埃及墓裡發現有胡椒陪葬，但沒有找到古籍記載。西元前四世紀，希臘已有少量應用作為調料，到了羅馬時期，阿拉伯人經由紅海將胡椒輸往歐洲，廣為應用。我國史書上最早有關可能是胡椒的事蹟出於《史記‧西南夷列傳》。漢武帝在建元六年（前135年）派遣番陽令唐蒙出使南越番禺（今廣州市附近），南越王用從夜郎牁江運來的「枸醬」來款待唐蒙。後世有人認為那就是黑胡椒，但也有許多爭論。到了魏晉時期，胡椒已為中國人採用，但大多是貴族的調味品，到了唐朝才有大規模的應用。

　　在西方航海大發現時期以前，胡椒已大量在爪哇、蘇門答臘、馬來西亞、香料群島（東印度群島）等熱帶地區生產。一方面輸往中國，另一方面銷到歐洲。1453年，東羅馬帝國滅亡後，歐洲通往東方的陸路交通被伊斯蘭教國家堵塞，激起西方人尋找海上前往東方，獲取胡椒的航道，促成航海大發現時代。如今全球最大的胡椒產地是越南，約占全世界產量的三分之一。

　　沙撈越最早種植胡椒在十四世紀，乃是中國商人首先開始將胡椒移植到這裡。現成為當地人民最重要的經濟來源。我們這幾天旅途中到處都看到胡椒樹，田野間幾乎家家都種植胡椒。

　　導遊帶我們去參觀一家胡椒廠，見到胡椒山坡上布滿一排排的木樁（註：胡椒樹不能吸收太多水分，是以必須在坡地種植，以防水淹），胡椒沿木樁爬藤生長，看起來像許多聖誕樹。種胡椒需先種子培養幼苗，然後將幼苗分種入土，約五六個月就長滿約5毫米直徑的胡椒子（Peppercorn）。成熟的胡椒子略帶暗紅色，每隔一兩天就可採摘一些。取下後放在陽光下曬兩周後呈黑色。再用一種離心分離器把較好、較重的胡椒和較輕、較差的分出，磨碎就成了黑胡椒。好的就送到市場銷售，差的則留自用。如果把黑胡椒泡在水中約兩周，胡椒的黑色外殼就脫落，剩下內部白色的心，磨碎就成了白胡椒。參觀了這個小廠，才知道黑胡椒和白胡椒本是同根生，只是黑胡椒連皮帶心一起磨碎，而白胡椒是經過去黑皮加工，無怪乎價格要貴點。

棕櫚油

我們搭車沿途到處都見到油棕樹（Oil Palm）。這是當地居民的重要產業之一；也是主要食用油的來源。一棵油棕樹可以活到23年，每年都結許多約3公分長的橢圓形果子。果子取下後都賣給一個很具規模的工廠，然後在那裡加工榨油、銷售。

熱帶水果繁多

在婆羅洲沒有蘋果、梨子、桃子，但熱帶的香蕉、木瓜、火龍果、椰子、芒果等等到處都是，特別是榴槤很多。

Aiman Batang Ai Resort & Retreat

經過約五小時的車程，我們抵達Batang Ai湖邊。這個半人工的內陸湖面積有1200平方公里。四周群山環抱，寂靜幽美。我們乘船約20分鐘到達島上的Aiman Batang Ai度假村（Resort & Retreat）。這個度假村規模龐大、佈局雅致，旅舍仿照伊班人的長屋，居高臨湖，視界遼闊，院內各種花草、林木盛開。我們在那裡過了一夜，次晨返回古晉。

尾聲

沙撈越地廣人稀，風調雨順，四處盛產胡椒、棕櫚油；華人眾多，民風淳樸；海岸、湖泊多姿，山巒、雨林秀麗。特有紅毛猩猩舉世聞名，是旅遊的好地方。

沙巴州的熱帶雨林

沙巴州

　　沙巴（Sabah），舊名「北婆羅洲」，位於婆羅洲島北部，是馬來西亞的13個州之一，其南面與印度尼西亞的北加里曼丹省相接壤。自1881年起，北婆羅洲一直被大英帝國所統治。直到1963年8月31日，北婆羅洲被英國予以自治地位，同時改名為「沙巴」，是年9月16日與沙撈越、馬來亞及新加坡4個國家共同組成馬來西亞聯邦。沙巴有「風下之地」（Land Below The Wind）或是「風下之鄉」之美譽，原因是沙巴的位置在飽受颱風肆虐的菲律賓之南，颱風從不經過這裡。

　　人類最早遷移和定居到沙巴地區的時間，可追溯到距今2-3萬年前。這些早期人類是棕色人種或矮黑人的群體。下一波的人類遷徙是南島語族黃色人種，發生在大約西元前3000年。

　　第七世紀時沙巴是當時汶萊帝國的屬地，受汶萊影響開始信奉伊斯蘭教。1658年，汶萊蘇丹將婆羅洲北部和東部的一部分割讓給蘇祿婆羅洲蘇丹；1749年，婆羅洲蘇丹國將菲律賓巴拉望省南部割讓給西班牙。史籍記載沙巴早在西元6世紀就和中國有經濟來往，在沙巴博物館可以看到各式各樣的甕，足證沙巴與中國的關係源遠流長。

　　1761年，英國東印度公司官員Alexander Dalrymple與蘇祿蘇丹締結協議，允許他在Pulau Balambangan設立貿易站。1846

年，汶萊蘇丹將位於北婆西海岸的納閩島（Labuan）割讓給英國，其後於1848年成為英屬皇家殖民地。北婆羅洲的所有權最後流落到Alfred Dent手中，並由他在1881年成立了英屬北婆羅洲臨時協會有限公司（British North Borneo Provisional Association Limited）。1882年，英屬北婆羅洲特許公司成立，以古達為特許公司初始之總部，後於1883年將總部遷往山打根。1888年，北婆羅洲成為英國的保護領地。

第二次世界大戰期間，日軍於1942-1945年占領沙巴。當地人組織了抗日游擊隊抵抗日軍。日本投降後，北婆羅洲成為英國海外領地，英國繼續統治北婆羅洲直到1963年8月31日，北婆羅洲擺脫英國統治獨立。之後是一段過渡時期，英屬北婆羅洲總督留在北婆羅洲至1963年9月16日，即馬來西亞聯邦成立為止。1963年9月16日，北婆羅洲改稱為沙巴，與馬來亞、沙撈越和新加坡共同組成獨立的馬來西亞聯邦。

現沙巴人有32種不同的族群，其中以卡達山－杜順人（17.8%）、巴瑤人（13.4%）、華人（13.2%）、馬來人（11.5%）為主，分別使用華語、英語、卡達山話和馬來語。華人多數是客家人。

亞庇

亞庇市（Kota Kinabalu）是沙巴首府，也是最重要的商業中心。旅遊業，製造業等為重要經濟支柱；市區人口估計為45萬，整個都會人口約有63萬，主要是馬來人，其次有20%的華人，其中主要為客家人。我們夜間在鬧市閒逛，去了一條「榴槤街」，整條街都是賣榴槤的商店和攤子，非常熱鬧。

神山——Mt. Kinabalu

被當地人稱為「神山」（God Mountain）的Mt. Kinabalu距Kota Kinabalu僅90公里。這座山的頂峰高達海拔4,101米，比臺灣玉山還高一百多米，乃是東南亞的最高峰。它並非由火山噴發形成，而是從一百萬年前開始，地底的石英岩向上升起，穿透原覆蓋其上的砂岩、頁岩，經過風雨的風化，其後又被冰河磨蝕，形成光滑鋒利、壯觀巍峨的石英頂峰。這座神山至今依然持續向上，每年升高約5毫米。

我們乘車，一路盤旋而上，只見重山深谷，青蔥秀麗，有似臺灣縱貫山脈。抵達神山腳下，停車仰望，見到山頂猶如屏風，群峰延綿，遠處山巒襯托，壯麗多姿！

導遊帶我們進入公園，在熱帶林中漫步，又參觀了一個植物園。其中有多種珍奇樹木、花卉、昆蟲與飛鳥。最有意思乃是兩種食蟲的灌木包——Nepenthes villosa和Nepenthes tentaculata。它們有開口的包，會放出氣味吸引昆蟲或小動物進入包內。因為包的內壁滑潤，進去的動物無法爬出去，最終被消化。

我們見到一些登山的人群。據統計，每年有來自世界各地約20萬人登到頂峰，普通人登山需兩天時間，攀爬八公里半的山徑，半山中有幾處登山營地，提供登山客休息與過夜的設備。每年還舉行登山比賽，最快的紀錄是一位來自非洲肯亞（Kenya）的傢伙，他只用了兩個多小時就由山腳跑到最高峰，真是登峰如履平地！

山打根

　　山打根（Sandakan）位於沙巴省的東海岸。早在19世紀中期，許多華人經香港移民到此，帶來繁華，故有「小香港」之稱。現市區有16萬人，其中約40%是中國客家人，到處都看到中國字；連市郊總人口約40萬。人們信仰基督教，佛教，伊斯蘭教，另外中華文化亦甚盛行。

Bilit Rainforest Lodge──度假村

　　我們從亞庇搭機前往山打根，因飛機一再誤點，延誤了十一小時。到夜間才抵達山打根。導遊立即帶我們搭車去Bilit Rainforest Lodge──度假村。這個度假村位於Kinabatangan河畔。Kinabatangan河長560公里，是馬來西亞第二長的河流，流域面積為16,800平方公里，涵蓋了約23%的沙巴。河流的兩岸均為熱帶雨林，草木茂盛、動物繁多。

　　我們住的度假村是在河邊搭起的吊腳房，四周均為森林，許多野生的長尾猴（long tailed Monkey）在庭院跑來跑去。樹上的小蟲、蟬叫個不停。我們三度乘船沿河去觀賞景色及稀有動物。這條Kinabatangan河有一兩百米寬，水深高達九米，水勢旺盛。這裡每年的雨季（Monsoon）是11月到2月，此時雨水充足，河水上漲五米以上。

　　河的兩旁均為森林，我們進入一條支流去觀賞婆羅洲獨有（Endemic）的長鼻猴（Proboscis monkey或Long-nosed monkey）。牠們棲息在樹叢中，以樹葉、水果及小蟲為生。總是以一個公猴、幾個母猴和十多個幼猴組成一個家庭，群居

覓食，防禦敵害。牠們一般可活13到30年。回程中我們還見到
另一種猴子——Pig-tailed langur，是一種這裡附近島嶼的獨有
動物，另外也看到一個紅毛猩猩。我們還見到許多Kingfisher
Bird，這種小鳥身上五顏六色，十分美麗。

　　見到許多別種的小燕子，到水上喝水，帶回築巢。山打根
的燕窩非常有名，非常昂貴，大量暢銷中國及世界各地。我們
到市場買了一小瓶，兩口就喝完了。夜間我們在河上見到貓頭
鷹及其他的鳥類；也舉首望見明亮的星斗和滿布的銀河。北
極星坐北低垂，但這裡沒見到南十字星。這裡的河上行舟觀動
物有似亞馬遜河遊河，只是見到的動、植物大不相同，各有其
風味！

紅毛猩猩

　　我們在古晉和山打根兩度去參觀紅毛猩猩園，兩處都設
計得非常完善。山打根的Sepilok紅毛猩猩園坐落在一片廣大
的原始森林中，園丁們到原始森林尋找被非法獵者槍殺母猩後
散失的幼猩，帶回飼養並給予生活技能訓練。這裡的規模較古
晉的更大，遊客也更多。我們沿棧道走到幼猩訓練所，見到幾
個園丁在訓練幼猩，幼猩懵懂無知，舉止可愛；最後到飼養中
心，看到園丁在飼養木臺上分送水果，許多隻猩猩在臺上吃得
不亦樂乎。也有幾隻在樹上和人工的繩索上遊盪。牠們除了吃
水果，還吃些樹葉、小蟲，還能用些簡單的工具。每晚都要在
樹枝上搭一個巢來過夜。牠們不能淋雨，因為水會吸附在長毛
上，增加重量使得行動不便。到雨季時牠們就找樹葉密集，得
以避雨的樹蔭處棲息。紅毛猩猩一般壽命約30多年，但在人的

保護、飼養下可延長到50歲左右。

　　據聞每隻幼猩售價高達150萬美金。現當地政府嚴格規定禁止捕猩猩，違者重罰五年徒刑、20萬馬幣罰款。另外對野生環境也定下許多規章，極力保護紅毛猩猩。

尾聲

　　沙巴東馬來西亞地廣人稀，風調雨順，四處盛產胡椒、棕櫚油；華人眾多，民風淳樸；海岸、湖泊多姿，山巒、雨林秀麗。特有紅毛猩猩舉世聞名，是旅遊的好地方。

蕞爾富國──汶萊

汶萊（Brunei）是個很奇特的國家：它很小，總面積只有5,765平方公里；人很少，現有人口只有約42萬人。但這個蕞爾小國卻非常富有，2018年的總國民所得（Nominal）為130億美金，人均國民所得（GDP- Nominal Per capita）為27,601元美金，居世界第25位；但如以生活標準、購買力而論，（GDP- PPP Per capita）則為77,699元美金，居世界第五位。換句話說，那裡的人過得很好！久想去看看那裡的風貌與人民的生活，初春之際趁馬來西亞之旅，特地到汶萊遊覽三日，始知果然名不虛傳！

街道整潔、市容清爽

我們午後從吉隆坡飛往汶萊的首都斯里巴加灣市（Bandar Seri Begawan），進關居然只花了一兩分鐘。出了機場，只見街道整潔、寬敞，市容清爽，了無喧囂；許多新式的建築，好幾個莊嚴雄偉的清真寺，一座新建的大橋橫跨汶萊河（Brunei River）上。

蔬菜、水果種類多

導遊首先帶我們去看當地居民的早市，主要是賣蔬菜、水果、香料、米和水產。這裡的蔬菜、水果有一半我們從來沒見過。香料的種類也非常多，米都是旱稻，較臺灣、中國的米小一些，有黑色、白色、淡黃色等等。據導遊說，這裡的旱稻每

年只有一收，生長期長達半年。水產主要是魚、蝦，也有些烏龜。這裡的人大多是伊斯蘭教徒，市場上沒有豬肉。

博物館多而檔次高

我們一連串參觀了好幾個博物館，包括汶萊的歷史、早期人民生活、工藝、漁業以及皇室。每個博物館都陳列有序、解釋精闢，使遊客對汶萊的今昔有了基本的認識。

汶萊人走過來的路

最早在中國的史書上有關汶萊的記載出於《梁書》卷五十四・列傳第四十八・南海諸國・婆利國：「在廣州東南海中洲上，去廣州二月日行。」六世紀時稱婆利或渤泥，曾遣使到南梁朝貢，其後在隋、唐、北宋時期朝貢不斷，可見汶萊早期受中國文化影響頗深，人民長期信仰佛教。南宋福建泉州市舶司提舉趙汝適著《諸蕃志》，其中提到婆泥王國有戰艦百艘，貿易昌盛、國富民安。明代永樂年間（1408年），渤泥王麻那惹加那曾經親自率使臣來中國拜見明成祖，不幸病故，葬於南京，留存至今。明初鄭和航海第二次下西洋時曾來到汶萊。

十三世紀起，汶萊逐漸受到印尼的影響，開始信奉伊斯蘭教，十四世紀初成為瓜哇Majapahit帝國的附庸。1368年，Muhammad Shah擺脫Majapahit帝國的控制，建立汶萊蘇丹（Sultanate of Brunei、Negara Brunei、Bruneian Empire、Empire of Brunei）。汶萊蘇丹在15到17世紀曾擴大控制了北婆羅洲及菲律賓南部，後內部鬥爭使國力衰退，領土喪失僅剩當今Brunei-Muara、Belait、Tutong、Temburong四區。西班牙

人、荷蘭人都先後來到汶萊，但均沒有建立長久的殖民。1888年，英國強迫汶萊簽訂協約，汶萊成為英國的屬國。二戰中，日本於1941-45年攻佔汶萊，大量掠奪其石油資源。戰後恢復英國統治，直到1984年1月1日汶萊得以正式獨立。現有的國民中65%是馬來人，10%是華人，24%為其他種族；67%伊斯蘭教徒、13%佛教徒、10%基督教徒，另有10%為印度教和其他教徒。

清真寺

伊斯蘭教是汶萊的國教，斯里巴加灣市就有三個很大的清真寺，分別是不同時代所建。我們參觀了兩座，一個在河邊的公園旁，是上世紀中期所建，佈局莊嚴美觀；另一個在市中心，建於上世紀末，耗資一億美金，氣勢雄偉，遊客不斷。另外在Kamporf Ayer水上人家也有一所清真寺，乃是更早期的建築。伊斯蘭教徒每天要禱告五次，我們在市裡就聽到多次廣播的禱告聲，我們的導遊也常抽空禱告。

汶萊河風光

天剛破曉，導遊就來帶我們到碼頭搭上船，沿汶萊河（Brunei River）向下游而行。不久就出了城區，河道約有數百米寬，景色幽雅，見到少許行舟垂釣者。兩岸鬱鬱蔥蔥，均為熱帶林，主要都是紅樹林（Mangrove trees），這和臺灣淡水海邊和我們去年在毛里求斯的羅島海邊的紅樹林相似，但這裡的紅樹較為高大。

船走了約二十分鐘，導遊就沿河邊尋找早起覓食的Proboscis

猴子（long-nosed monkey、Bekantan）。今天我們運氣不錯，看到不少Proboscis猴子在活動，爬上爬下，忙個不停。這種猴子為婆羅洲特產，淺褐色，約有半米多長，公的鼻子較長。據說大鼻子是吸引母猴子的最佳利器，越大越性感。他們主要是吃紅樹葉和水果，也稍微吃一些花朵、種子和小蟲。

另外還見到幾隻鱷魚（Crocodiles）、小白鷺鷥（Egrets）和水獺（Otters），都十分珍奇、可愛。這次航行雖走不遠、時不長，但十分別致，令人領略了此地熱帶森林與河流的生態；以及近鬧市而無車馬喧囂的謐靜。

Kampong Ayer水上人家

汶萊人最早的聚落是在汶萊河灣中的水上人家——Kampong Ayer，這裡也就是當今首都斯里巴加灣市的河灣。汶萊人在河上用竹子或樹木搭建房舍，這裡沿汶萊河向下游約50公里就是中國南海。河水是半鹹的（brackish），不能飲用，但漁產豐富，是以早期居民均以捕魚、打獵為主要生計。Kampong Ayer是汶萊的首都與皇室所在長達幾世紀，汶萊帝國強盛時也曾遷都到Kota Kinabalu。直到英國殖民時期才發展河岸的斯里巴加灣市，遷都到此。

我們在博物館見到十九世紀英國人初來此時Kampong Ayer水上人家的照片。如今那裡還有1萬9千居民，被稱為「東方威尼斯」。導遊帶我們乘船到水上人家參觀，水上搭起的鋼筋水泥街道穩固、整齊，四通八達。居民房舍大多寬敞、清潔，其中有商店、餐館、聚會庭。每家都有自己的船隻，上岸後也都有私家車，交通非常方便。這裡與我們以前在世界各地見到過

的許多水上人家，看起來比較富有而現代化。

石油天然氣帶給汶萊幸福與歡樂

汶萊原本除了漁業、打獵外，沒有什麼資源，連農產也不能自給自足。這個貧瘠的小國度過了許多世紀的清苦生活，未料20世紀初帶來驚天動地的轉變。1926年有兩個外國人在Seria河畔聞到油味，他們請了專家進行勘探，找到了露頭的天然氣。第一口井於1929年4月5日在974英尺深的地層發現商業性油產，幾個月後的第二口井也找到了油。這個Seria油田開啟了汶萊的石油工業。到了1940年日本人攻佔汶萊前，該油田已達到每天1萬8千桶的產量，帶給殼牌（Shell）公司、汶萊皇家以及老百姓很大的財富。

由於日本侵佔的戰亂，汶萊的石油工業遭到重大的破壞。戰後逐漸恢復。其後於1957年開始在近海探鑽，直到1963年終於在距Kuala Belait海岸13公里的近海發現了Southwest Ampa天然氣田。這個巨大的天然氣藏促使殼牌公司營建當時世界最大之一的液化天然氣處理廠──Brunei Liquefied Natural Gas Plant at Lumut。該廠於1972年投產，將液化天然氣輸往日本及臺灣等地。1969年，在Ampa氣田附近發現了可觀的Fairley油氣田；1970年在Seria油田東北方70公里處又找到了巨型的Champion油田；接著於1975與1979年先後繼續發現了Magpie和Rasau兩個油田。這幾個油田的投產使得汶萊的石油總產量躍到每天25萬桶。

找到了海上巨大的石油、天然氣藏，汶萊的石油工業更上一層樓。現石油產量約為每天16萬7千桶，天然氣產量約為8億

9千萬立方英尺（0.89 BCF）。每年石油、天然氣的收入約118億美元，占全國總國民所得的90%。最早投產的Seria油田，到了1991年夏天已產出十億桶油。汶萊政府特地在那裡立了一座紀念碑，Hassanal Bolkiah蘇丹親往主持揭幕式。

珠光寶氣的蘇丹

現任蘇丹Hassanal Bolkiah是第29任國王，現年71歲，已在位50年。據報導，他的資產有200億美金，他的正式皇宮——The Istana Nurul Iman Palace是世界現存最大的皇宮，造價3億5千萬美金，共有1788間房間，257個廁所，房屋面積為2,152,782平方英尺。他嗜好很多，特別喜歡收藏名貴車子，有600輛Rolls-Royces、450輛Ferraris和134輛Koenigseggs。他還愛好駕駛飛機，擁有20來架飛機。有三個老婆，現只有原配還和他在一起。

養生送死無憾的老百姓

Hassanal Bolkiah雖然奢侈如此，但他對人民非常好，贏得老百姓的愛戴與擁護。他將汶萊從石油天然氣得來的財富與百姓分享。導遊說他們不需要交所得稅；子女的教育費用完全由國家負擔，人人上大學都有獎學金，國家還替你負擔到外國留學的一切費用；醫藥、治病不要花錢，如要到外國醫療，包括旅費、醫療費等全由國家出錢；政府蓋好房子，以無息貸款給人民，分幾十年還清，每月僅數百美金；汽車的進口稅很低，每家都有兩部以上的車子，汽油價格只有歐洲油價的五分之一；水、電費由政府補助；加上其他多種公眾福利。這樣的政

策使得人人不必為生活擔憂，社會安定、諧和，人民和睦、有禮，罪犯很少。

尾聲

我們在汶萊三天，見到當地清爽、怡人的城市；青蔥水盈的汶萊河自然風貌；規模宏大的「東方威尼斯」──Kampong Ayer水上人家；莊嚴美麗的清真寺。最難得的乃是瞭解到這個蕞爾小國人民走過來的路，以及當今富足有餘、無憂無慮的生活。孟子有云：「使民養生送死而無憾，王道之始也。」汶萊可以稱之無愧矣！

第七篇

中國

老妻與我曾遍遊七大洲、四大洋，涉大河、登峻嶺、臨大漠、踏荒島；乃覺山川壯麗、海天雄偉。以往總認為各國景色有異、難分仲伯。此次川西亞丁、稻城之行遊覽，觀巍峨峻嶺、雪山皚皚、金秋夕照、層林盡染、草原萋萋、溪水潺潺、明湖如碧；始知青藏高原風光崢嶸綺麗、多彩多姿，而中國綜合的景色舉世無雙。

▌巍峨綺麗、多彩多姿的亞丁稻城

前言

中秋之際與老妻及好友趙兄伉儷前往川西亞丁、稻城遊覽。我們包了一輛越野車，師傅兼導遊小李一大清早來成都旅館接我們上路。車過都江堰就進入青藏高原山區。沿途我們遊覽了：臥龍野生大熊貓基地、四姑娘山、達維——小金紅軍長征故道、貢嘎山、新都橋、雅江、理塘、海子口、桑堆等景點。一路攀越許多海拔三、四千米的大山；觀雪山、峻嶺、險道、奇石、流水、草原、牧場，徜徉三日，黃昏時分抵達稻城縣城金珠鎮。

稻城

金珠鎮海拔3800餘米，是古代茶馬古道的重鎮，人口約兩萬餘，多為藏民。近年來因亞丁景區的開發，市容繁華，有許多旅館、餐館。很多四川成都等地的漢人到此做生意。城邊有一座輝煌的喇嘛教白塔群組，城中心為新建的廣場，顯示稻城、亞丁景區發展興旺。

次晨我們由稻城出發前往亞丁。從稻城到亞丁景區進口——亞丁村約111公里，首先翻過幾座大山，我們在海拔4513米的波瓦山停車留影。再上路沿著赤土河而行，兩旁為草原、森林、藏屋、經幡，藍天白雲、秋高氣爽。過香格里拉鎮，這

裡本叫日瓦，為僅兩千多人的幾個村落，亞丁景區開發後改名為香格里拉。因距亞丁僅34公里，鎮上建了許多旅館接待旅客，鎮上現猶在大興土木。我們沿著山澗──「貢嘎銀河」，在山谷中蜿蜒而行，不久抵達亞丁景區的入口──亞丁村。

香格里拉

香格里拉（Shangri-La）是英國小說家詹姆斯‧希爾頓（James Hilton）於1933年發表的長篇小說《消失的地平線》（Lost Horizon）中虛構的地名。書中描寫香格里拉位於喜馬拉雅山脈西端一個神祕祥和的藏區山谷。希爾頓在發表《消失的地平線》前幾年曾去那訪問。藏族有香巴拉──Shambhala的傳說，據說是人間樂土，可能也是希爾頓創造「香格里拉」的來源。《消失的地平線》發表之時正逢一次世界大戰結束十多年，而人們已感到二次世界大戰的即將來臨，世人對凡世戰亂厭倦、期望能找到像「桃花源」似的烏托邦，風光美麗，與世隔絕，人人自得的人間樂土。以致這本小說引起了極大的轟動。

而從1922年到1949年，美國植物學家約瑟夫‧洛克（Joseph Rock）以雲南省麗江市為基地，對中國西南地區考察，其後在《國家地理》（National Geographic）雜誌發表了許多探險日記，這些文章引起了西方世界對這一地區的很大興趣；有人認為希爾頓也從洛克的文章中獲得了很多資料。

這個香格里拉到底在哪裡？這可真成了「百家爭鳴」的鬧劇。除了稻城亞丁，雲南麗江中甸、西藏察隅、波密及林芝等之外，克什米爾拉達克、克什米爾巴爾蒂斯坦（別稱小西藏）、尼泊爾及不丹各處都自稱他們那是「真正」的香格里

拉。中國國家民政部於2001年12月17日正式批准將雲南中甸改名為香格里拉市。但稻城亞丁人憤怒不堪,遂於次年(2002年)將稻城、亞丁之間的「日瓦鄉」改為「香格里拉鄉」;到了2009年乾脆升級為「香格里拉鎮」。我看這個爭論還將沒完沒了。至於到底洛克和希爾頓兩位先生去過的是哪裡?我沒有本領,也不打算去做考證;但如果要選舉那個地方最漂亮,我會毫無疑問地舉手贊成是「亞丁」!

亞丁景區

　　亞丁景區,藏民稱為「念青貢嘎日松貢布」,意為「神聖雪山怙主三尊」,即藏傳佛教的智、悲、勇三尊,對應於三座神山:仙乃日(觀自在菩薩)、夏諾多吉(金剛手菩薩)、央邁勇(文殊師利菩薩)。亞丁村是亞丁景區山谷進口的一個小鎮,四面高山環拱,原為一絕路小村,無人問津。但亞丁景區開放後,旅客洶湧而至,迅速發展成一個具規模性的城鎮。鎮上有許多新建的旅社、飯館,各種販賣土產、紀念品的商店。最主要的乃是這裡是進入亞丁景區的大門。因為景區內不能有私家車輛,小李把我們送到門口,得知70歲以上的老人遊覽景區免票,我們只買了進入景區的巴士票,見到排了長龍的遊客,管理人員說當日約有三、四千遊客,而幾周前的高峰期每天約有兩萬人。所幸一班接一班的旅遊巴士(擺渡)緊接而來,很快我們就搭上一輛可容39人的中型擺渡。

藏族民宿

　　巴士盤旋而上,依舊沿著「貢嘎銀河」翻山越嶺。突然見

到遠方聳立冰山、雄偉壯麗，滿山黃葉、燦爛嬌豔，全車的旅客不由失聲驚歎。翻過幾座大山後到了我們當晚留宿的民宿，事實上就是新建的藏式旅社；兩層樓的磚房，有二十多間客房，設備及洗手間都很現代化，只是沒有冷暖氣。此地十月底夜間氣溫已接近冰點，但旅店的老闆告訴我們還有兩星期旅遊季節就結束了，這裡幾乎成了空城，就是裝了暖氣也用不了幾天，而夏天這裡十分涼爽，當然也就不需要冷氣了。

民宿擠滿了年輕的旅客，他們興致高昂，大廳裡熱鬧非常。走出大門，正對著遠處6023米高的仙乃日雪山，這個景色正是所謂「開門見山」，開啟了我們在景區內兩天開懷徜徉。

人在畫中行

午餐後我們搭上景區巴士依然沿著「貢嘎銀河」向景區深處前行。兩旁高山、叢林、小溪，景色益顯明媚。不久到了巴士的底站——札灌崩，遊客開始沿溪步行登高。一邊是木造的棧道，另一邊則是狹窄的坡路。我們沿棧道漫步，只聽溪水淙淙，金秋黃杉環抱，點綴著幾許紅葉，此非「人在畫中行」乎？

夏諾多吉雪峰

走了近半公里的棧道，見到溪流中的石壁上許多彩色鮮豔、各式各樣的佛像。棧道盡頭有幾座經幡滿掛的木橋，其旁有座活佛靈塔，傳說讓降・根秋加措來此修建沖古寺，破土觸怒山神，降下凡間瘟疫，百姓塗炭。經大師不斷誦經祈佛，瘟疫終於消失。但大師因操勞過度而圓寂。藏民為感念大師，遂

在此建靈塔，世代拜祭、祈福。過了橋，豁然開朗，夏諾多吉雪峰（金剛手菩薩）儼然在望。該峰海拔5958米，與仙乃日雪峰、央邁勇雪峰成「品」字形，為亞丁景區的三座雪峰——「三怙主雪山」，藏民稱之為「念青貢嘎日松貢布神山」。雪山兩旁群山環拱，林秀多彩，其下為廣闊的草原（謂之「草墊」），其上多彩溪水潺潺而流，美哉！

高山反應

　　這幾天一再領會到高山反應的滋味。以前我們也曾去過拉薩、長江源頭、川西高原、草地，以及祕魯的Cuzco等海拔高的地方，不太好受但無大礙。這次多為海拔四千米上下，非同一般。來前琢磨多次，下定決心後也吃了幾天藥。在旅館裡就有感覺，但減慢步伐即可。觀賞過活佛靈塔、草原及夏諾多吉雪峰後開始爬坡，這裡海拔已過3800米，上到沖古寺就是3880米，然後沿木棧道階階高升，到卓瑪拉措已是4100米。這一程雖只有約1.5公里距離，但登高近200米，加之糧、水背包，我們是舉步皆艱，每上十多階就氣喘如牛，只得原地停步做深呼吸。

　　歲月不饒人，一望滿山遊客都是年輕人，這些孩子們都興高采烈健步上奔，屢屢叫我加油，舉著大拇指問道：「老革命多大年紀？」我告訴他們：「以前孔老夫子也就只那麼大了！」的確這兩天幾千上萬遊客，肯定我是最老的！老妻一再提醒：「算了吧！」我對她說：「看樣子，每十多階停下來休息，走走停停，雖然慢些，看來到頂問題不大，否則入仙境而半途而廢，豈不遺憾終生！」在我鞭策之下，這一公里多的路走了一個多小時，最後總算到了卓瑪拉措。

沖古寺

　　沖古寺坐落在「貢嘎銀河」西南側半山上，坐北向南，背山谷而對著「仙乃日聖山」，有冬暖夏涼之益。建造時間已不可考，但傳說五世達賴喇嘛阿旺・洛桑加措得知當時亞丁沒有弘揚佛法的寺廟，於是就派讓降・根秋加措大師到亞丁來修建寺廟。五世達賴是明末清初活佛，那麼大概此廟已有三四百年。

　　又傳說美國植物學家約瑟夫・洛克（Joseph Rock）於1928年來到亞丁考察，在該寺住了三天，對此處美景驚歎不已。其後遂傳為他與希爾頓（Hilton）筆下的「香格里拉」。這個白牆金頂的古剎在滿山遍野的黃杉叢中，鮮明、隱約俱在，寫盡秋意、佛理。這真是我見過最美麗的「金秋古剎」。

仙乃日雪峰

　　爬坡雖然辛苦，但兩旁黃葉瀰漫、溪水奔流、怪石奇岩，夾在絡繹不斷的年輕人中，令我深感人之朝氣與大自然之美的諧和。我們也不斷拍照，但我認為再好的攝影也無法與親歷其境之感可比。一小時餘的攀高，最後一段居然是百餘米的平地，頓時清爽無比。一遛彎，見到峰高6023米的仙乃日雪山白雪皚皚、直逼雲天，崢嶸莽莽、攝人心魄。其下為白絹鋪地的巨大冰川，也就是「貢嘎銀河」源頭之一，兩旁山巒連綿，黃杉盡染。冰川盡頭為山谷沖積平原，草木叢叢，其中有一座大型的經幡塔正對著被藏民譽為「觀自在菩薩」的仙乃日神山。到此祈福的青年男女絡繹不絕。

卓瑪拉措

再行百餘米平地，見到了「卓瑪拉措」，也就是「仙女湖」。這真是名副其實，美如仙子，使我不由想到舉世聞名的加拿大班弗（Banff）的露易絲湖（Lake Louise）。我此行之前一直認為露易絲湖是世界最美之湖。卓瑪拉措的確和露易絲湖十分相似：雪山、冰川、山巒、叢林、明湖如碧，只是露易絲湖的雪山不及仙乃日雪山氣勢雄偉，冰川較小，山巒有欠巍峨，最是缺乏金秋夕照、層林盡染的杉林。我在這4100米高的卓瑪拉措環繞、流連多時，不覺體乏疲累，天已近晚，只得依依而去。子曰：「登東山而小魯、登泰山而小天下！」這正是卓瑪拉措留給我的感觸！

央邁勇雪山與落絨牛場的草原風光

我們回到民宿過夜，次晨又去到札灌崩，在那搭電瓶車上到落絨牛場，這裡海拔為4150米，乃是被海拔5958米的央邁勇，和夏諾多吉、仙乃日三座雪山環抱的一片冰川沖積大草原，四望遼闊。從山上冰川融雪造成的五色湖和牛奶湖流下的兩支小溪匯聚，穿過大草原，這是「貢嘎銀河」的另兩個源頭。

我們此行多日均天氣晴朗，只是到今天烏雲滿布，還偶爾下了一些小冰雹。颯颯秋風、寒氣襲人、經幡飄揚、雪山聳立、群山朦朧，別有一番韻味。也令我瞭解到這裡的冬天是無人問津了。附近有一個馬場，也見到一些放牧的犛牛，牧野風光清爽迷人。有一條5.7公里的山路通到山上的五色湖和牛奶湖，見到友人送我的幾張照片，這兩個高山明湖的確綺麗無

比。許多年輕人興致沖沖結隊攀山。我們自量無法長征，就連景區的管理員也警告我們不必冒險，遂只得在草原、經幡、帳篷、雪山、瀑布、溪水、牛群中徜徉。歸途車過「聖水門」與「十八羅漢」，都是巍峨的山巒，加以人們的遐想而得名。搭車返回稻城，天已放晴，正是蘇東坡所言：「回首向來蕭瑟處，歸去，也無風雨也無晴！」

稻城機場

次日天未破曉，小李帶我們上路，走了近一小時抵達北部海子山的稻城、亞丁機場。迷茫中推著行李，頓時感到難受，原來這裡海拔已達4411米。所幸這最後的洋罪很快就過去了，當天我們就在成都轉機抵達北京。

尾聲

老妻與我曾遍遊七大洲、四大洋，涉大河、登峻嶺、臨大漠、踏荒島；乃覺山川壯麗、海天雄偉。以往總認為各國景色有異、難分仲伯。此次川西亞丁、稻城之行遊覽，觀巍峨峻嶺、雪山皚皚、金秋夕照、層林盡染、草原萋萋、溪水潺潺、明湖如碧；始知青藏高原風光崢嶸綺麗、多彩多姿，而中國綜合的景色舉世無雙。

青藏高原風貌、文物不凡

中秋之際與老妻及好友趙兄伉儷前往川西亞丁、稻城遊覽。去時乘車由成都出發，沿途徜徉三日，在青藏高原的叢山峻嶺中盤旋，見風景如畫、歷史文物不凡，謹略敘與讀者分享之。

阿壩藏族羌族自治州

一大早導遊小李開著一輛越野車，我們一行五人就離開成都上路了。約一小時過都江堰，不久就進入了山區。沿著岷江向汶川去的公路而駛，少許到了映秀鎮折向西行。這一帶的景色正如其名，清溪映秀嶺。這裡屬於阿壩藏族羌族自治州，居民大多是羌族。我們午間在臥龍鎮稍息，此地原是野生大熊貓繁育研究基地，但因2008年汶川大地震影響，熊貓均已遷移，至今尚未恢復。臥龍距汶川頗近，也受損匪淺，但多已修復重建，羌民房舍多為新建的磚房，美觀有序。

四姑娘山景區

午後上路，只見兩旁高山叢林，紅、橙、黃、綠斑斕，溪水潔淨、滾滾如絹。穿過新建約十公里長的巴郎山隧道，不久到了貓鼻樑，四姑娘山連綿四座雪峰儼然在望。四姑娘山主峰海拔高達6250米，是青藏高原東部邊緣邛崍山脈的最高峰，因長年冰雪覆蓋、白雲環繞，有如四位披紗少女，故以得名。當

地羌人奉之若神靈，稱之為「東方聖山」。

四姑娘山景區遼闊，景點與活動繁多：登四姑娘山是青年探險者的天堂；雙橋溝以觀賞沙棘林帶、紅杉林區著稱；海子溝以登高觀冰川、湖泊（稱海子）見長；而長坪溝綜合了各種地形與生態。我們選擇了長坪溝，首先搭上景區的遊覽巴士，在峽谷逐漸拔高。這一程總共約29公里，在約100平方公里的山谷中少有住戶，景色謐然壯麗，分佈了二十來個觀景點：冰山、峻嶺、奇石、清溪、漂流、海子、杉林、樺木、草原、古徑、棧道、枯木、喇嘛寺等。景區頂點為一海拔高達3800米、寬闊的古冰河沖積平原，遊客多在此觀景、休息，西望老鷹岩群峰高聳、白雪皚皚；山下層林盡染、秋色宜人。突聞背後隆隆巨響，回首冰川雪崩，激起瀰漫雲霧，壯觀襲人。我們在那休息一陣，喝了些奶茶，嚐了些藏民的犛牛肉乾，盡興而去。夜間在日隆鎮住宿。

第二天一早上路，過達維、小金、丹巴、八美，最後抵新都橋過夜。整日多在高山峻嶺間起伏、盤旋。

紅軍長征會師故道

達維是個山谷小鎮，為1935年6月12日長征途中，朱、毛領導的中央紅軍（第一方面軍）與張國燾的第四方面軍初逢會師之處。當時中央紅軍歷經千難萬險，渡湘江、烏江、赤水、金沙江、大渡河，翻越夾金山，先頭部隊在達維偶遇第四方面軍。五天後毛澤東帶領大軍來到達維，次日在小金縣城受到四方面軍李先念部的熱烈歡迎。當時中央紅軍疲憊，殘破，所剩不及兩萬人，如果沒有張國燾領導的第四方面軍的接應，在這

些雪山叢嶺中人煙稀少、糧草無覓、飢寒交迫，恐難求存。達維與小金的會師是紅軍長征中的重要豐碑，現在兩處都建有紀念碑。我在那高山深澗流連良久，深覺「山川資豪傑、時勢造英雄」，老天也著實地磨練了中共紅軍。

乾隆平大小金川舊址

流經小金的小金川與大金川在丹巴匯合，這一帶是清代乾隆年間歷經30年平定大小金川之役所在。清政府前後動員60萬人、耗資7000萬兩銀子始解決大、小金川土司的叛亂。我們停車參觀了一處「沃日土司官寨」，這是清代藏族土司的城堡，有高聳的碉樓、莊嚴的經樓和喇嘛寺廟，氣勢宏偉，顯現出當年的土司正是這高山峻嶺中的土皇帝。遠處山巔有許多當年土司設防的堡壘，一夫當關、萬夫莫敵，無怪乎乾隆平定大小金川異常艱難。

雪山、古刹

盤旋於群山之中，屢見遠處雪山。午後停車瞭望雅拉雪山及草原，景色幽雅。黃昏抵新都橋留宿。登高觀海拔7556米、有「蜀山之王」的貢嘎山，正值夕陽西照，萬里無雲，雪山皚皚、金光閃爍、壯麗無比。

經過八美鎮，此處為一盆地，為藏民聚居、耕牧的好地方。那裡有一所龐大的喇嘛廟——惠遠寺。該寺建於清雍正七年（1729年），曾為達賴七世的行宮，其後十一世達賴誕生於附近，並在此修行兩年，使該寺成為藏教的聖地之一。我們進入廟宇參觀，見到四周百餘白塔環繞，庭院寬闊、房舍繁多、

建築精美，附近山頭經幡遍佈。也見到許多少年喇嘛在此修行，可見藏教信仰深入民心，不可忽視。

大山、險道、奇石、流水、草原、牧場

這天從新都橋向西經雅江、理塘，再南下海子口、桑堆到稻城。一路攀越許多海拔三、四千米的大山，特別是我們在海拔4,500米的卡子拉山口停留攝影，俯瞰起伏群山、蜿蜒公路，氣勢雄偉；草原上布滿猶如黑珍珠似的犛牛，牧野風情令人陶醉。如今公路都修得十分完好，使旅客暢行無阻。

滿野巨石塊奇觀

我們經過許多河流、山澗、湖泊，過海子口見到十幾公里布滿巨石塊的山坡、原野。據推測可能是近古代的冰川攜帶巨石移動，由於近代地球升溫，冰河面積縮減，以致造成滿野巨石，蔚為奇觀。

理塘茶馬古道

我們經過理塘縣城高城鎮稍作休息，這是一個很大的高原城市；海拔高達4,014米，為古代藏漢茶馬古道上的重鎮；現有居民約五萬人，城內有許多新建的樓房，市區欣欣向榮。

紅六軍團長征北上故道

1936年夏紅軍長征中，由任弼時、蕭克、王震領導的紅六軍團就是從雲南渡過金沙江、攀玉龍雪山、經中甸、稻城、理化（今理塘）、瞻化後再北上甘孜、陝北（另外賀龍的第二軍

團由中甸沿金沙江經德榮、巴塘、白玉抵達甘孜）。這些兵士能在三、四千米的高山負重行軍走過漫長崎嶇的山路，確實非常人可及。但我觀這一路形勢，相較於紅一方面軍過大涼山、沿大渡河、翻夾金山，缺乏補給、常遭狙擊、屢受空襲，第六軍團經過麗江、中甸、稻城、理塘三座城鎮，得到一些補給，而遠離國軍、川軍陸、空兵力所及，是以第二、六軍團（後合稱第二方面軍）減員較少，行軍也較迅速。

桑堆田園風光

桑堆是一個小鎮，少許居民，四周為草原、樹林；遠山蒼翠，溪水潺潺，真是宜人的田園風光。田間有一小淺水潭，每逢秋日潭中長滿紅草，與周遭美景相映，豔麗奪人。只惜紅草每年只有約十日的生長期，我們去時已過時，僅剩少許殘跡。

過桑堆後不久，我們於黃昏時分抵達目的地——稻城縣城金珠鎮。

尾聲

此行在青藏高原馳騁兩三日，見風景奇特壯麗，少數民族風情多姿，猶見紅軍長征故道，乾隆平大小金川舊址，始知青藏景色、風貌、文物不凡。

國家圖書館出版品預行編目

斑斕歐亞非 / 卜一著. -- 臺北市：致出版,
　2019.03
　　面；　公分
　　ISBN 978-986-96827-9-4(平裝)

1. 旅遊　2. 世界地理

719　　　　　　　　　108002567

斑斕歐亞非

作　　者／卜　一
出版策劃／致出版
製作銷售／秀威資訊科技股份有限公司
　　　　　114 台北市內湖區瑞光路76巷69號2樓
　　　　　電話：+886-2-2796-3638
　　　　　傳真：+886-2-2796-1377
網路訂購／秀威書店：https://store.showwe.tw
　　　　　博客來網路書店：http://www.books.com.tw
　　　　　三民網路書店：http://www.m.sanmin.com.tw
　　　　　金石堂網路書店：http://www.kingstone.com.tw
　　　　　讀冊生活：http://www.taaze.tw

出版日期／2019年3月　　定價／380元

致 出 版
　　　　　　　　　　　　　　　　向出版者致敬